The Foshan Model of a Top-tier Power Grid Company

一流电网企业的佛山模式

南方电网广东佛山供电局　编著

华南理工大学出版社
SOUTH CHINA UNIVERSITY OF TECHNOLOGY PRESS
·广州·

图书在版编目（CIP）数据

一流电网企业的佛山模式/南方电网广东佛山供电局编著. —广州：华南理工大学出版社，2020.3

ISBN 978-7-5623-6262-3

Ⅰ.①一… Ⅱ.①南… Ⅲ.①电力工业-工业企业管理-管理模式-佛山 Ⅳ.①F426.61

中国版本图书馆 CIP 数据核字（2020）第 028027 号

一流电网企业的佛山模式
南方电网广东佛山供电局　编著

出 版 人：**卢家明**
出版发行：**华南理工大学出版社**
　　　　　（广州五山华南理工大学 17 号楼，邮编 510640）
　　　　　http：//www.scutpress.com.cn　E-mail：scutc13@ scut.edu.cn
　　　　　营销部电话：020-87113487　87111048（传真）
责任编辑：**黄冰莹**
印　刷　者：广州星河印刷有限公司
开　　本：787mm×960mm　1/16　印张：15.5　字数：285 千
版　　次：2020 年 3 月第 1 版　2020 年 3 月第 1 次印刷
定　　价：58.00 元

版权所有　盗版必究　印装差错　负责调换

编委会

主　　编：陈　晔　李福来　罗旭恒
副主编：郭伟洪　张　澜　张　雨　梁敏杰
　　　　　倪伟东　华　枫　黄伟峰
编　委：左　婧　夏　燚　罗学伟　于　涛
　　　　黄智勇　张　威　郭宏波　刘　娟
　　　　何　山　罗　妮　欧　繁　廖伟文
　　　　吴海江　林　峻　李　豪　冼瑞成
　　　　黄海清　熊仕斌
编写组组长：郑瑞观
编写组成员：陶克艳　龙　颜　林景坨　杜兆斌

自　序

伟大时代呼唤新的理论，伟大实践催生新的方略。当今世界处在一个大发展大变革大调整时期，经济全球化和世界多极化不断加深，而我国也正处于"两个一百年"奋斗目标的历史交汇期，这对企业发展提出了严峻挑战，同时也带来了新机遇。在这一重要时期，我国企业想要在时代的浪潮里站稳脚跟，必须坚持高质量发展，深化推进改革，坚持走中国特色可持续发展之路，努力成长为具有国际竞争力的世界一流企业。

世界一流企业是在行业发展中居于领先地位的企业，是行业中的标志性企业，具有举足轻重的作用。其更是一种基于最佳实践的"事实标准"，是靠实力、业绩和贡献逐步树立起来的，并经得起时间检验的公认标杆。在新时代背景下的中国，抓紧培养一批世界一流企业对我国发展至关重要。南方电网广东佛山供电局（以下简称"佛山供电局"）十分荣幸能够参与到南方电网公司建设世界一流企业的进程中，作为新时代背景下改革发展的亲历者，佛山供电局一直坚持"不忘初心，牢记使命"，探索出一条具有自身特色的世界一流电网企业建设之路。

不忘初心：为中国人民谋幸福

全心全意为人民服务是党的根本宗旨，也是人民电业的初心所在。人民电业为人民，倾听人民心声，掌握真实现状，找准痛点，才能对症下药，因地制宜地制定有效策略。世界一流电网企业的建设之路既不是凭主观想象出来的，也不是提前规划设计好的，而应该是以人民需求为中心，顺应时代发展要求应运而生的。佛山供电局一直坚持以客户为中心，以快速响应客户需求为目标，满足人民追求美好生活的电力需要，准确把握社会主要矛盾的变化，围绕客户关注点进行内部革新，以提高客户服务水平作为工作的出发点和落脚点，理顺业务流程，优化组织架构，强化技术支撑，不断提高供电服务水平，改善客户用电体验，持续提升客户满意度、信任度、忠诚度。

牢记使命：为中华民族谋复兴

明者因时而变，知者随事而制。变革创新是推动人类社会向前发展的根本动力,也是一个企业发展的关键,唯有"用好深化改革这个法宝",才能有效助力企业走高质量发展之路。佛山供电局一直积极适应改革发展,紧跟时代步伐,作为南方电网公司和广东电网公司基层供电局排头兵,从2018年开始探索到2019年的深化推进,佛山供电局拥有坚定的信心,坚持从局实际运转情况出发,继续加强管理创新,及时总结实践中的好经验、好做法,并应用于实践中。同时,强化方案执行力,加强方案执行的监督,切实把核心资源调配优势转化为企业发展效能。

鉴古才知今,继往为开来。只有多从前人经验中吸取教训,结合自身实际情况,才能走出一条属于自己的世界一流电网企业建设之路。本书是佛山供电局建设世界一流电网企业的理论应用和实践经验总结,深入浅出地对世界一流电网企业的建设理念、建设方法以及建设成效进行了深入阐述,具有较强的理论性、针对性和可行性。未来,佛山供电局将始终坚持"不忘初心,牢记使命",继续朝着建设世界一流电网企业方向迈进,同时也希望本书的出版能够为同行和相关企业提供有益的参考和帮助。

南方电网广东佛山供电局
2019年12月25日

前　言

　　2019年，是中国决胜高水平全面建成小康社会的关键之年，创建世界一流企业，对实现中华民族伟大复兴的中国梦具有重大意义。通过对世界一流企业的研究可以发现，目前尚未形成有关世界一流企业统一的定义，而我国企业创建成为世界一流企业的案例更是甚少。本书通过全面阐述佛山供电局创建世界一流电网企业之路，为所有处在习近平新时代中国特色社会主义道路上改革的企业积累经验。壮丽七十年，奋斗新时代，这场"触及灵魂"的改革，也将为电网企业领导者和走在"创一流"道路上的所有人员提供实践性的指导。本书由世界一流企业的定义及意义篇、对标世界一流电网企业篇、创建世界一流电网企业发展规划篇、创建世界一流电网企业实施路径篇、创建世界一流电网企业建设成效篇五个部分组成，具体为：

　　(1) 世界一流企业的定义及意义篇。本部分包含两章（第一、第二章）。第一章通过总结国内外现有的理论研究，提出了建立在世界一流企业普适理论基础上的具有中国特色的世界一流企业的定义，并通过分析得出了世界一流企业共同的培育路径。第二章采用PEST宏观环境分析法，从政治、经济、社会以及技术环境四个方面阐述了我国国有企业创建成为世界一流企业的重要意义及背景环境，并提出了培育世界一流电网企业的建议。

　　(2) 对标世界一流电网企业篇。本部分包含两章（第三、第四章）。第三章采用案例研究法和标杆分析法，对世界一流电网企业进行了分析与研究。通过对七家电力行业一流标杆企业的具体运营分析，得出了一些具有实践意义的案例启示，以及与这些世界一流电网企业相比佛山供电局的两大关键差距。第四章则是在前文分析的基础上，通过总结国外一流电网企业发展实践和经验，得出了其共有的八个企业核心特征及两大发展战略，为佛山供电局创建世界一流电网企业提供了有效建议。

　　(3) 创建世界一流电网企业发展规划篇。本部分包含两章（第五、第六章）。第五章采用SWOT分析法对佛山供电局的企业发展现状进行了分析，通过总结佛山供电局目前所面临的机遇与挑战，并结合企业自身的优势和劣势，制定了具有实践性的企业战略。第六章则是在第五章战略分析的基础上得出了具体的战略框架，阐述了佛山供电局"三年三提质"总体战略框架以及"四位一体"指标评价体系，为"创一流"工作提供强有力的指引和支撑。

（4）创建世界一流电网企业实施路径篇。本部分包含四章（第七、第八、第九、第十章），分别讲述佛山供电局"四个世界一流"具体推进策略。第七章讲述的是一流电网，通过分析建设智能电网的必要性、战略目标和现状，对佛山供电局如何创建信息化、自动化的智能电网进行了研究分析。第八章讲述的是一流经营，围绕"四个统一"经营理念，从企业组织架构、业务内容、运营管理平台以及资产全生命周期管理等方面讲述佛山供电局创建世界一流电网企业经营方式的改进策略。第九章讲述的是一流服务，全章围绕优化企业营商环境这一打造一流服务的本质要求，讲述佛山供电局向客户提供高质量、全方位服务的具体举措。第十章讲述的是一流文化，佛山供电局在南方电网公司企业文化理念的指导下，建立了"同心同行"行为准则体系，并以党建工作为引领，将该行为准则融入到企业生产经营的具体方法。

（5）创建世界一流电网企业建设成效篇。本部分包含两章（第十一、第十二章）。随着佛山供电局"创一流"工作的不断推进，企业的关键价值和管理软实力也得到了极大的提升。第十一章讲述了企业在"创一流"任务的深入过程中的实施亮点与成效。第十二章是部分课题案例的展示，当前，"创一流"活动正在企业内外部蓬勃展开，本书特在企业各部门中征集了一些创一流业绩的典型事迹材料，以供广大兄弟单位学习借鉴。

本书在撰写的过程中，得益于团队协作，是团队成员的共同努力保证了本书编写的顺利完成。在本书完稿之际，我们特别感谢为本书出版做出贡献的领导、同事和朋友。同时，我们在书中引用和吸收了国内外专家学者的大量观点和思想，在此对各位专家学者表示深深的感谢。

本书撰写的目的是向电力行业兄弟单位介绍佛山供电局创建世界一流电网企业的过程，分享我们所探索出的"创一流"之路。由于我们的知识水平有限，虽几经修改，书中不妥之处在所难免，恳请读者给予指正！

作者
2019 年 12 月

目 录

第一篇 世界一流企业的定义及意义 · 1
第一章 世界一流企业的涵义及要素 · 3
一、内涵与特征 · 3
二、基本路径 · 4
第二章 国有企业成为世界一流企业新内涵 · 6
一、政治法律环境 · 6
二、经济及技术环境 · 7
三、社会文化环境 · 8
四、培育世界电网一流企业的建议 · 9

第二篇 对标世界一流电网企业 · 13
第三章 世界一流电网企业的分析与研究 · 15
一、研究方法介绍 · 15
二、世界一流电网企业案例分析 · 16
三、与世界一流电网企业两大差距 · 31
第四章 世界一流电网企业战略分析 · 32
一、世界一流电网企业的核心特征 · 32
二、世界一流电网企业发展战略 · 36

第三篇 创建世界一流电网企业发展规划 · 41
第五章 佛山供电局发展现状分析 · 43
一、SWOT 分析法介绍 · 43
二、SWOT 分析 · 44
第六章 发展规划制订 · 50
一、"三年三提质"总体框架 · 50
二、"四位一体"指标评价体系 · 53

第四篇 创建世界一流电网企业实施路径 ……… 57

第七章 一流电网 ……… 59
一、建设智能电网的战略目标 ……… 59
二、建设智能电网的实施举措 ……… 66
三、建设智能电网的案例研究 ……… 70
四、安全生产风险管理体系 ……… 74

第八章 一流经营 ……… 79
一、"四个统一"改革 ……… 79
二、运营管控平台构建 ……… 95
三、创新孵化平台建设 ……… 98
四、资产设备全生命周期管理 ……… 102

第九章 一流服务 ……… 107
一、营商环境的基本理论 ……… 107
二、电力营商环境的评价体系 ……… 110
三、优化电力营商环境的管理举措 ……… 111

第十章 一流文化 ……… 124
一、企业文化的内涵 ……… 124
二、南方电网公司企业文化理念 ……… 127
三、"同心同行"行为准则体系 ……… 131
四、党建工作与生产经营深度融合 ……… 134
五、人才队伍建设 ……… 139

第五篇 创建世界一流电网企业建设成效 ……… 149

第十一章 实施成效 ……… 151
一、关键价值提升 ……… 151
二、管理软实力提升 ……… 153

第十二章 课题案例 ……… 155
一、案例1：全面提升新时代党的建设质量，创建国有企业党的建设标杆（本课题由佛山供电局党建工作部牵头研究） ……… 155
二、案例2：持续完善"四个统一"，全面适应改革发展（本课题由佛山供电局计划发展部牵头研究） ……… 166

三、案例3:"强化线损管理,实现降损增效"(本课题由
佛山供电局市场营销部牵头研究) ………………………… 173

四、案例4:以我为主,全面提升配电网自主规划能力(本课题由
佛山供电局计划发展部牵头研究) ………………………… 178

五、案例5:夯实基础,提升资产全生命周期管理效益(本课题由
佛山供电局财务部牵头研究) ……………………………… 186

六、案例6:夯实配网可持续发展基础,打造智能配电网管理体系
(本课题由佛山供电局生产技术部牵头研究) ……………… 189

七、案例7:大力推进科技创新,加快"机器代人"应用(本课题由
佛山供电局生产技术部牵头研究) ………………………… 199

八、案例8:党建引领、文化驱动,全面提升基层班组组织力和战斗力
(本课题由佛山供电局党建工作部牵头研究) ……………… 217

参考文献 …………………………………………………………… 230

第一篇

世界一流企业的定义及意义

到目前为止，对于世界一流企业的定义，国际上尚无统一的标准。因此，不同研究机构及专家学者对其有着不同的诠释，《商业词典》是这样描述的：顶尖企业的前列，能够成为其他企业的标准和标杆；国资委研究中心则描述为：世界一流企业就是在行业发展中居于领先地位的企业，是行业中的标志性企业，具有举足轻重的作用；世界三大"质量奖"（日本戴明奖、美国波多里奇国家质量奖、欧洲质量奖）将领导力、战略规划、客户与市场等作为衡量世界一流企业的关键指标。总的来说，世界一流企业更多的是一种基于实践的"事实标准"，是靠业绩、实力和贡献逐渐树立起来的，并经得起时间检验的榜样和标杆。

说微软公司、苹果公司是世界一流科技企业，应该没人会质疑。说韩国电力、法国电力是世界一流电力企业，估计也被人认可。那么，在新时代背景下的中国，什么样的企业称得上是世界一流企业呢？这些世界一流企业应该要具备哪些要素特征呢？在本篇章，我们将剖析世界一流企业的必备要素，并分析我国企业培育成为世界一流企业的重要意义。

第一章　世界一流企业的涵义及要素

世界一流企业不仅是我国现代化经济体系建设的重要组成部分，同时也是在经济全球化背景下建立全球价值链，提升我国国际竞争力的关键。现代化经济体系本质上就是开放的经济体系，迈向全球化是我国绝大多数企业想要去做的事情。目前，国内众多企业经过自身跨越式的变革，已经在国际中具备一定的话语权和影响力，尽管如此，这些企业却并不能被称为世界一流企业。

习近平总书记在党的十九大报告中，从建设社会主义现代化强国的目标出发，提出要"深化国有企业改革，发展混合所有制经济，培育具有全球竞争力的世界一流企业"。在此背景下，以中央企业为代表的诸多企业均表明企业的中长期发展目标就是要建设成世界一流企业。在美国《财富》杂志2019年"全球财富500强"名单中，我国有129家企业上榜，其中国有企业占据绝大多数，这表明未来我们的国企完全有可能在各个领域打造具有世界竞争力的企业。当前阶段，世界领先的发达国家成功打造世界一流企业的典范会是我国企业发展的重要参考。基于国内外已有的理论基础以及探索实践，我国企业要明确世界一流企业的概念，从而把握如何成为世界一流企业。

一、内涵与特征

国外现有的理论研究及实际探索为我们认识世界一流企业的内涵做出了良好铺垫。世界一流企业在很多方面具有共同的基因，且符合一致的成长规律。在美国《商业词典》中，"世界一流企业"被定义为：能够成为其他企业的标准和标杆的企业。世界级企业（the world class enterprises）的概念最早是Newman和Chen（1999）提出的，他们认为能够成为世界级的企业往往符合：规模合理、产品优质、服务周到、管理柔性化等特征，并且能够遵循国际市场秩序，具有保持核心竞争力的能力，有能力在国内外市场中参与到国际级企业之间的竞争。国外一流企业的有关研究和探索为我国培育世界一流企业提供了有利借鉴。但在西方学术和实践领域中，"世界一流企业"通常被认为是"卓越企业"，因此，放在中国国情下，其内涵必定有所差异。我国的基本国情决定了国内企业在公司治理和价值导向上存在着一定的特殊性。因此，完全照搬国际上世界一流企业的普适理论和评价标准并不可取，我们要力求将"世界一流企业中国化"。一方面，世界一流企业的培育要符合国际化的特点；另一方面，要立足于国内发展条件，从我国国情及政策出发，使世界一流企业的相关内涵融入中国特色。在此，本书将"世界一流企业"定义为不仅是指能够在特定的行业具有稳定的竞争优势，还能成为领域内其他行业表率的企业，同时具有较强的社会和国际影响力，即同时经营跨国业务、与国际接轨。

当前，我国正在积极探索世界一流企业的培育途径，国内相关的理论研究主要从世界一流企业的特征以及内涵进行讨论。2012年，国务院国有资产监督管理委员会认定世界一流企业需要满足"四强三优"以及"13个要素"，也就是说，世界一流企业需要满足以下13个条件，即：①建立规范健全的法人治理结构；②培育学习型组织，注重管理者领导力的提升；③具有核心竞争力优势，主营业务突出；④具有完善的风险管理体系，风险应对能力较强；⑤拥有自主知识产权的核心技术，自主创新能力强；⑥规模经济合理，企业盈利水平高；⑦集团管控模式集中有效；⑧管理信息化水平高；⑨建立健全企业激励机制与约束机制，企业改革方向有利于更好参与国际竞争；⑩跨国经营能力强，企业运作方式国际化；⑪明显具有发展战略型新兴产业的优势；⑫品牌国际知名度高；⑬企业文化先进而具有特色，企业社会责任感强。

二、基本路径

党的十九大报告中与培育世界一流企业的相关论述，不仅指出了具体要求，也为我国企业点明了努力的方向。在培育世界一流企业的过程中，企业要充分利用良好的外部环境，总结经验，发现自身短板，在精准发力的同时做到融会贯通，提升国际竞争能力。同时，政府也需要发挥好引导及推动作用，以深化国有企业改革为切入口，为企业国际化发展创造机遇，扫除障碍。尽管不同行业内部发展情况及外部环境各有千秋，培育成世界一流企业的途径也各自不同，然而通过对当前世界一流企业的内涵及特征分析后，我们发现，世界一流企业拥有共同的培育路径，也就是说，在培育世界一流企业的道路上，企业可以有统一的努力方向。

（一）形成与时俱进的管理理念

在众多企业之间的激烈竞争中，企业若想要在国际市场中位于前列，并保持稳定的竞争力，应该要拥有与时俱进的能力。与时俱进的管理理念体现在：企业战略具有前瞻性、技术能力强硬、科技创新动力十足、企业制度持续改进等方面。只有拥有了与时俱进、开拓创新的管理理念，才能在企业信息化的推动下将这些能力转化为企业效益。

（二）拥有可持续发展的生命力

纵观国际上的世界一流企业，大多数企业在较长的一段时间内均保持世界领先水平。然而，由于企业所处行业的发展阶段以及企业自身的发展阶段各有不同，企业的战略选择也不尽相同。因此，企业要想跻身世界一流行列，应有着不同的成功关键因素。企业在发展的同时应对企业自身进行精准定位，识别企业成功关键因素，并将关键因素作为企业发展重点，在过去成功之路的基础上继续开拓创新，保持企业经营的成长力、学习力、执行力、创造力，将盈利水平控制在一个可接受的波动范围内，形成企业综合绩效管理的优越性。

（三）遵循国家政治引导方向

企业追求自身经营利益最大化是企业的生存之道，也是企业在激烈的市场竞争中的价值所在。企业发展与国家政策方向一致，是企业走向世界的前提。一方面，世界一流企业的发展，离不开国家政策的支持；另一方面，世界企业也被国家和社会寄予厚望。如今，"一带一路"战略是我国走向世界舞台、实现经济转型的一剂良药，更是打造区域经济繁荣的战略之计，我国企业要充分利用"一带一路"所创造的千载难逢的历史发展机遇，在自身发展的同时担负起政治责任和社会责任，寻求发展之路。

（四）树立广泛认同的企业形象

世界一流企业必然是在国际范围内属于企业自身行业所属领域的佼佼者，品牌全球知名度高，且受到广泛赞誉。他们是行业的象征，也是领域内其他企业的榜样。国内企业树立广泛认同的企业形象首先应以社会评价标准为准则，依法经营，公开透明，履行好社会责任，并在此前提下强化品牌形象，提升社会认同感。从社会可持续发展的角度来看，世界一流企业也应该是社会的企业、绿色的企业、能够为社会和环境源源不断地创造价值的企业。

第二章　国有企业成为世界一流企业新内涵

正如前面章节所提到的，党的十九大报告不仅为国有企业的发展指明了方向与目标，也为培育世界一流企业明确了方法与途径。虽然目前我国国有企业与世界一流企业之间尚存在一定的差距，但是国有企业所具备的优越条件为其发展成世界一流企业提供了有力支撑。目前，我国国有企业在经济规模、盈利状况以及可持续发展等方面已经形成了良好的发展条件。与此同时，自改革开放以来，国有企业不断坚持改革创新，调整组织结构，优化管理机制，大多数企业已经成为独立自主经营市场的主体。本章将运用 PEST 分析工具，对我国企业尤其是国有企业所处的外部环境进行分析。PEST 分析是指企业宏观环境的分析，也是对企业所处外部环境的一种检阅方法。所有企业都不是孤立存在的，一旦离开了与外部环境的交流，企业将无法生存和发展。不同行业的经营特点和状况虽然不同，但对宏观环境的分析通常可分成政治（politics）、经济（economy）、社会（society）和技术（technology）四个方面。

一、政治法律环境

政治环境指的是对组织的经营活动具有现有或潜在影响的政治法律力量。不同的国家有不同的社会性质，而这些不同的社会制度对企业的经营活动有着不同的限制和要求。在政治法律环境的背景下，培育世界一流企业是新时代中国发展的必然趋势。

党的十九大报告提出，要深化国有企业改革，发展混合所有制经济，培育具有全球竞争力的世界一流企业。这一论断不仅为国有大企业的发展指明了目标与方向，也为发展世界一流企业明确了途径与方法。此外，党的十八大提出、十九大确立的"五位一体"总体布局以及党建嵌入公司等举措，无一不在表示着，打造世界一流企业是我国建设新时代中国特色社会主义的重要创举。对于我们所处的电力行业来说，在互联网迅速发展的时代背景下，能源互联网已成为能源电力发展的重点，通过调节不同地区电网发展问题，促进企业发展规模经济。当前，我国政府已提出《关于推进能源微电网示范项目建设的指导意见》《关于报送增量配电网业务试点项目的通知》以及《微电网管理办法》等意见来更好地推动电力行业发展，提高能源利用效率，促使电力网络、油气网络、交通运输网和信息网络共同形成多能互补的能源共享网络体系。由此可见，我国企业正走在一条大发展、大改革的光明道路上。

二、经济及技术环境

经济环境分析主要针对 GDP 及其增长率、居民可支配收入水平、通货膨胀率、人口数量及其增长趋势等因素进行分析，并通过这些指标来反映一个国家的经济发展水平和经济发展速度，从而决定了企业目前及未来的市场大小。技术环境分析是指与企业所处领域直接相关的新技术、新材料、新工艺等技术手段的发展趋势。随着全球信息技术的不断发展和电子信息化进程的不断加快，科学技术的应用已经成为企业竞争中一个十分重要的组成部分。在经济技术环境的背景下，培育世界一流企业是新时代中国经济发展的内在要求。

自党的十八大以来，我国经济发展平稳，2019 年 11 月，国家统计局发布的《国家统计局关于修订 2018 年国内生产总值数据的公告》显示，我国 2018 年国内生产总值（GDP）约为 92 万亿元，这意味着在 2020 年我们能以更低的增速达到翻番的目标。进入新常态后，我国经济发展从之前的追求增长速度向追求发展的稳定性、持续性和全面性战略思维转变。在这种思维模式的转变下，培育一批具有全球竞争力的世界一流企业是新时代中国经济发展的内在要求，是我国经济从富起来到强起来的重要标志，也是我国企业适应新时代、引领新时代的战略目标。世界一流企业是全球范围内最优秀的企业，具有市场价值大、国际竞争力强、社会影响力广、国际化水平高等特点。世界一流企业在全球经济发展中发挥着引领、融合与支撑作用，是否具有一批世界一流企业，已成为衡量一国经济强弱的一个重要指标。我国目前正处在战略发展的关键期，未来的 15 年，是我国比较优势的转换期，也是我国作为新兴大国崛起的积聚期。因此，打造世界一流企业，对我国经济发展具有重大意义，而利好的经济结构与经济政策，也为我国企业转型提供了良好的条件。一方面，我国整体经济、社会发展渐趋稳定，作为全球第二大经济体，有着雄厚的经济实力，对于目标为国际市场的企业而言，保持充足的现金流，拥有稳定的大本营，意味着可以拿出更多的勇气与创新来进行海外市场的探索与变革；另一方面，中国经济结构正在迎来新的变化，"新旧动能转换""三去一降一补"等措施，为大型企业进行战略规划转型提供了环境动力。新时代中国经济发展还需要有一批引领社会发展、持续创新和创造行业价值的世界一流企业。目前，我国许多企业正在"中国智造"的道路上不断探索前行,科技强国氛围浓厚,再制造、新材料新工艺、循环经济园区等构想接连落地;科技创新要素供给充足,改革创新让高校与研究机构的科研成果得以顺畅地向生产力转化,高新区的建设让创新资源不断聚集,跨区域的创新平台让初创企业和创新人才可以各尽其才。世界一流企业是具有持续创新能力的企业,能够凭借大规模优势、人才优势和风险抵御优势,推动产业和企业不断转型升级,持续创新和创造产业与企业价值。因此,新时代中国经济的发展,必须以建设创新型经济为重任,培育一批具有持续创新力的世界一流企业,抓住新一轮工业革命和新技术革命的浪潮,引导和带动我国经济创新发展。

三、社会文化环境

社会文化环境对于企业自身战略的制定也有重要影响,它指的是一定时期内整个社会发展的一般状况,包括社会阶层、社会性质、价值观、人口因素和文化传统等。在社会环境的背景下,培育世界一流企业是国有企业集团发展的历史使命。经过近40年的快速发展,我国企业整体实力已显著增强。2019年上榜《财富》杂志世界500强的中国企业高达129家,首次超越了美国(121家),且前五名中就有三家中国企业(中国石油化工集团公司、中国石油天然气集团公司以及国家电网公司)。这表明我国有一批优秀的企业不仅在规模上达到了世界级水平,其管理水平、技术能力、国际化水平等也均走在了世界前列,尤其是在船舶装备制造、高铁、互联网、通信、工程建筑等领域,我国已培育出一批具有自主品牌和自主知识产权,拥有较强国际竞争力的优势企业,具备了成为具有全球竞争力的世界一流企业的基础条件。而在这些企业中,国有企业占了绝大部分。因此,将这些国有大企业培育成为世界一流企业应成为新时代中国经济发展的一项重要任务。

首先,国有企业的社会功能与性质决定了其打造成世界一流企业的使命。伴随着我国经济发展的阶段性变化,国有大企业的使命与功能也在不断调整,从过去的主导国民经济转变成为现在的服务于国家战略目标。在新时代经济实力日益强健、我国日益走近世界舞台中央的大环境下,在我国经济增长动力转换、发展方式转变的迫切要求下,国有大企业不仅要在关系国家安全、国民经济命脉的重要行业和关键领域保持控制力,更要发挥推动技术进步和经济转型升级的引领作用,要在我国开创对外经济新格局中发挥更大的作用。此外,国有企业目前是我国大企业群体中的主体力量和龙头企业，在国民经济基础性和支柱性产业中处于优势地位，产业控制力和辐射力大，要想推动我国经济发展质量变革、效率变革和动力变革，首先就要推动我国国有企业变革。国有企业的地域分布广泛、企业规模巨大、创新资源丰富，把一批国有企业培育成为世界一流企业，可以有效引导和带动我国经济结构优化、产业创新升级与区域协调发展。

其次，在我国改革开放的进程中，国有企业占了跨国公司群体的绝大部分，他们是我国企业"走出去"的先锋队和主力军，有着丰富的海外运作经验。这些国有企业"走出去"的时间长、领域宽、形式多，国际化人才的储备使他们具备了进行全球业务整合、管理整合和文化整合的能力，优先推动这些国有企业建设成为世界一流企业，有助于提高我国企业参与国际竞争的能力，也能承担更多的海外社会责任。

四、培育世界电网一流企业的建议

（一）以混合所有制为抓手，深化改革

发展混合所有制经济是国企改革的重要突破口，也是培育世界一流企业的重要途径。要想培育具有全球竞争力的世界一流企业，我们必须摒弃所有制偏见，让所有具有优势的企业都能够朝着世界一流企业的目标发展，让所有资本都能够服务于世界一流企业的培育，电网企业作为我国能源供给的重要载体更是如此。与世界一流企业相比，我国国有企业虽然具备一定的条件，但还存在着很大的差距，要将其培育成为世界一流企业，必须坚持深化国资国企改革，以发展混合所有制经济为途径，使一批国有企业尽快成为目标商业化、股权多元化、治理法治化的全球市场主体。尽管目前国企混合比例已比较高，但转变机制的实质性混改并不多，混合效应也不显著。要想把国有企业培育成为世界一流企业，必须推进真混改，改体制、转机制，从根本上激发企业生命力。首先要积极推进国有企业集团层面的混改，进一步理清政府与企业间的权责关系，加快对国有企业的分类改革和分类管理，有效解决长期存在的"一股独大""一大众散"的问题；其次是要加快国资监管机构"管资本"的实施进度，尽快实现以出资额为限履行出资人职责，并形成权责对等、运转协调、有效制衡的计划、执行、领导与控制体系；最后是要完善混合所有制企业的现代企业制度建设，建立更加市场化的企业领导人管理机制，推进经营管理层市场化选聘和契约化管理，使其与市场经济更加融合。

（二）以技术创新为龙头，防范风险

以电力行业为例，虽然近年来，我国电网企业发展已取得较大的进步，然而与国际一流电网企业相比，仍然存在许多缺点与不足。我国的电力改革尚处于初级阶段，从国外一流企业的改革经验来看，在中国国情下的世界一流电网企业建设，要牢牢把握国家"十三五"规划经济发展的重大机遇，统筹考虑我国能源分布的特点以及能源供需矛盾，创建科学合理的绩效评价标准，扩大经营效益，提高规模经济。同时，我们也应考虑到，随着电力企业改革的深入，企业将面临更加不确定的改革风险。电力行业的改革会触及多方利益，因此，电网企业需要提升风险管理的能力。目前世界上处于一流水平的韩国电力公社、法国电力公司等企业都建立了有效的风险防范机制，并不断加以创新。对于我国的电网企业来说，在防御风险的时候，应充分发挥系统内保险公司的作用，建立完善的风险信息收集和分析机制，及时采取措施应对风险，为电网企业的改革和发展提供保障支持。同时，还要树立知识型管理理念，提高科技创新能力。技术创新是增强综合国力最有力的武器，也是在新时代占据国际制高点的重要条件。一般来说，电网企业的技术创新集中于以下两个方面：一是电力技术的革新，如特高压输电技术、变压器改造等；二是信息技术的革新，如发展新的信息技术、建立能源互联网、运用数据分析准确预测电力变化、实现分布式发电等。而要想做到技术创新，一方面，电网企业要紧跟电力技术的发展趋势，加强电力技术革新；另一方面，又要加强企业的信息化建设，成立专门的数据分析机构，从数据中获取知识，进行科学管理。这样一来，便能从新技术和新知识中提高电网企业的科技创新能力。

（三）以战略建设为根本，擦亮品牌

当今时代，经济格局瞬息万变，电网企业应具有根据外部环境变化调整企业战略目标的能力，以制定适应市场环境变化的发展战略。随着我国电力行业改革的不断深入，电网企业也加入了很多新元素，电网企业不应该拘泥于电力一种业务，应该根据自身特点，拓展核心业务，开展多元经营，增强企业在国际上的竞争力，从而获取更大的发展空间。

1. 重视电网与用户之间的沟通，提供优质的服务与产品

随着我国经济逐渐进入"新常态"，企业中广泛存在的"重工业、轻服务"的思想无疑会影响到企业在市场中的公信力。电网企业发展最根本的目的是服

务终端用户，所以，我们要将电网发展的先进成果融入百姓生活中，加强电网与用户之间的信息交换、互动，及时响应供求关系的变化，确保电网的电能质量以及服务质量，为用户提供适合、可承受、具有吸引力且可持续发展的电力供应条件，提供高效、便捷、绿色低碳、按需定制的供电用电服务，提升供电服务的品质，发挥电网的增值服务潜力，实现终端客户分布式电源的"即插即用"，构建开放、互动的电力供应体系。

2. 加强企业文化建设，增强国际影响力

企业文化具有导向作用，可以增进企业的凝聚力和向心力，规范员工，对于提升企业形象、增加企业附加值具有重要作用。电网企业要注重企业文化的建设，如美国的 Apple 公司就把创新融入企业文化中，使创新成为一种习惯。因此，把企业的价值观、企业哲学深入到企业具体的形象和习俗礼仪中去，有助于形成具有企业特色的企业文化。

3. 优化管理模式，促进企业发展稳定高效

要想成为世界一流企业，关键在于企业自身的"内功"修炼，在管理模式方面，要注重提升"三个能力"，夯实"一个基础"。一是提升研发创新能力，为企业提质增效、持续发展提供内在动力；二是提升集团管控和协同能力，使企业能够有效整合利用全球优质资源；三是提升风险防控能力，尤其要加强海外经营的政治、法律、环保和社会等风险的认识与防范。最后，在迈向世界一流企业过程中，国有企业要特别重视人才基础，要形成一套符合全球标准、具有全球水准的选人、用人和管人机制，让全球优秀人才能为己所用。英国电力市场自撒切尔时代开始改革，分解了垂直一体化结构，实行私有化，创建了新的电力市场交易规则。我国电力市场情况与英国的情况类似，所以我们可以从英国的改革进程中学习其渐进式的引入竞争的方式，根据自身的实际情况改革管理机构，建立完善的人员管理制度，去除冗余人员，增设监督机构，建设完善的财务管理制度，提高管理效率。此外，我国在培育具有全球竞争力的世界一流电网企业过程中，也应对员工的工作情况进行统计并划分，将不同工种的员工的绩效区别开，按劳分配，能者多得，注重精神激励和长期激励，激发员工的工作积极性。

第二篇

对标世界一流电网企业

世界一流电网企业是指在电力行业发展中居于领先地位的企业，更是行业中的标杆企业。法国电力公司（EDF）、韩国电力公社便是世界一流电力企业的代表企业。这些企业具备世界一流企业和电网企业的典型特征，具有核心竞争力优势，主营业务突出，具有完善的风险管理体系，风险应对能力较强，同时跨国经营能力强，企业运作方式国际化，更容易规避贸易壁垒，也更容易打开全球发展空间。说微软公司、苹果公司是世界一流科技企业，应该没人质疑。当被冠以"世界一流"，这些企业更容易配置到优质资源，更容易规避贸易壁垒，也更容易打开全球发展空间。在当前全球经济开放发展新格局下，各大跨国公司纷纷瞄准着海外市场。同样，我国的电网企业也在谋求向全球公司的战略转型，不但要走出去，还要走得好并且走得远。所以，建设具有全球竞争力的世界一流电网企业，成为各大电力集团在年度工作会上设定的共同目标。其中，南方电网公司、广东电网公司将创建世界一流的电网企业作为当今以及以后一段时间的行动总纲。作为世界上最大的能源生产国和消费国，我国应成长和培育出一批具有全球竞争力的世界一流电网企业，我国的电力企业应在世界市场上争得更高的地位。十几年间，我国电力企业经历了两轮电改、缺电考验、煤电矛盾、环保重压、低碳转型的种种淬炼，成长伴随各种阵痛，如今多项指标已跃居世界第一或前列，两网五大发电（两网：国家电网和南方电网，五大发电：国家能源集团、中国华能集团、国家电力投资集团、中国华电集团、中国大唐集团）经常上榜《财富》世界500强等各类排行榜。其中，资产收益率等一些非规模指标已经超越法国电力公司，电力企业的综合实力显著提升。然而，大而不强的声音如影随形，让人既感叹固有印象消除之难，又不得不承认现在的"强"，确实还与"大"不甚匹配，以现在的规模，应该有更强的竞争力才是。那么，"全球竞争力""世界一流"，体现在何处？原国资委主任肖亚庆提出，衡量世界一流企业的三个关键因素，一是在国际资源配置中具有领导地位；二是在全球行业发展中具有引领作用；三是在全球产业发展中有话语权和影响力。

　　本篇内容中，我们将从指标维度和管理能力维度，采用标杆分析法及案例分析法，通过对电网企业创建世界一流企业的外部条件及对世界一流电网企业如法国电力公司、韩国电力公社等先进的案例介绍，对标世界一流企业来总结世界一流电网企业的共同特点。

第三章 世界一流电网企业的分析与研究

本章通过对世界一流电网企业,如法国电力公司、韩国电力公社、意大利国家电力公司等知名电网企业,运用案例研究法和标杆分析法进行研究,对企业基本概况、业务运营情况、资产管理、研发管理、数据管理、核心技术、发展战略等方面进行分析,从而总结其发展特点并探寻其运营规律。与中国电网企业进行指标对比,并从世界一流电网企业发展规律中得到启示,提出符合中国国情的电网企业发展战略,为电网企业未来发展提供参考及依据。

一、研究方法介绍

案例研究法是实地研究的一种,指通过系统地收集资料及数据,对一个或多个对象进行深入研究。它最初由哈佛大学提出,现被企业广泛用于培养高级经理和管理精英的商业教育实践中。案例研究法可采用实地观察行为,也可通过研究文件来获取资料。研究更多偏向定性,在资料收集和资料分析上具有特色,包括依赖多重证据来源,不同资料、数据必须能在三角检验的方式下收敛,并得到相同结论。通常有事先发展的理论命题或问题界定,以指引资料搜集的方向与资料分析的焦点,着重当时事件的检视,不介入事件的操控,可以保留生活事件的整体性,发现有意义的特征。相对于其他研究方法,案例研究法能够对案例进行厚实的描述和系统的理解,对动态的相互作用过程与所处的情境脉络加以掌握,可以获得一个较全面与整体的观点,此方法与本书探寻世界一流电网企业特征具有较好的契合性。

标杆分析法又叫基准化分析法(benchmarking),是将本企业各项活动与从事该项活动最佳者进行比较,从而提出行动方法,以弥补自身的不足。这是将本企业经营的各方面状况和环节与竞争对手或行业内外一流的企业进行对照分析的过程,是一种评价自身企业和研究其他组织的手段,是将外部企业的持久业绩作为自身企业的内部发展目标,并将外界的最佳做法移植到本企业的经营环节中去的一种方法。该方法起源于 Xerox 公司,最早应用在地理研究中,用于确定相对距离前决定的某个参考点。标杆分析法用途多样,首先,它是企业进行优势与缺点分析的有效手段,能确定竞争者中最佳策略及其成功因素,并且通过价值链和成本动因分析后,能认识企业自身的优势与威胁,这也是 SWOT

分析方法的基础。其次,标杆分析可以改进企业实务,通过与最佳实务相比,明确企业需改进的方面,并提供方法与手段。第三,标杆分析为业绩计量提供了一个新基础,它以最佳实务为标准计量业绩,使各部门目标确定在先进水平的基础上,使业绩计量具有了科学性并起到指针作用。

下面我们将应用具体的案例来分析与研究世界一流电网企业,借助案例研究法与标杆分析法来分析国际一流企业的建设经验,对标电力行业龙头企业,一方面将理论与实践更紧密地结合在一起,另一方面从国际一流企业中总结归纳,找寻其共有的特点,提炼出佛山供电局建设成为世界一流电网企业的重点发展战略。

二、世界一流电网企业案例分析

(一)法国一流电网企业案例分析

1. 法国电力公司基本概况

法国电力公司成立于1946年,是一家国有综合性跨国能源公司,在核电、水电和可再生能源等清洁能源领域具有较强的国际竞争力。法国电力公司拥有欧洲最大的电力生产体系,在法国、意大利和英国有稳定的市场,主要从事发输配电、天然气供应、工程和咨询等业务。与此同时,法国电力公司积极拓展国际业务,通过子公司以独资或合资形式参与亚洲、拉美和非洲的20多个国家的电力项目,服务的国内客户约3000万人,海外客户超过1500万人。2019年公司实现营业收入814.03亿美元,实现利润13.89亿美元,在世界500强企业中排名110位。

作为全球领先的电力基础设施服务提供商,法国电力公司非常重视大数据在企业运营分析管理中的作用,通过设立专业机构、完善数据基础、增强分析能力,不断发掘数据资产价值,为企业战略转型与服务升级提供有效的决策支撑。

2. 法国电力公司运营分析

(1)建立独立机构支持运营决策

法国电力公司在客户关系管理数据库中,对用户信息进行了全面收集,包括客户名称、电费计价方式、客户用电行为特点等。研发部下成立了职能服务型的运营分析中心,专门负责对客户数据进行分析,为销售管理进行支撑。该部门以项目制的形式负责向包括销售、营销和财务控制等在内的六个业务部门提供客户行为分析支撑，改善这些部门的服务质量并实现客户的最大化保留。其工作职责可分为 5 个方面：与相应的部门保持沟通，找到分析所需的相关数据；对内部数据进行清理，对外部源数据进行整合；采用神经网络、聚类、回归分析等分析方法对数据进行按需分析，预测电力需求侧的变化、区分客户群特点及找寻消费规律；在全面了解客户情况的基础上，按照客户的忠诚度、利润率、生命周期价值以及与新推出产品的相关性对客户进行打分；确保法国电力公司拥有必要的工具来满足不断发展的营销需求。此外，法国电力公司通过坚持不懈地克服各种数据复杂性问题，从如下几个方面为分析型客户关系管理部提供了销售支撑：

一是为相关部门提供一致的关键业绩指标（KPI），例如，按照客户领域和销售渠道预测各类一级市场和大众市场内中小企业和家庭住户的电力消耗和需求趋势、营业收入、成本和利润率，从而帮助营销部门更为精确地找准目标客户，推出更具盈利性的新产品，进而保留客户和扩大市场份额。该部门的项目负责人认为：通过评分，营销部门可以把营销工作的重点对准那些对新产品比较感兴趣的客户，以更低的成本赢得高达 15% 的新客户。

二是分析部门提供的信息能够让法国电力公司根据客户的要求对产品和服务进行改进，为新的商业活动更好地分配资源，改善服务。例如，通过对来自客户的问题进行区分，确定哪些问题是最重要的、哪些是比较耗费时间的问题，从而使呼叫中心的响应速度提高 10%。

三是借助分析型研究成果对客户服务方法实现本地化，通过为客户提供更好的商业信息来实现地区服务自治，提高法国电力在商业运作上的灵活性。

（2）运用大数据技术挖掘数据资产价值

全法国计划安装 3500 万（至 2019 年底已安装大部分）智能电表，电表产生的数据量将在 5～10 年内达到 PB 级。智能电表采集的主要是个体家庭的用电负荷数据。以每个电表每 10 分钟抄表一次计算，3500 万智能电表每年产生 1.8 万亿次抄表记录和 600TB 压缩前数据；每天产生 5 亿次抄表记录和约 2TB 的抄表数据。这些电表数据，结合气象数据、用电合同信息及电网数据，构成了法国电力公司的大数据。

以智能电表采集数据为例，这些数据具有以下特点：数据具有时间序列特性；数据来源具有分布式特性，并且需要在不同尺度上进行处理；某些应用需要对数据进行实时处理。考虑到大数据的广泛应用前景，针对自身海量数据的特性及其处理需求，法国电力公司的研发部门成立了大数据项目组，借助大数据技术研究海量数据的处理架构,实现用电负荷的精细化测量,减少信息决策系统与运行操作系统之间的延迟。目前该项研究尚属于起步阶段,该项目组的短期目标是:将分布式智能技术集成于原有业务系统,包括具有数据处理功能的智能路由器、分布式数据库、分布式数据处理以及分布式复杂事件实时处理技术。这些分布式技术同时需要支持控制中心的统一集中式控制。

法国电力公司以用户用电负荷曲线的海量存储和处理为突破口,利用大数据技术,形成了能够支撑在规定延迟内的复杂、并行处理能力。其中数据接入的接入形式包括批处理或数据流两种;数据的预处理包括时间同步、异常数据检测及修正,以及改变数据表达形式等;数据处理包括按区域的指标计算、账单模拟、商业智能 BI 等。

(3) 实施专业化管理以提升数据质量

法国电力公司认识到,数据质量问题事关重大,尤其是在面对技术应用、企业流程甚至是整个组织等跨专业性、全局性问题时,IT 部门存在一定的能力局限性。法国电力公司通过研究发现,在应用数据开展分析之前,相较于个人对不同信息系统中数据的单次提取和数据质量管理行为,采取建立大数据库对数据进行集中,由专门的数据质量管理专家对数据质量进行管控、自动集中监测的方式,有助于提升数据库的性能,促进数据质量管理经验的分享以及规避个人处理能力的不足。

法国电力数据质量管理专家需具有深厚的统计学、信息系统、数据工程等多学科背景以及丰富的 IT 实践能力,他们深知如何使用正确的工具、方法和最佳实践进行数据质量管理以及如何在 IT 项目中穿插进行数据质量管理。法国电力的数据质量管理专家开展了一系列针对数据质量提升的专项分析研究,比如设计了多维星状模型对数据进行存贮、分析和检验测试,为数据的应用提供了较好的支持。

3. 法国电力公司案例启示

数据研究和分析是企业适应市场需求变化的重要基础和手段。法国电力公司作为能源基础服务供应商,通过建立企业数据分析中心,对消费者相关数据进行研究分析,有效增强了市场应对能力,支撑了企业快速发展,取得了良好社会与经济效益。这为我国电力企业进一步挖掘数据资产价值,提升企业效益提供了如下启示:

(1) 强化数据资产经营管理理念

数据是反映市场变化与企业运营状况的直接载体。电力等能源公用企业在长期对消费者提供服务过程中，积累了大量的数据资源。企业需要强化数据资产管理理念，实现紊乱的数据资源向有效的数据资产的转化，加强数据资产的利用与管理。法国电力公司将电表数据、用电合同数据、电网数据等数据资源整合为企业大数据库，将其作为重要资产管理对象，设立专业部门，进行专业分析与管理，帮助企业开拓市场、提升服务、降低成本，有效利用了数据资产价值，促进了企业管理优化与高效发展。

（2）建立数据资产专业管理机构

独立的组织机构是强化数据资产管理的重要基础，国内大部分企业目前对数据资产管理尚分散于各业务部门，缺乏数据资产统一管理规范、管理标准与管理职责，数据资产价值的发掘有待增强。法国电力公司在研发部下成立了职能服务型的运营分析机构，专门对客户数据进行分析处理。通过建立组织机构，明确工作职责，有效提升了企业对数据资产的分析与管理能力，增强了企业协同管理水平。

（3）提升数据分析处理能力

数据分析处理能力是挖掘数据资产价值的关键。实现有效的数据分析处理需要良好的数据基础与有效多样的数据处理模型与方法工具，需要企业建立统一规范的数据标准与全面及时的数据库。法国电力公司非常重视数据质量与数据处理能力的管理，由专门的数据质量管理专家进行数据质量管控，重视对数据提取、数据质量、分析技术及工具研发，从多个角度对市场消费群体进行精确区分和定位，并通过数据分析对企业自身、市场、环境进行准确分析，为推进法国电力成功实行转型与发展提供了强有力的分析支撑。

（4）促进数据资产价值增值

对于掌握大量消费者与市场数据资源的电力公用企业，企业通过数据分析、转化、开发、利用，为企业带来了直接的经济效益。同时，通过对市场变动与消费者行为等大数据深层次分析，为企业拓展业务领域、创新盈利模式、推进企业转型升级提供了有效决策支撑。法国电力公司通过对数据资产分析利用，实现了精确定位目标客户、推出更具盈利性的新产品、扩大企业市场份额、提升客户服务响应速度、提升企业商业运作灵活度等一系列成效，实现了数据资产价值增值。通过数据资产价值的深度挖掘，数据资产管理将在支持企业战略实施、促进企业优化管理、提升企业市场应变能力等方面发挥更大价值。

（二）韩国一流电网企业案例分析

在发改委国际能源研究所发布的 2017 年《能源企业全球竞争力评估报告》

中,韩国电力公社排名能源企业第3、电力企业第1,南方电网排名能源企业第22、电力企业第6。在国资委发布的2016年《世界一流企业评价对标研究报告》中,韩国电力公社在电力行业排名第1,南方电网排名第4。2019年韩国电力公社实现营业收入545.68亿美元,在世界500强企业中排名第193位。由此看出,近几年韩国电力公社是世界能源企业的排头兵,是电力行业的一流标杆企业。

1. 韩国电力公社基本概况

韩国电力公社是韩国唯一的电网企业,成立于1898年,时称汉城电气株式会社。1961年由三个电力公司合并,1982年正式国有化并更名为韩国电力公社。1989年和1994年分别在韩国交易所和纽约证券交易所上市。目前公司资产规模约1万亿人民币。

韩国电力公社在国内主要开展电力发、输、配、售等业务。其中,发电业务市场占比75%,由6家发电子公司独立运营;输配电业务100%垄断,售电业务占比99%,由总部国内业务相关部门统一管理,各地分支机构负责执行。在海外主要开展东南亚、中东、非洲等地的发电、输配电及资源开发等业务,由总部海外业务相关部门负责业务运营和管理,各海外办事处负责联络保障。此外,韩国电力公社还设立了一些支撑服务性的专业分、子公司,包括核电燃料公司、电厂工程建设公司、电厂设备运维公司、IT服务公司等。

2. 韩国电力公社运营分析

(1) 民营化运营慎重而迟缓

在韩国政府主导下的公有企业民营化浪潮中,韩国政府仍持有韩国电力公社约52.6%的股份,民营化运营是慎重而迟缓的。对经济效益良好的韩国电力公社实施民营化,受到了来自电力工人、工会联盟和一部分工商企业的反对,波折颇多。从目前来看,只是对韩国电力公社的非核发电资产实施了有限民营化。电力民营化是手段,而不是目的。电力市场化改革的目的是提高韩国电力工业化效率,重点在于打破垄断,引入竞争机制。

(2) 打破电力市场垂直一体化垄断

将发电、输电、配电和售电分成4个独立的业务,在发电和售电环节打破垄断,使其充分竞争;而输电和配电环节作为自然垄断领域,实行垄断经营,在政府严密监管下规范运作,这是世界各网电力市场化改革的普遍做法。从韩国政府发布的电力市场化改革计划来看,其创新之处在于将输电和配电分开,在配电环节引入竞争机制,而实际执行情况是到目前为止,仅仅只是将发电公司从韩国电力公社剥离,韩国电力公社继续垄断输电、配电和售电业务。电力工业结构调整受电力技术、经济理论、政策环境等诸多因素的限制。

(3) 建立电力交易市场,引入竞争

电力交易市场是购电方和售电方完成电力交易、开展竞争的场所,也是电力市场化改革的难点和核心。韩国的电力交易市场设计,很明显是借鉴了英国的早期以成本为基础的电力库模式,但英国早已放弃了此模式,改用新电力交易规则模式。从目前来看,韩国的电力交易市场还非常不完善。无论是硬件设施,还是交易制度、交易方式等都与通过电力交易市场配置电力资源的目标相去甚远。

(4) 重视顾客满意度

韩国电力公社把顾客放在第一位,把公司的发展和顾客的利益紧密联系在一起。"服务专家"计划的实施和服务学校的成立、开始工作都是其中的一环。从各个方面方便顾客,不断提高"一站式服务"的完善程度,即通过和银行及连锁便利店的合作,顾客现在可以 24 小时在这些商店中交付电费,也可以通过网络交付电费;韩国电力公社还把远程会议系统扩展到高电压等级的用户,使电力运行和使用效率更高;客户关系管理网站打开了和用户沟通的新渠道。在销售过程中,还推广了一个"亲民计划"活动。韩国电力公社的电力销售部门包括 186 个地区分支机构,负责各自的电力专营区。为了在销售中贯彻顾客至上的战略,韩国电力公社组织了一个流动服务队,可以应客户要求上门服务。此外,韩国电力公社还建立了 59 个服务中心,以更好地服务于顾客。韩国电力公社以顾客至上的精髓就是专注于客户的需求和利益,和客户保持经常性的接触,让客户的反馈能够迅速返回,进而调整电力供应,以方便顾客用电。为此,整个销售流程已经根据顾客的需求重新整理和标准化,而且还建立了一个覆盖全国的新的销售信息系统。

(5) 运用电价工具优化配置电力资源

电价作为重要的经济杠杆,在建立和培育电力市场,优化配置电力资源,调节各种利益关系方面具有不可替代的作用,韩国电力市场化改革的目标之一是形成市场定价机制,即具有竞争性的部门实行市场价格。其有自然垄断性的部门实行政府制定价格,这也是检验电力市场化改革成功与否的关键所在。韩国的电价由政府制定并且是全国统一的,同其他国家的电价水平相比较,韩国电价一直保持在一个较低的水平。

(6) 永不间断的管理创新

韩国电力公社在改革后强调它不再是一个只关心电力供应的公司,而要转变成一个既重视公众利益又重视电力供应效率的公司。韩国电力公社的管理创新就是一个不断改进服务、方便用户和提高工作效率的过程。首先，韩国电力公社不断对业务流程进行重组和改进，给用户更好、更方便和更人性化的服务。其次，人事系统也已经进行了改进，引入经济增加值（EVA）分析每个成员和单位的创利能力，提高了公司的成本警觉性和财务稳健性；网上培训系统使得员工可以随时随地参加培训；多层面雇员评价体系提高了人事管理的有效性。第三，在财务管理方面，一个预算前检查系统已经应用到韩国电力公社的财务系统，该系统可以大大提高子公司运作的利润水平。而新财务管理信息系统则把预算管理和资产管理连接在一起，大大提高了整个公司的管理效率。

（7）关注盈利性，吸引民间投资

韩国电力公社的新战略体现了客户的重要性，同时也很重视投资回报。这适应了改革后电力工业竞争性市场和民间资本投资的要求。在电力改革后，推动电力企业发展的动力将主要来自市场，电力企业发展所需要的资金也将由市场提供。市场对投资对象的评价主要是看企业的盈利性和投资回报率，因此关注盈利性、吸引民间投资将成为电力改革后电力企业进一步发展的重要条件。

3. 韩国电力公社案例启示

（1）内部管理实践

作为目前世界排名第一的电力公司，韩国电力公社的成功离不开内部管理的高效实用。韩国电力公社在组织架构、电网运营模式、客户服务模式等方面尤为突出。

一是确保精简高效的组织架构战略有效落地。韩国电力公社采用的"大部制"组织架构，最大限度地避免了部门职能交叉、业务多头管理，从而有效降低管理成本、提升管理效率。近10年，韩国电力公社根据业务发展经历了多次组织架构调整，始终保持7～8个部门，按"业务+职能"的方式设置。目前，共设置了8个部门，分别是企划部、管理部、营业部、电力系统部、新业务技术部、业务促进及合作部、核电项目部、全球业务开发部。其中，企划部负责公司总体的战略、经营、财务等，管理部负责人力资源、后勤等，营业部负责市场营销和配电运营管理等，电力系统部负责输变电建设、运营管理等，新业务技术部负责国内新业务开发以及技术标准管理等，业务促进及合作部负责国内业务合作等；海外业务主要由2个部门负责，核电项目部负责海外核电项目，全球业务开发部负责海外输变电等其他业务。各个部门各司其职，各负其责，使各项工作协调进行，大大提升了企业经营效率。

二是应用先进电网设备和电网运行系统,提升电网可靠性。韩国电力公社在全国设置41个配网运行管理中心,建设差异化配网自动化系统,对配电网进行实时监视、故障定位、自动隔离和网络重构,配网故障快速恢复时间达到3分钟以内,2016年客户平均停电时间为9.61分钟。2018年开始,韩国电力公社将进一步升级配电自动化系统,自动化开关占比将从58%提升到90%,结合应用物联网、AI、VR、AR等新技术,为包括分布式能源、智能电网等各种场景提供基于大数据分析的能源解决方案,提高用电质量,努力将系统缺陷导致的故障次数降为零,确保提供不间断的电力供应。

三是通过技术和管理手段,降低电网损耗。技术方面,一是提高输配网电压等级,将配网电压升级为22.9千伏,极大地降低了传输损耗;二是采用高质量的输配电线路和设备,例如采用新型双绝缘导线,比传统导线可降低5%~10%的损耗,采用非晶态磁体铁芯,比传统铁芯提高25%能效。管理方面,实施较为严厉的"窃电"惩罚性赔偿制度,对发现"窃电"行为的举报人给予高额奖励,有效降低了用户侧线损失。

四是以客户满意为目标,专注于客户的需求和利益,迅速反馈客户需求。韩国电力基于顾客视角提供服务方案以及满足客户需求的定制服务。例如,实施面向老年人的定制账单、面向公寓居民的抄表日选择制度以及面向大电力需求用户的能耗诊断咨询服务;站在顾客立场,建立费率制度,方便顾客理解电费。此外,韩国电力公社实施高要求工作准则和多样化的沟通方式,拉近与客户之间的距离,解决客户遇到的不便;创新服务流程,扩展非面对面服务,提高便利性和服务效率;创建一站式的客户服务知识管理共享系统,帮助客户服务人员提高工作效率,增强服务能力;通过社交媒体,如博客、Facebook、Instagram等,与客户密切沟通;在各地客户中心和营业网点建立客户之声系统(VOC),用于接收和处理客户投诉。

(2)综合能源业务转型

韩国电力公社致力于成为"智慧能源引领者"。一方面,为客户提供便利、高效的能源供应和服务,为社会营造更为良好的环境,为企业创造新的商机;另一方面,韩国电力公社紧跟市场转型,积极拓展新技术应用,创建共享能源服务平台,提升生活质量,使企业成为"引领能源发展的领跑者"。2017年,韩国电力公社提出"2025蓝图",目标是成为智慧能源平台提供者、国内能源生态圈领导者和全球能源市场布局者,计划在2025年完成分布式能源平台、电动汽车平台、大数据平台以及服务平台等能源智慧平台搭建,成为能源行业领导者。韩国电力公社综合能源业务转型主要表现在以下几个方面：

一是主动参与政府主导的综合性智能电网示范项目，积累运营经验，储备关键新技术。韩国电力公社依托济州岛智能电网示范建设，构建了智能电表、智能输配电仪器、数字变电系统，展开实时定价制、电动汽车充电站、可再生能源的质量改善以及电网整合运营等各类示范项目。研究优化业务关键技术，不断积累运营经验，例如采用IHD（屋内显示器）与智能电表等技术完成智能住宅设计，提供有关电力消耗和波动性的实时信息，准确预测需求和管理负载，为客户提供更加个性化的服务。

二是布局分布式能源和微网业务，降低网络损耗、减少环境污染。韩国电力公社致力于通过加强碳管理，树立企业形象，成为领先的环保企业。韩国电力公社在济州岛变电站已完成了700kW的可再生能源微网设计和200kW的微网示范运行，同时大力推广家庭屋顶太阳能面板，实现分布式光伏发电。韩国电力公社计划通过微网、分布式能源、清洁能源发电等技术在2020年实现碳排放减少40%的目标。

三是布局战略性新能源技术，通过技术研发拓展新的商业领域。近年来，韩国电力公社集中于10个领域，加大技术研发投资，包括洁净煤技术，碳捕获、利用和封存技术，高压直流输电技术，海上风电技术，新材料技术（例如基于石墨烯材料的储能系统），超导电技术，智能电网技术，微电网技术，储能系统技术，电力信息通信技术等。2021年前，韩国电力公社计划在这10个领域开展113项技术研发，并逐渐应用到新的商业模式中。

四是利用电力大数据，应用数字化技术，建立平台公司，拟实现向"互联网+能源服务"转型。为应对互联网产业革命所带来的挑战，计划由"发、输、配、售"垂直模式向"多向信息、多种电源、电气+信息、大数据+新服务"的平台化能源互联网体系转型。韩国电力公社计划有效利用电力大数据、输配电线路资源基础设施的优势，应用数字化技术来引领实现能源互联，为客户提供全方位的能源服务。

（3）国际化业务实践

近年来，韩国电力公社海外业务比例逐年上升，截至2016年底，韩国电力公社在24个国家共开发了36个项目，主要包括亚洲、中东和非洲市场，项目以火电、核电、输配电技术及资源开发为主，年收入达到290亿人民币左右，占公司总收入的8.5%。未来，韩国电力公社将进一步开发北美和欧洲市场，拓展可再生能源供应、新能源相关业务和系统集成技术等业务，预计到2025年，海外业务收入占比将达到27%。

韩国电力公社海外市场拓展出色得益于以下四个方面：

一是以自身优势技术为基础，拓展海外市场。韩国电力技术的先进性是其走向世界的核心竞争力。韩国电力注重技术创新和研发投入，尤其在核电项目和输配电项目上成效显著。在核电出口领域，韩国电力公社集中技术力量不断研发创新，较早地实现95%的装备自主化，可提供从设计、建造，到运营与维护的"一站式"服务。在输配电领域，韩国电力通过咨询业务积极拓展海外市场。截至目前，韩国电力在输配电技术咨询项目上的订单金额已超过20亿人民币。

二是发挥整体优势，有效控制和降低业务风险。韩国电力公社在海外业务上充分发挥整体优势，集团公司与分、子公司协同作战，提高公司竞争力。在海外市场开拓中，韩国电力公社打造"One KEPCO"团队，集团公司作为管控中心，负责谈判、签订合同以及主导整个项目，分、子公司分工合作，共同提供能源服务，增强了韩国电力公社在国际市场上的竞争力。

三是深度挖掘项目价值，实现高水平输出。韩国电力公社不断拓展项目范围，巩固当地市场地位，提高项目价值。在海外电厂投资和资源开发上采取"一揽子交易"商业模式，即把能源开发与电厂建设相结合，不仅取得电厂的建设经营权，还将与电厂关联的煤矿、天然气矿等能源资源及天然气输气管道等开采经营权一并购买下来。这种商业模式为韩国电力公社获得稳定的燃料供应，降低燃料运输成本，也带来可观的经济效益，实现高水平输出。

四是因地制宜开展业务，提升项目收益水平。韩国电力公社根据不同的市场需求提供多样化的能源解决方案，例如在核电出口领域，韩国电力公社推出了面向欧洲市场的EU-APR1400机型、面向中东和南亚市场的APR-1000机型、面向印度尼西亚市场的OPR-1000机型。因地制宜的产品策略使韩国电力公社在能源出口方面具有更大的灵活性，更容易获得订单。

（4）发展支持能力

一是注重人才储备，支持公司转型。面对公司转型需求，韩国电力公社注重从两方面实施人才选聘、培养和储备。一方面，韩国电力公社积极招聘海外业务人才，对其提供海外业务相关的实践技能和语言技能的培训，将顶尖人才作为推动公司海外业务发展的重要驱动因素；另一方面，韩国电力公社建立超过2500人的人才库，对其进行新能源、新业务、新技术等领域知识的全面培养，为未来新业务发展储备必要人力资源。

二是加大技术投入，提升公司核心竞争力。近年来，韩国电力公社聚焦新材料技术、超导电技术等十大战略性新技术以及"云大物移智"等工业4.0核心技术，逐年加大投入。韩国电力公社的目标是在未来3～5年间，研发100项以上技术并投入商用，筑牢公司未来核心竞争力的基础。

（三）意大利一流电网企业案例分析

1. 意大利国家电力公司基本概况

意大利国家电力公司成立于1962年，涵盖发、输、配、售、燃气等业务，是意大利最大的国有公共事业企业、欧洲领先的能源企业。2019年营业收入893.06亿美元，在世界500强企业中排名第89位。

2015年，意大利国家电力公司提出了"open power"开放能源的愿景，致力于成为现代、开放、灵活、具备社会责任感的能源服务商，成为全球能源转型的领先者。为此，其制定了《2016—2019发展战略》，把数字化和以客户为中心作为两大发展主题。此外，意大利国家电力公司战略管理采取的是逐年滚动修编、制定未来3年战略的方式，持续推进转型，目前最新的是2018—2020战略。意大利国家电力公司采用了"业务+区域"的矩阵式结构，打破了部门间的壁垒。纵向事业部包括基础设施及电网、客户侧解决方案、可再生能源、传统发电、电力贸易等5个事业部，负责设计最佳解决方案、推进业务落地、提升业务运营效率、投资决策，并对利润指标负责。其中，"客户侧解决方案"事业部是2017年新成立的，职能是加速新业务的拓展。为此，意大利国家电力公司组建了"创新解决方案"部门作为业务主体，设立新品牌Enel X，专门成立产品实验室及平台开发办公室，前者负责新产品及服务的设计、开发及测试，后者负责开发统一物联网平台、整合新技术快速响应客户新需求。横向区域线包括意大利、伊比利亚半岛等6个业务区，负责客户管理、属地合规性及利益相关者管理，对销售额、利润、现金流指标负责。集团总部则负责统一提供行政、财务、人资、创新及采购等服务。

2. **意大利国家电力公司运营分析**

意大利国家电力公司十分注重业务拓展，通过持续调整业务组合来适应适应能源转型趋势。2016年，其出售了上游天然气勘探业务，转向下游"客户侧解决方案"业务的提供。各业务板块策略清晰，具备成熟的盈利模式：一是新设立的客户侧解决方案板块，旨在利用新技术快速响应用户多样化需求，形成了智能工厂、智能出行、智能家居和智慧城市四大综合解决方案，用于整合分布式、储能、微电网、用能咨询、电动汽车充电和租赁、智能电器、家联网、智能楼宇等产品，2017 年 EBITDA（息税折旧及摊销前利润）占比 16%、增长率高达 10%，成为潜力业务；二是基础设施及电网板块，重点通过数字化、智能化升级的方式提升效能，EBITDA 占比 47%；三是可再生能源板块，重在打造水、光、风、热的多元发电业务，并大力拓展国际化，EBITDA 占比达 27%；最后是传统发电板块，通过持续出售绩效不佳的资产来提升整体盈利能力，2015—2017 年业务规模年均下降 17%，2017 年 EBITDA 占比仅为 10%。

国际业务作为意大利国家电力公司多元业务中的重要支柱，收入占比达 48%，涵盖五大洲 35 个国家。这部分业务主要以可再生能源、基础设施及电网为拓展重点，多个业务板块已走出国门。此外，公司还善于结合国情灵活配置业务，如针对北美、中美、非洲、亚洲以可再生能源为主，伊比利亚半岛以基础设施业务为主，欧洲及北非则采用可再生能源、基础设施、传统火电齐头并进的业务模式。同时，为了有效防控国际业务资金风险，还大力推广了可再生能源业务的 BSO（建设、出售、运营）轻资产模式，在确保控股地位的同时及时回笼资金。

意大利国家电力公司通过在全球收购可再生能源、创新解决方案等战略性新业务、新技术来获得市场及技术优势，如并购美国需求侧技术公司 EnerNOC、电动汽车充电桩公司 eMotorWerks 等，这些举措使其成为全球需求侧响应、电动汽车充电平台的技术领导者。据统计，意大利国家电力公司 2010—2016 年投资收购涉及金额 211 亿美元，在领先电力企业中排名第四。

3. 意大利国家电力公司案例启示

意大利国家电力公司建立并滚动修编三年数字化战略，计划在 2018—2020 年期间投资 53 亿欧元，针对客户、资产、员工、云、平台、网络安全六方面，建立敏捷运营模型。此前，意大利电力公司已牢牢抓住了数字化带来的优势，如利用智能电表大数据优化电网运行，减少技术性损耗，提升运营效率，为近 1500 名员工提前退休或转岗，每年至少节省 6.72 亿欧元管理成本，约占总成本支出的 1.05%，使得人均利润、人均绿色售电量、人均客户数三项指标提升近两倍；通过智能电网组件实现分布式能源的智能集成、监测、控制及管理；在传统发电业务中，广泛采用基于手机软件及可穿戴设备的数字化作业模式；2017 年已有 85% 的业务转移到云平台，并计划在 2018 年提升至 95%；已开展区块链、无人机、增强现实在业务中的应用研究。

一方面，意大利国家电力公司创新了商业模式，将自身定位为"以电网为起点的平台企业"。建设了整合的智能电网平台,在此基础上搭建电动汽车平台、需求侧响应平台、绿色能源交易及绿证交易平台等业务子平台。在全球建立7所Hub加速器,与全球18项风投基金合作,为初创企业及中小企业提供服务,致力成为能源领域全球创新领导者。同时以openinnovability.enel.com在线平台为抓手,搭建开放创新生态圈,整合内外部加速器、全球合作伙伴联盟、内部全员创新平台、外部众包平台等资源,激励技术和商业模式创新,共建新型能源生态,因此,公司于2017年获得全球第四届开放创新大会"商业模式转型杰出奖"。

另一方面,意大利国家电力公司还建立了"开放人才"战略,关注人才保留、多元化以及培训,为每个员工建立了员工旅程,根据员工个性设置差异化发展方案。同时,还设立了"意大利电力创新世界杯",鼓励全球员工参与内部创新竞赛,获胜者可以获得创业培训、资助以及进入公司创业孵化器,并于2017年推出开放创新平台,鼓励员工提交创新方案,公司推动方案的合作研发和商业化。在人才合作方面,意大利国家电力公司还利用外部众包平台开展人才合作,通过院校合作输送年轻人才。

(四)西班牙一流电网企业案例分析

1. 西班牙伊贝德拉基本概况

西班牙伊贝德拉是西班牙能源行业的龙头企业,也是全球最大的风电运营商,其主营业务包括发电、电网(输配电)、售电以及可再生能源业务(包括水电、风电、光伏、生物质能等)。2019年营业收入413.95亿美元,在世界500强企业中排名第292位。

伊贝德拉的企业愿景是"成为全球能源领袖,在公司道德、环境保护、创新上成为行业标杆",使命是"用清洁能源提供优质服务,做数字化转型的先锋,有效应对气候变化,为社会创造福利"。在企业使命的指导下,公司开展了五年期的战略规划,并年度滚动修编,最新为2018—2022发展规划,提出了五大发展重点,分别是:电网升级;发展智能电网和电动汽车;提供风力、光伏等清洁能源解决方案;创新解决方案(包括智慧能源、智慧移动设备、智能光伏);进行数字化转型。

2. 西班牙伊贝德拉运营分析

伊贝德拉于2015年提出了数字化转型战略,关注十大领域,包括大数据与高级分析(智能电表信息管理、风力发电机维护、客户分群等)、区块链(财务交易、电动汽车充电桩/站等）、流程数字化（后台流程、差旅、电子账单等）、无人机（对风力发电机、高压输电线路等进行巡视）、云计算（通过云平台提供销售、财务、办公室计算、企业工具等应用）、人工智能与机器人技术、物联网（包括物联网设备）、移动设备、虚拟现实、增强现实（例如改进风力发电机的运营和安全评估流程），为服务升级奠定技术基础。最新计划在2018—2022年期间投资10亿欧元，到2022年通过数字化创造6亿欧元EBITDA。

此外，伊贝德拉也十分注重国际化业务的运营，2017年，该部分业务收入达到163.77亿欧元，营收占比达到52.38%，是国际化业务发展成熟的电力企业。其国际化业务始于1990年，覆盖英国、美国、墨西哥、巴西等10个国家，涵盖发输配售各环节及可再生能源业务。在个性化服务方面，伊贝德拉结合各地能源转型方向设计了国际拓展模式，如针对碳排放低、可再生能源和智能电网世界领先的欧洲市场，重点开展可再生能源业务，着眼于成为欧洲第一的风力发电商，同时推动数字化电网、提供智能的客户解决方案；针对重能源基础设施建设、适时发展新能源的美国市场，在电网提升和扩容投资的同时，发展以风电为主的可再生能源；针对大力推进能源改革的墨西哥，则积极抢占可再生能源运营先机。

3. 西班牙伊贝德拉案例启示

值得一提的是，伊贝德拉是唯一一个提供小时费率的电力企业，客户可以自由选择日常套餐、夜间套餐、周末套餐、夏季套餐等套餐；此外，它还提供智慧光伏产品，包括屋顶光伏安装、维护等一站式服务；提供Power UP能源管理服务，允许用户根据自己的需求，从手机上购买电量套餐。伊贝德拉持续开展"精益运营"项目，通过技术改进及创新、管理模式创新，提升运营效率和安全水平。例如HIDROPOLO项目，通过改进水轮发电机设计，减少水轮机裂纹和故障，降低维护和修理成本、提升安全性。在精益运营理念的指导下，伊贝德拉始终在客户服务中心、运营支持、信息系统开发等领域大量开展业务外包，从而提升运营效率。

西班牙伊贝德拉设立了培养未来领袖的领导力项目，并推出全球流动项目，允许超过32 700名员工在全球范围内选择空缺职位。此外，它还与西班牙多个大学及美国麻省理工学院合作，通过青年创业项目和伊贝德拉校园实习生项目，鼓励年轻学生创业，为公司积累校园人才。

（五）美国一流电网企业案例分析

1. 美国新世代能源公司基本概况

美国新世代能源公司前身为始建于1925年的佛罗里达能源集团，它在发展的道路上，始终致力于成为美国最大且能力最强的清洁能源供应商。2019年，其营业收入为167.27亿美元，利润高达66.38亿美元，在美国500强企业中排名第184位，是全球市值最高的公用事业公司，结合业务布局成立了相对独立的组织机构和业务品牌，2009年设立了两家子公司：一家是佛罗里达光电（FPL），为佛罗里达州500万用户提供发、输、配、售全环节服务，致力于成为全球最佳公用事业企业，目前是美国售电量最高的电力企业；另一家为资本控股子公司NEECH，旗下最主要的是新世代能源资源（NEER），专注佛罗里达州以外市场，致力于成为具备丰厚回报及竞争力的能源供应商和清洁能源领域的领导者，目前是全球规模最大的风能及太阳能发电企业。

2. 美国新世代能源公司运营分析

清洁能源业务是美国新世代能源公司的业务重点，1998年，它率先布局风电等清洁能源发电业务，目前已覆盖美国33个州、加拿大4个省，为全美最大发电企业、全世界最大风电及太阳能发电企业。在其业务结构中，清洁能源业务净利润占比超过了55%。

3. 美国新世代能源公司案例启示

精益运营使其拥有发电资源优势，能为用户提供最低价能源；另一方面，要建立企业数据中心，积极利用数字技术提高设备效率，整合分布式发电设备运维数据、规划预测性检修，并将沉浸式增强现实、无人机、机器人等智能技术应用于日常作业。

（六）英国一流电网企业案例分析

1. 英国国家电网基本概况

英国国家电网成立于1990年，以"实现未来能源系统"为愿景，在英国提供电力和燃气传输（到户）服务，是英国最大的能源公用事业公司；在美国东部提供电力管制、燃气及综合能源业务。2017年营业收入220.37亿美元，在世界500强企业中排名第491位，

2. 英国电网运营分析

英国国家电网积极探索颠覆性技术及商业模式趋势，并于2017年成立NG

venture 投资基金，重点投资清洁能源相关技术及项目合作，在总部战略部门下成立技术团队，与新兴企业及科研机构合作，重点关注业务安全提升、低碳能源系统转型等创新。此外，它还与谷歌合作研究利用人工智能技术预测电力需求，此项技术预计可帮助英国节约 10% 电量。

三、与世界一流电网企业两大差距

佛山供电局 2018 年综合标杆一流评价总分为 113.07 分，在综合标杆评价体系的 12 项指标中，虽然 3 项指标达到世界领先水平，4 项指标达到并超过世界一流水平。但部分指标和业务发展还存在不平衡不充分，如客户平均停电时间、全员劳动生产率等指标与世界一流水平尚有一定差距；电网发展局部存在"卡脖子"，综合能源发展处于起步探索阶段。

结合原国资委主任肖亚庆提出的世界一流企业三大特征，基于地市供电局的定位，佛山供电局与世界一流电网企业主要存在两方面的差距：

（一）研发投入有待提高，缺乏行业引领作用的技术

韩国电力公社在核电技术、输配电技术等许多技术领域都处于世界领先，并进一步在海外竞争中转化为竞争优势。近年来，佛山供电局与南网科研院等科研院所开展了一系列的科研活动，职工创新活动成绩突出。但是，佛山供电局的高端创新人才储备依然不足，缺少引领行业发展的技术成果。

（二）距离行业价值链高端还存在一定差距

佛山供电局业务范围较窄，业务范畴有待拓展，距离行业价值链高端还存在一定差距。站在新的历史起点上，南方电网公司新时代的阶段性战略目标和治企兴企思路，指明了建设全球竞争力的世界一流企业战略目标要求和工作部署。广东电网公司提出全国最好、世界一流省网企业的目标，网省公司赋予的光荣使命，与佛山供电局当好新时代南网基层供电局排头兵，高质量率先达到世界一流的定位高度契合，佛山供电局必须勇于担当、主动作为、走在前列。

第四章 世界一流电网企业战略分析

本章将介绍国外一流电网企业发展实践和经验，结合《财富》《福布斯》等国际知名杂志以及知名国际咨询机构的评价体系，从指标纬度和管理能力纬度，总结法国电力公司、韩国电力公社、意大利国家电力公司、西班牙伊贝德拉、美国新世代能源公司、英国国家电网等国际一流电网企业的发展经验，发现世界一流电网企业共有的核心特征，主要体现在经济规模、科技创新、品牌影响力、产品和服务、国际化水平、企业发展、风险管控体系、企业文化等八个方面。同时针对我国电网企业现状以及世界一流企业特征提出了针对性的战略。

一、世界一流电网企业的核心特征

（一）经济规模大

经济高效是一流电网企业可持续运行发展的有力保障，一流电网企业的发展不仅要立足于当前企业的状态，而且还应该考虑到企业未来的发展，拥有持续良好的业绩表现；不仅能够为地区社会经济发展提供有力的电力供应保障，而且还能够确保国有资本拥有长久的生命力。国际一流企业普遍规模经济，业绩表现持续良好，长期居于"世界500强"榜单，其盈利水平及股东回报率均相对较高，且面临经济危机等重大冲击时，能较快恢复并保持企业相对平稳发展。如韩国电力公社所具有的处于行业前列的资产规模及其卓越的盈利能力；法国电力公司以独资或合资形式参与进入多个国家的电力项目。

（二）科技创新能力强

世界一流电网企业往往具备先进的管理理念、方法和手段，拥有精良的技术装备。创新型管理理念和先进的技术是培育世界一流电网企业的有力保障。科技创新能力是企业保持生命力与活力的重要来源，拥有与公司发展相适应的自主知识产权及核心技术将促进企业技术进步，保持行业技术领先，引领前沿发电技术。如韩国电力公社采用新型双绝缘导线实现高质量配输电线路和设备；法国电力公司引领企业大数据运营分析管理创新；西班牙伊贝德拉、意大利国家电力公司着力推动数字化转型战略。

（三）品牌影响力深

企业的品牌形象是企业的名片，世界一流电网企业的品牌强大，在全世界享有盛名，也被称为全世界电网企业的楷模。高度的社会责任感、优秀的企业文化以及良好的社会影响力是企业履行社会责任的义务，同时也能够为企业带来更好的经济效益。如韩国电力公社近几年作为世界能源企业的排头兵，是电力行业公认的一流标杆企业；法国电力公司在清洁能源领域享有较高的国际知名度。

（四）提供优质的产品和卓越的服务

为用户提供体验优越、层次多样的优质服务是世界一流电网的主要功能，"客户第一、质量为本"的思想通常被作为一流企业的基本文化理念。世界一流企业最为重要的标志是能够生产出行业中的领先产品。电网企业与用户之间保持友好的互动，提高产品认知度，拥有较高的客户满意度，与监管机构、客户、供应商、社区等利益相关方和谐相处，有利于优秀企业形象的塑造，更有利于企业自身的经营。如意大利国家电力公司整合新技术快速响应客户新需求；韩国电力公社一站式的客户服务知识管理共享系统。

（五）国际化水平高

根据国际通用标准，世界一流企业的海外业务往往占据企业总业务的30%以上，世界一流电网企业一般都具有全球化的经营理念，擅长在全球性战略思维的框架上制定发展战略，在市场开拓、业务范围以及资源占有等方面均具有较高的国际化程度。如韩国电力公社针对不同国家市场需求提供多样化的解决方案；西班牙伊贝德拉涵盖数十个国家开展可再生能源业务。

（六）企业发展稳定、高效

世界一流企业的战略管理能力和领导力卓越，管控高效，资源配置能力强大，注重协同效应和整体优势。此外，一流电网企业的建设需要优秀的人才队伍来完成，其通常具备适应现代企业管理和国际化经营管理所需要的优秀人才队伍，且数量规模足够大，结构和梯次合理，并在人才基础上，建立合理的资源配置、风险管控以及可持续发展方案。如韩国电力公社对其庞大的人才库进行全领域技能培养；意大利国家电力公司广泛地开展人才合作活动。

（七）健全完善的风险管控体系

实行全面风险管理，建立从上到下的风险责任体系。董事会在重大决策的风险管理中能够发挥主导作用，风险管理职能部门健全，岗位风险管理责任明确。如韩国电力公社"大部制"组织架构确保低成本、高效率风险管控；英国国家电网设立的资产全生命周期体系涵盖资产所处的六个阶段，通过降低资产全生命周期成本显著提高运营效率。

（八）优秀的企业文化

世界知名企业管理演变的历史证明了发展的活力来自于企业文化。连续几年雄居世界500强企业之列的奥秘就在于其卓越的企业文化，它是其所有战略得以成功实施的土壤。如韩国电力公社追求"成为引领能源发展的领跑者"的2025年蓝图，实现综合能源业务转型；西班牙伊贝德拉"成为全球能源领袖"的企业愿景，并滚动修编五年期战略规划。

尽管世界一流电网企业的发展模式和发展环境难以被复制，但对佛山供电局建设国际一流电网企业仍具有重要的参考价值。通过以上总结世界电网一流企业这8个方面的特征分析各个特征的表现，及其对应的国际一流电网企业的发展实例，结果如表4-1所示。

表4-1　一流电网企业的特征汇总

特征	表现	一流电网企业的发展实例
经济规模大	规模经济	1. 韩国电力公社所具有的处于行业前列的资产规模及其卓越的盈利能力； 2. 法国电力公司以独资或合资形式参与进多个国家的电力项目
	企业经营业绩一流	
	持久、稳定的可持续发展	
科技创新能力强	国际标准制定的话语权	1. 韩国电力公社采用新型双绝缘导线实现高质量配输电线路和设备； 2. 法国电力公司引领企业大数据运营分析管理创新； 3. 西班牙伊贝德拉、意大利国家电力公司着力推动数字化转型战略
	自主知识产权的核心技术	
	专利数、重大科研成果数多	
	科研成果转化率高	

续上表

特征	表现	一流电网企业的发展实例
科技创新能力强	科技创新对经济发展贡献大	1. 韩国电力公社采用新型双绝缘导线实现高质量配输电线路和设备； 2. 法国电力公司引领企业大数据运营分析管理创新； 3. 西班牙伊贝德拉、意大利国家电力公司着力推动数字化转型战略
	商业模式新颖	
	管理创新能够持续改善	
品牌影响力深	完善的企业形象识别系统	1. 韩国电力公社近几年作为世界能源企业的排头兵，是电力行业公认的一流标杆企业； 2. 法国电力公司在清洁能源领域享有较高的国际知名度
	全球领袖级企业形象	
	国际知名度高	
服务及产品卓越	客户满意度高	1. 美国新世代能源公司和法国电力公司等企业运用第三方客户满意度评价方法获取用户需求； 2. 北美电力委员会响应联邦能源管理委员会的号召，制定了一套包括信息安全标准在内的大电力系统可靠性标准，并强制执行，以开展可靠性监测、分析、评估和信息共享，确保其大电力系统的可靠性； 3. 意大利国家电力公司整合新技术快速响应客户新需求； 4. 韩国电力公社一站式的客户服务知识管理共享系统
	与监管机构、股东、客户、供应商以及社区等利益相关方关系友好	
国际化水平高	经营理念全球化	1. 《财富》世界 500 强企业中，已有大约 480 家企业在我国开展业务； 2. 韩国电力公社针对不同国家市场需求提供多样化的解决方案； 3. 西班牙伊贝德拉涵盖数 10 个国家开展可再生能源业务； 4. 法国电力公司、意大利国家电力公司等企业的海外营业收入比持续稳定在总收入的 50% 左右
	以全球性战略思维制定发展战略	
	市场开拓、业务范围、资源占有、收入比重国际化	

续上表

特征	表现	一流电网企业的发展实例
企业发展稳定、高效	产业结构、组织结构竞争力强	1. 韩国电力公社对其庞大的人才库进行全领域技能培养； 2. 意大利国家电力公司广泛开展人才合作活动
	战略管理能力和领导力卓越	
	集团管控高效，资源配置能力强大	
	风险管控能力一流	
	业务体系有机协同，注重协同效应和整体优势	
健全完善的风险管控体系	实行全面风险管理	1. 韩国电力公社"大部制"组织架构确保低成本、高效率风险管控； 2. 英国国家电网设立的资产全生命周期体系，涵盖资产所处的六个阶段，通过降低资产全生命周期成本显著提高运营效率
优秀的企业文化	企业文化是企业管理发展的活力	1. 韩国电力公社追求"成为引领能源发展的领跑者"的2025年蓝图，实现综合能源业务转型； 2. 西班牙伊贝德拉"成为全球能源领袖"的企业愿景，并滚动修编五年期战略规划

从表 4-1 来看，佛山供电局离跻身世界一流企业之列仍有一定的距离。但是，在建设世界一流企业的道路上，佛山供电局已经凭借持续良好的业绩走出了第一步，具备了发展蜕变成为世界一流企业的潜力。国际一流企业的定义本身并不重要，重要的是对其具有的内在特点和关键要素的理解和分析，从这些最优秀的企业身上找到值得学习和借鉴的要点，发现自身的不足和差距。

二、世界一流电网企业发展战略

总结以上特征，要想建成世界一流电网企业，其发展战略包括企业经营管理、电力供应服务管理、人才发展管理、核心技术创新等多个方面，这些战略

的核心特征和本质要求都是全力推动公司和电网高质量发展,总体而言主要包括如下几大方面:

(一) 管理能力发展

1. 建立全球战略目标的管理网络和组织结构

为了保证全球战略目标的实现,公司必须建立一套高效完整的组织结构,并不断提高跨国经营的组织管理能力。而随着信息技术的飞跃发展,信息的传递不必再遵循自上而下或自下而上的等级阶层就可实现部门与部门、人与人之间直接的信息交流。符合全球战略目标的管理网络和组织结构能够在企业内部打破部门界限,各部门及成员以网络形式相互连接,使信息和知识在企业内快速传播,实现最大限度的资源共享。

2. 建立适合自身定位和发展阶段的战略管理体系

战略管理是指企业确定其使命,根据组织外部环境和内部条件设定企业的战略目标,为保证目标的正确落实和实现进度谋划,并依靠企业内部能力将这种谋划和决策付诸实施,以及在实施过程中进行控制的一个动态管理过程。战略管理大师迈克尔·波特认为,一项有效的战略管理必须具备五项关键点:独特的价值取向、为客户精心设计的价值链、清晰的取舍、互动性、持久性。战略并不是"空的东西",也不是"虚无",而是直接左右企业能否持续发展和持续盈利最重要的决策参照系。战略管理则是依据企业的战略规划,对企业的战略实施加以监督、分析与控制,特别是对企业的资源配置与事业方向加以约束,最终促使企业顺利达成企业目标的过程管理。

3. 建立适应现代企业管理和经营管理的人才队伍

人才是企业的第一资本。随着社会主义现代化建设的不断发展,科学技术不断进步,市场竞争愈来愈激烈,企业对人才素质的要求也愈来愈高,市场经济的竞争最终体现在人才的角逐上。谁拥有一支高素质的人才队伍,谁就有了成功的基础。因此,加强人才管理是企业管理创新的核心。现代企业管理的重点从对物的管理转到对人的管理是企业创新管理的一个重要趋势,人既是管理的手段,又是管理的内容;既是管理的对象和客体,又是管理的主体和动力。现代企业管理的创新,科学管理体制的创立,归根到底要靠一大批企业经营管理人才来实现。

4. 建立公司法人治理结构和市场化经营机制

加快形成有效制衡的公司法人治理结构,加强全面质量管理,能够增强产品竞争力，增强企业抵制外部风险的能力。而灵活高效的市场化经营机制能够引导消费者把更多的消费需求留在国内，同时从长远来看，也可以提高和改进企业的监管能力。

（二）创新能力发展

1. 持续加强技术创新

对于现代企业来说，企业核心能力的最显著表现和重要来源是技术创新能力。创新是企业的灵魂，技术创新是企业产生核心竞争力和保持企业核心竞争的至关重要的因素。技术创新是企业核心竞争力最强有力的保障，是培植核心竞争力基础的关键，尤其是对核心技术的创新更是如此。虽然技术创新对经济增长的作用在理论和实践上已被世人所知，并且我国从1949年以来也一直重视科学技术的发展且在科学技术领域也取得了较大的成就，但由于受到经济和科技体制所限，我国的企业一直未能真正成为技术创新的主体，技术创新动力不足，企业对技术创新的投入有限，使得我国企业的技术创新能力较低，难以获取由于技术创新所形成的垄断利润，严重地制约了企业的发展和市场竞争力。使得我国与发达国家存在着较大的差距。

2. 促进商业模式创新

战略是宏观的，商业模式是微观的，商业模式是生意经，有诸多利益相关方需要处理好关系，只要有一方不赚钱，这个商业的共生体就会产生裂痕，共生体一直在演进和演化中，从而形成稳定的商业共生体。企业应大力促进商业模式创新，以商业模式创新有机集成技术创新、产品创新和服务创新，从而在新市场空间引领与主导新的行业准入规则和竞争规则。努力发现商机，发明过去没有的交易方式，这是商业模式本质所在。

（三）基础设施建设能力发展

1. 合理规划基础设施建设，完善产业配套

安全稳定的电力供应是经济发展的保证，基础设施建设对于电网企业来说十分重要。因此，要想培育成世界一流电网企业，必须充分发挥各级领导部门的沟通、协调作用，合理规划电力基础设施建设，提升配电网建设和运营效率，降低新增配电区域的用电成本，从而打破配电网建设滞后于地方发展需求的桎梏，为覆盖区域提供优质、高效、全面的电力服务。

2. 加大前期规划力度，提升电网发展水平

世界一流电网企业的建设要以提高供电可靠性、降低电网安全风险为目标，通过抓好骨干网架和配网规划,从源头上提高电网的发展质量和服务能力。因此,电网企业要明确发展重点、优化投资方向,在电网建设的全过程进行管理,并行推进项目和工程的前期工作,不断提高供电保障能力。

(四) 经营能力发展

1. 打造"以人为本"的经营模式

企业的客户分为外部和内部客户,外部客户是指愿意为企业所提供的产品或服务承担合适价格的客户,内部客户则是指企业内部工作间上下游的员工。企业只有满足了外部和内部客户的需求,才能实现其社会价值。因此,企业在经营过程中,在面对企业外部客户时,要牢固树立"以客户为中心"的理念,将长期形成的惯性垄断思维转变成市场竞争思维,并将生产活动的中心从电力产品转向电力客户。只有以满足客户为需求为主线所形成的组织机构、管理模式及经营机制等,才能为客户提供最大价值的服务,从而不断提高客户的满意度和忠诚度。在面对企业内部客户时,则要做到确保每位员工的权益不受侵犯,尊重员工最真实的意见和建议,以提升员工的满意度。

2. 运用大数据进行经营管理

目前正处于一个数据爆炸的时代,对于现代企业来说,获取信息、文件等数据资料不再是一个复杂的过程。而对于电网企业来说,对于数据信息的管理是企业提升经营能力的关键因素。因此,电网企业的经营管理务必要顺应时代的潮流,在固定资产管理、采购成本管理等方面均可发挥大数据的用途,为企业自身创造更多的经济效益与社会效益。

(五) 可持续能力发展

1. 构建新型政企关系

电网企业要始终坚持把服务党和国家工作大局作为企业检验工作成效的标尺,并充分发挥国有企业"六个力量"的作用。通过加强与各级政府的沟通交流,合理表达诉求,向政府争取理解和政策支持。此外,还要从被动的"服从监管"转向主动的"服务监管",在推动政府依法监管的同时,通过混合所有制等方式与地方政府共同分享改革红利。

2. 适应电力生态系统变化

企业生态系统的概念最早是由美国学者詹姆斯·穆尔提出的,他认为企业生态系统由生物成分(企业、政府部门、社会机构、消费者、社会公众)和非生物成分（经济、自然、社会环境）组成。电网企业生态系统的构成也大致如此，但随着党的十九大中新思想、新战略的提出，电网企业生态系统正面临着许多变化，如电网运营模式的转变、客户选择权利的增加、竞争格局关系的形成等。因此，电网企业要积极适应生态系统的升级，通过促进能源转型、催生新业态等方式，延伸电力产业链，从而使电力生态系统焕发出新的活力。

要想培育世界一流电网企业，只有在各个方面同时发展，才能最终形成全球竞争力、领导力、影响力。而实现所有的"一流"，都需要电力企业在实践中探索路径，领先跨国公司向全球公司战略转型的经验，只可借鉴，不可照搬，应切合实际情况，取其精华，去其糟粕。世界一流企业，不是游戏中优秀的玩家，而是游戏的设计者、规则的制定者、胜负的评判者。世界一流企业，市场地位比市场更重要，话语权比话语更重要。大道无术，这就是世界一流企业的境界。具有全球竞争力的世界一流企业的成长不是一蹴而就的，需要一个全方位精打细磨的过程，我们也应该给建设世界一流电网企业过程留出容错的空间和成长的时间。一流电网企业的能力提升框架如表4-2所示。

表4-2　一流电网企业的能力提升框架

能力提升	具体方法
管理能力	1. 建立适应全球战略目标的管理网络和组织结构； 2. 建立适合自身定位和发展阶段的战略管理体系； 3. 建立适应现代企业管理和经营管理的人才队伍； 4. 建立有效制衡的公司法人治理结构和灵活高效的市场化经营机制
创新能力	1. 持续加强技术创新，以更尖端的自主知识产权和关键核心技术，获得在国际标准制定上的话语权； 2. 大力促进商业模式创新，以商业模式创新有机集成技术创新、产品创新和服务创新，从而在新市场空间引领与主导新的行业准入规则和竞争规则
基础设施建设能力	1. 合理规划基础设施建设，完善产业配套； 2. 加大前期规划力度，提升电网发展水平
经营能力	1. 打造"以人为本"的经营模式； 2. 运用大数据进行经营管理
可持续发展能力	1. 构建新型政企关系； 2. 适应电力生态系统变化

第三篇

创建世界一流电网企业发展规划

当前世界正面临百年未见的大变革,电力行业形势也发生着深刻复杂的变化,市场主体更加多元、行业边界日趋模糊,竞争更加激烈。为应对新形势,国内外电力企业不断追求创新转型,寻求新发展、获取新动能,在此关键时期,南方电网公司把握了新时代特征,紧跟趋势、对标一流,出台南方电网公司发展战略纲要,提出向智能电网运营商、能源产业价值链整合商、能源生态系统服务商转型的战略发展方向,描绘了创建世界一流电网企业的宏伟蓝图。2019年6月,广东电网公司印发《推进高质量发展创广东电网公司建全国最好世界一流省网企业行动方案》,提出要创建全国最好、世界一流的电网公司。围绕公司核心竞争、价值整合、资源配置、改革创新、党的领导5大能力进行提升,统筹推进电网发展等15项行动,形成50项重点任务、158项主要举措,重点打造11张"公司级名片"和35个领先标志。此外,该行动方案要求所有指标都实现全面超越,瞄准国内最好的电网企业全面刚性对标、全面学习借鉴、打造具有全国乃至世界影响力的"灯塔"项目,努力形成鲜活生动的"南网样本"。

佛山供电局创建世界一流电网企业是适应新时代发展的需要,也是广东发展的需要。习近平总书记对广东给予厚爱,也寄予重托,明确要求广东要实现"四个走在全国前列"。这是全方位的要求,广东必须在各个方面都走在全国前列、做到最好。创建全国最好电网企业就是为了更好地支撑广东经济社会发展,更好地服务粤港澳大湾区建设。为了推动战略成功落地,对照上级决策部署,佛山供电局坚持以战略为引领,充分研判当前面临的主要形势,找准创建世界一流电网企业的路径。

当前我国仍处于重要战略机遇期，但经济运行稳中有变，变中有忧，外部环境复杂严峻，面临的各种可以预料和难以预料的风险挑战增多。在新形势和新要求背景下，企业会面临很多新的困难和挑战，只有变压力为动力，运用好矛盾对立统一规律，善于抓住主要矛盾和矛盾的主要方面，将挑战转变成机遇，将机遇转变成发展优势，才能增强自身国际竞争力，走好高质量发展之路。

第五章　佛山供电局发展现状分析

佛山供电局作为广东电网的重要供电枢纽，从供电层面上需要解决大量用电用户的负荷需求，随着"广佛"经济圈的融合，产业的全面升级，新兴产业与高新技术的进一步发展，缺电问题将日益险峻，为了保证用电需求并提高供电质量和可靠性，佛山供电局把握机会，加强供电各系统的高度信息化建设，提高供电服务可靠性，从而改善客户用电体验，持续提升客户满意度。前文已对行业内外部环境进行了分析，本章将通过使用SWOT分析工具，总结了佛山供电局发展现状特点。在国有企业改革的背景下，规划电网企业发展战略具有重要意义。通过分析我国电力行业的发展现状和趋势，总结佛山供电局目前所面临的机遇与挑战，以及自身的优势与劣势，得出了企业具有实践性的重要发展战略及发展方向。

一、SWOT分析法介绍

SWOT分析法也称态势分析法，是基于内外部竞争环境和竞争条件下的态势分析，也即是将与研究对象密切相关的各种主要内部优势、劣势和外部的机会和威胁等，通过调查列举出来，并依照矩阵形式排列，然后用系统分析的思想，把各种因素相互匹配起来加以分析，从中得出一系列相应的结论，而结论通常带有一定的决策性。运用这种方法可以对研究对象所处的情景进行全面、系统、准确的研究，从而根据研究结果制定相应的发展战略、计划以及对策等。S（strengths）是优势，W（weaknesses）是劣势，O（opportunities）是机会，T（threats）是威胁。按照企业竞争战略的完整概念，战略应是一个企业"能够做的"（即组织的强项和弱项）和"可能做的"（即环境的机会和威胁）之间的有机组合。SWOT分析方法从某种意义上来说隶属于企业内部分析方法，即根据企业自身的条件在既定内进行分析。SWOT分析有其形成的基础，著名的竞争战略专家迈克尔·波特提出的竞争理论从产业结构入手对一个企业"可能做的"方面进行了透彻的分析和说明，而能力学派管理学家则运用价值链解构企业的价值创造过程，注重对公司的资源和能力的分析。SWOT分析法，就是在综合了前面两者的基础上，以资源学派学者为代表，将公司的内部分析（即20世纪80年代中期管理学界权威们所关注的研究取向），与以能力学派为代表的产业竞争环境的外部分析（即更早期战略研究所关注的中心主题，以安德鲁斯与迈克尔·波特为代表）结合起来，形成了自己结构化的平衡系统分析体系。与其他的分析方法相比较，SWOT分析从一开始就具有显著的结构化和系统性的特征。就结构化而言，首先在形式上，SWOT分析法表现为构造SWOT结构矩阵，并对矩阵的不同区域赋予了不同分析意义。其次在内容上，SWOT分析法的主要理论基础也强调从结构分析入手对企业的外部环境和内部资源进行分析。该方法十分适用于企业制定适合实际情况的经营战略和策略方法，从而建立持久的竞争优势。

在国有企业改革的背景下，规划电网企业发展战略具有重要意义。通过分析我国电力行业的发展现状和趋势，总结佛山供电局目前所面临的机遇与挑战，以及自身的优势与劣势，我们得出了企业具有实践性的重要战略，而对于这些方案的选择，主要取决于企业高层管理者的经验判断、风险评估以及公司的实际能力。

二、SWOT分析

（一）发展优势分析

1. 地理位置优越，是广东电网的重要枢纽

佛山位于中国广东省中南部，地处珠江三角洲腹地，为粤港澳大湾区重要节点城市，是"广佛都市圈""广佛肇经济圈""珠江—西江经济带"的重要组成部分，是大湾区西部综合交通枢纽、珠江西岸领先装备制造产业带领跑者。佛山电网是广东电网乃至南方电网的重要枢纽和西电东送的重要门户，西电东送广东的主力变电站500千伏罗洞、西江变电站，中（山）珠（海）电网重要连接点的500千伏顺德变电站，广东电网500千伏外环网重要连接点的500千伏沧江变电站，以及500千伏东坡变电站均坐落在佛山。目前，佛山电网共有变电站224座（500千伏5座，220千伏36座，110千伏182座，35千伏1座）。

2. 区域产业结构和传统产业全面升级

佛山不断用高新技术和先进适用技术改造提升传统产业，加快发展新兴产业和高新技术产业，工业结构不断优化，呈现出适度重型化、高级化的趋势，形成了家用电器、机械装备、金属材料加工及制品、电子信息等十大优势行业。新兴产业和高新技术产业发展迅速，初步形成了以液晶显示器件、电子信息、数码光学、汽车配件、环保家电和设备等行业为主导的高新技术产业群。2018

年 10 月，佛山实施了《高新技术企业树标提质行动计划（2018—2020 年）》，按照指引，到 2020 年，全市高新技术企业将努力达到 5000 家，全省高新技术企业培育库入库企业数量累计要超过 3000 家。2018 年，佛山市新增国家高新技术企业 1350 家，累计达 3900 家。全市实现地区生产总值 9935.88 亿元，增长 6.3%，其中第三产业增加值 4177.43 亿元，占比 42%。由此可见，高新技术企业已成为佛山转变经济发展方式、推动产业转型升级的重要力量。

3. 企业运营能力突出，发展迅速

佛山供电局是广东电网有限责任公司直属的特大型企业，负责佛山全市五区（禅城、南海、顺德、三水、高明）的安全供电、电网建设和供用电服务。供电客户 356.68 万户，资产总额 334.17 亿元。截至 2019 年 11 月，佛山最大负荷 1279.8 万千瓦（7 月 18 日），同比增长 10.07%；全市总供电量 625.24 亿千瓦时，同比增长 5.32%（2018 年最大负荷 1162.7 万千瓦；供电量 647.14 亿千瓦时，同比增长 4.10%）。先后获全国"五一"劳动奖状、"全国安全文化建设示范企业"、"企业文化建设典范企业"、全国总工会"工人先锋号"等多项国家荣誉。2017 年全口径供电可靠性位居全国第一，2018 年全口径供电可靠性在全国主要城市排名蝉联第一。供电服务连续 10 年位居市公共服务满意度第一名。

（二）发展劣势分析

1. 与世界领先企业还有差距

跟法国电力公司等所属相近体量、同类业务标杆单位相比，在"获得电力"指数、劳动生产率、资本效率等关键指标方面还存在不足。同时，与南方电网公司的整体战略取向，即推动公司向智能电网运营商、能源产业价值链整合商、能源生态系统服务商转型的目标还有一定距离，电网智能化还有待推进，能源产业价值链整合还任重道远，在能源生态系统中的地位还不够突出；广东电网公司提出要创建全国最好、世界一流的省网企业，作为排头兵，佛山供电局在支撑"全国最好"、匹配"世界一流"上，还需要迈出更大步伐。

2. 管理精益化水平仍需提高

佛山供电局通过实施精益管理，取得一定的成效，但在核心领域管理精益化水平仍需持续深化，人力、财务等资源配置能力有待增强，业务横向协同程度不够，精益文化建立仍需深入。需持续坚持目标导向和问题导向，深挖提质增效空间，打破管理边界和业务边界，推进技术创新和管理创新，促进管理精益化水平不断提高,为发展赋能,为基层减负。

3. 数字化转型步伐需进一步加快

数字化转型是创建世界一流电网企业的重要手段。南方电网公司大力推进数字化转型和"数字南网"建设,为佛山供电局推进高质量发展,创建世界一流电网企业带来重大机遇。但现阶段,佛山供电局数字化转型基础仍存在部分不足,各业务领域数字化和信息化建设还存在一些碎片化现象,信息系统和各类创新成果的实用性有待提高,同时,新技术应用对网络安全管控提出新挑战。为抓住机遇,争当南方电网数字化转型的先行者,必须迎难而上,加快数字化转型步伐。

(三)发展机会分析

1. 新技术不断发展,为业务发展提供机遇

配网自动化、机器人和无人机、移动终端应用等领域的技术不断获得突破,推动了信息化与工业化深度融合的智能电网蓬勃发展。电网企业能够通过智能设备获得更可靠的实时信息,及时探测恶劣环境下的各种灾害和破坏状况,加快现场和中心的信息交流与业务处理效率。薄膜发电、无线电力、移动电网、生物光伏等新技术,酝酿着以分布式新能源及互联网为核心的能源革命。同时,云计算、大数据、互联网+等新技术与能源领域深度耦合发展,如欧美大量创业型能源互联网企业蓬勃发展,极大延伸了产业链,丰富了电网企业在售端市场中的竞争策略。在能源互联网概念发展下,新能源、多能联供、电动汽车及充电业务、智能园区、智能家居等业务发展空间广阔,虚拟电厂、需求侧管理和合同能源管理等业务模式不断创新。这将促使电网公司的运营和业务发生变革,为资产全生命周期管理、市场分析、提升客户服务等提供了良好机遇和变革的基础,对企业发展理念、服务模式、技术应用等带来全新的视角。

2. 经济带优化广东区域协调新格局

针对我国区域发展差异大、发展不平衡基本国情,中共十六届三中全会将区域协调发展作为"五个统筹"之一列入国家战略。习近平总书记在党的十九大报告中明确提出了实施区域协调发展战略,并对区域发展做出新部署。2017年12月,中央经济工作会议提出了"要实现基本公共服务均等化,基础设施通达程度比较均衡,人民生活水平大体相当"的三大区域协调发展目标。习近平总书记在2018年10月视察广东时,要求广东提高发展平衡性和协调性,加快形成广东区域协调发展新格局。推动建设区域内部经济带和区际间经济带合作是未来广东区域经济协调发展核心战略之一,对佛山供电局创建世界一流电网企业具有重大意义。

3. 国有企业功能与使命推动变革

党的十九大报告对国企国资改革提出了一系列新要求,做出了一系列新部署,为新时代国有企业改革提供了根本遵循。习近平总书记在全国国有企业党的建设工作会议上强调,要使国有企业成为党和国家最可信赖的依靠力量;成为坚决贯彻执行党中央决策部署的重要力量;成为贯彻新发展理念、全面深化改革的重要力量;成为实施"走出去"战略、"一带一路"建设等重大战略的重要力量;成为壮大综合国力、促进经济社会发展、保障和改善民生的重要力量;成为我们党赢得具有许多新的历史特点的伟大斗争胜利的重要力量。国有企业要担负起"六个力量"的历史使命,理直气壮做强做优做大,为中国特色社会主义伟大事业提供更加坚强的物质基础和政治基础,这是坚持和完善中国特色社会主义基本经济制度的根本要求,也是坚持和发展中国特色社会主义的必然要求。

(四) 发展威胁分析

1. 改革工作复杂艰巨,要求视野开放

深化改革形势逼人,必须要有更开放的发展视野。习近平总书记在庆祝改革开放 40 周年大会上,发出了推动新时代改革开放走得更稳、走得更远的时代号召。中央深改委强调,越是环境复杂,越要保持战略定力,既谋划战略性改革,也要推动战役性改革,要求抓落实要从全局高度把握党中央战略意图,使改革更好融入国家改革发展大局。电力体制改革是中央推动"能源革命"战略的重要支撑,国企改革是中央经济体制改革的重要发力点,中央和国家不断推动改革提速增效。其总体表现在:新一轮电改正在全速推进,输配电价进一步下调;增量配电网改革试点不断扩大范围,新一批试点已经明确要延伸到县一级地区;国企改革也在不断向纵深推进,重心正在转向企业治理的层面等。改革工作的复杂性、艰巨性更加突出,迫切需要打破固有的利益藩篱,冲破思想观念障碍,以更高的站位,更开放的视野,大胆务实向前走,推动企业改革再出发。

2. 经济发展转型迫切,要求危机忧患意识

经济发展转型形势逼人,必须要有更强烈的危机忧患意识。广东是外向型经济,与国际经济变化紧密相关。当前国际上,单边主义、贸易保护主义等抬头,特别是由此而引发的中美贸易摩擦,对全球经济复苏产生持久的影响,对

广东乃至中国经济的增长带来了不确定性。南方电网公司的经营发展一直主要依赖电量增长,佛山供电局也是如此,因此,要高度关注外部经济环境形势的变化对企业经营的影响,积极做好应对。一方面,要辩证地看待国际环境和国内经济发展环境的变化,经济全球化存在逆流,但不会逆转,长期看仍处于发展机遇期,中央经济工作会议也提出了一揽子政策组合,释放了继续保持经济向稳的积极信号。要抓住这个大势来研判当前的形势,才能更好把握住机遇。

3. 用户需求多元化,要求能源方式结构转变

能源发展演变形势逼人,必须要有更积极的创新发展行动。随着"云大物移智"等技术快速迭代,分布式供电、储能等能源新业态快速兴起,终端用户需求正在迅速向多元化、个性化转变,推动了能源供应呈现供需多极化、结构低碳化、系统智能化的态势,能源行业也进入转方式、调结构、换动力时期,这对电网发展、供应服务等的未来走向产生了深远影响。南方电网公司审时度势,为适应能源发展变化新形势,提出了推动公司向"三商"转型,佛山供电局要以创新为驱动,坚决推动质量变革、效率变革和动力变革,助推公司更好、更快地转型发展。

佛山供电局的 SWOT 分析如表 5-1 所示。

表 5-1 佛山供电局的 SWOT 分析

	优势(S)	劣势(W)
内部分析 外部分析	1. 地理位置优越,是广东电网的重要枢纽; 2. 区域产业结构和传统产业全面升级; 3. 企业运营能力突出,发展迅速	1. 与世界领先企业还有差距; 2. 管理精益化水平仍需提高; 3. 数字化转型步伐需进一步加快
机会(O) 1. 新技术不断发展,为业务发展提供机遇; 2. 经济带优化广东区域协调新格局; 3. 国有企业功能与使命推动变革	SO 战略 利用政策支持,把握时代特征,紧跟趋势、对标一流,依靠发展优势,打造标志项目,高效支撑广东电网公司领先标志、重点任务的落地实施	WO 战略 利用政策支持,打造自身品牌,争做南网一流的电力产业链综合服务商,优化业务布局,根据用户需求提供多样服务,实现市场、规模、盈利稳步发展

续上表

	优势（S） 1. 地理位置优越，是广东电网的重要枢纽； 2. 区域产业结构和传统产业全面升级； 3. 企业运营能力突出，发展迅速	劣势（W） 1. 与世界领先企业还有差距； 2. 创新体系有待完善，创新活力有待提升； 3. 市场化竞争能力有待提升
内部分析 外部分析		
威胁（T） 1. 改革工作复杂艰巨，要求视野开放； 2. 经济发展转型迫切，要求危机忧患意识； 3. 用户需求多元化，要求能源方式结构转变	ST 战略 利用丰富的资源实现竞争优势，打破固有的利益藩篱，高度关注外部经济环境形势变化，确保为改革开放重地的广东提供高质量的电力供应	WT 战略 以创新为驱动，增加研发投入，储备高端创新人才，为适应多元化、个性化的终端用户拓展电力设备制造、电力投融资、能源托管服务等业务，走向行业价值链高端

（五）发展规划分析

在当前新形势背景下，结合上述 SWOT 实际情况分析，佛山供电局将持续保持目标不变、方向不偏、干劲不减，善于从变化的形势中把握发展机遇，以推进"三年三提质"为承接落实载体，明确了"争当公司创建全国最好世界一流省网企业排头兵"的总体目标，全面承接广东电网公司领先标志和重点任务，突出抓好刚性对标，持续提升关键指标。搭建"四位一体"指标体系，加强对弱势指标的管理，巩固提升优势指标，不折不扣"对标对表、查找差距、持续学习、持续赶超"。

第六章 发展规划制订

在制订企业战略之前,必须明确企业使命。企业使命是指企业在经济社会活动中所扮演的身份或角色,它由社会责任和自身发展所决定。只有在确定了企业的使命后,我们才能按照要求来贯彻企业战略,树立企业生存和发展的信念。从战略的角度来说,本企业使命包括:我们的事业是什么?我们的目标群体是谁?我们的顾客需要什么?我们将用什么样的服务来满足顾客的需求?我们如何看待股东、员工、顾客、伙伴、竞争对手和社会的利益?本章将在战略管理相关理论知识的支撑下,在第五章战略分析的基础上,建立佛山供电局创建世界一流电网企业的规划框架。

一、"三年三提质"总体框架

企业的使命是其存在的原因,而企业战略则是为实现组织目标而制订的计划。一般来说,企业有关系到整个组织的战略即组织战略,有在各业务层面的业务战略,还有涉及各部门的职能战略。佛山供电局在改革发展新形势下,在制订企业战略时,一方面,要坚持以目标为导向,系统思考转型发展的路径和方法,科学谋划远景目标和近期目标;另一方面,要坚持问题导向,结合当前实际,以滴水穿石的韧劲,一步一个脚印,朝着目标坚定前行。

在组织层面上,佛山供电局确立了"争当公司创建全国最好世界一流省网企业排头兵"的战略目标,旨在强化战略引领,服务我国社会主义现代化建设进程。通过牢牢把握南方电网公司2020年、2025年、2035年战略步骤的三个关键节点,聚焦广东电网公司创建"全国最好、世界一流"省网企业的新时代发展定位,用三年时间,有步骤、有阶段地实现与国际国内先进企业"跟跑、并跑、领跑"的跨越式发展,坚定不移地实施"三年三提质"的发展路径(图6-1)。

首先是在2019年,做到"强基础、显成效"。在中华人民共和国成立70周年之际,佛山供电局以大格局、大视野,全面对标法国电力公司等世界一流电网企业,进一步夯实基础,实现获得电力指数等关键指标提升。一方面,加快创建国有企业党的建设标杆,全面提高党的建设质量;另一方面,加快建设安全、可靠、绿色、高效的智能电网,努力打造全国最好、世界一流的智能配电网管理体系。在关键指标方面,力求全口径客户平均停电时间(低压)低于1小时,第三方客户满意度不低于90分,全员劳动生产率不低于116万元/(人·年)。

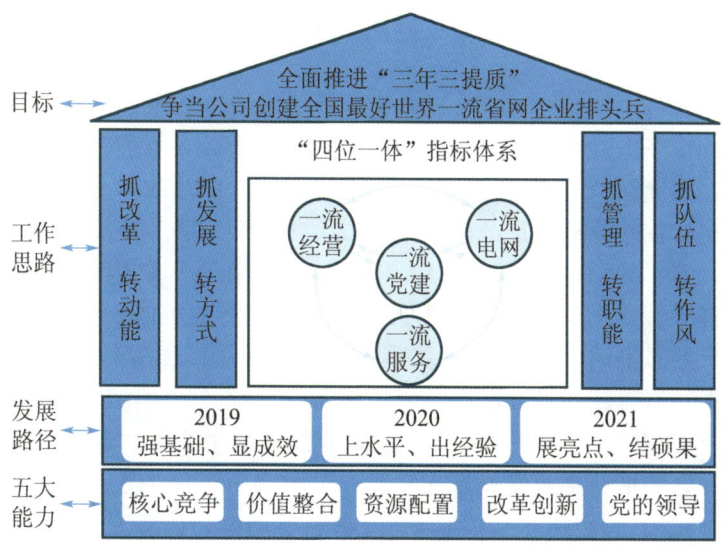

图 6-1 佛山供电局"三年三提质"总体框架

其次是 2020 年,要做到"上水平、出经验"。在全面建成小康社会之际,佛山供电局必须高起点、高水平全面推进改革发展,并初步形成可复制、可推广的典型经验,为公司创建全国最好、世界一流省网企业提供更多佛山范本。一方面,要基本建成国有企业党的建设标杆;另一方面,要基本建成安全、可靠、绿色、高效智能电网,树立配网自愈、带电作业等一批全国最好、世界一流的"金字招牌"。在关键指标方面,力求全口径客户平均停电时间(低压)低于 0.95 小时,第三方客户满意度不低于 90 分,全员劳动生产率不低于 116 万元/(人·年)。

最后是 2021 年,要做到"展亮点、结硕果"。在中国共产党成立 100 周年之际,佛山供电局要全面提升核心竞争力,走出一条具有佛山特色的高质量发展之路。一方面,要全面建成国有企业党的建设标杆,党建引领作用更加突出;另一方面,要全面建成安全、可靠、绿色、高效的智能电网,建成世界一流配电网。通过三年的奋斗,显著增强经营效益和核心竞争力。在关键指标方面,力求全口径客户平均停电时间(低压)低于 0.9 小时,第三方客户满意度不低于 90 分,全员劳动生产率不低于 117 万元/(人·年)。

为了确保"三年三提质"的发展路径做到步履铿锵、行稳致远,佛山供电局要始终坚持全面深化改革,破除体制机制矛盾和结构性障碍;坚持高质量发展,做强、做优、做大核心业务;坚持优化职能管理体制,不断增强企业内生动力;坚持抓好干部队伍建设,切实发挥第一资源作用。归纳起来,就是要从

"改革、发展、管理、队伍"四个方面入手,牢牢把握"四抓一创"的工作思路:

一是抓改革、转动能,持续提升企业发展活力。佛山供电局要用好改革关键一招,加快新旧动能转换,向改革要活力要动力。一方面,坚持"巩固、增强、提升、畅通"八字方针,纵深推进供给侧结构性改革和电力体制改革。另一方面,坚持创新驱动发展战略,推动数字化转型。通过持续深化国务院对国企劳动、人事、分配等三项制度改革,推动在更深层次实现能上能下、能进能出、能增能减,从而调动激发干部员工活力。完善大集体企业法人治理结构,建立健全有效激励约束机制,发挥好服务主业和拓展市场两大核心功能。

二是抓发展、转方式,推动企业实现高质量发展。佛山供电局要践行新发展理念,坚定聚焦"战略取向",推动企业发展质量变革、效率变革和动力变革。一方面,要推动企业发展方式转变,科学布局新兴业务,发挥上下游两个积极性,加快抢占储能、电动汽车、高端装备制造、信息通信等价值链高端,并坚持将输配电作为核心业务,重点加强配电网建设,全力打造安全、可靠、绿色、高效的智能电网;另一方面,要积极探索和实践商业模式创新,助力建设开放合作、互利共生的能源生态系统。

三是抓管理、转职能,持续提升经营管理效益。佛山供电局要大力推进管理体系升级,构建战略目标实施落地的"操作系统"。首先要加强与世界一流企业对标,建立科学合理指标体系并持续改进;其次要深化精益管理理念,持续推行标杆管理和达标建设,分类分级推进管理工具应用;然后要适应输配电价监管要求,优化经营管理策略,提高资产运用和投入产出效率;最后是持续推进"四个统一",理顺各层级管理职能和功能定位,优化业务流程和价值流程。

四是抓队伍、转作风,打造忠诚干净担当队伍。佛山供电局要始终把政治建设摆在首位,坚持以作风建设为重点,发挥人才"第一资源、竞争之本"的支撑作用。一方面,要把"深度融合"作为提高党建工作质量的主线,着力打造国有企业党的建设标杆,并强化以《南方电网企业文化理念》为核心的价值观管理,进一步丰富"同心同行 Do Best"行为准则体系,厚植文化软实力。另一方面,要深化作风建设与队伍建设,打造智慧型、服务型、节约型机关,始终坚持以加强高质素专业化干部队伍、优秀年轻干部队伍,结构合理、素质优良的人才队伍等"三支队伍"的建设为突破口,全面提升干部员工队伍干事创业能力。

在新征程中,佛山供电局要全力深化改革,服务大局,求真务实,努力实现电网核心指标、关键指标全面达到世界一流水平。为了高效支撑广东电网公司战略目标实现,佛山供电局聚集提升五大能力,突出亮点打造,树立佛山标志项目。全面承接广东电网公司 35 个领先标志，统筹推进 15 项行动，55 项重点任务，全力打造 35 个标志项目，高效支撑广东电网公司领先标志、重点任务的落地实施。结合企业实际，增加全国领先的配网全域自愈应用示范单位、"以我为主"自主规划体系、一流电力产业链综合服务商 3 项领先标志，其主要在三个方面打造领先，树立标杆：

一是打造全国最好的配网全域自愈应用示范单位。持续完善配网主站自愈功能和动作策略，制定主站自愈投入条件及投入流程规范，规范主站自愈投入条件和流程，将满足条件的馈线组投入闭环运行，持续提升配网主站自愈功能覆盖范围。完成配网主站自愈功能研发，在 A+、A 类区域及高明区实现主站自愈配置策略全覆盖，其他区域达 50% 覆盖；实现主站自愈功能和配置策略全覆盖。保证配电系统能够及时检测出系统故障、对系统不安全状态进行预警，并进行相应的操作，使其不影响对用户的正常供电或将其影响降至最小。

二是建立"以我为主"的自主规划体系。深化"四个统一"工作方案，逐步打造一支全省领先的配网规划人才队伍。持续推进自愈型配网目标网架的规划建设，完成"十四五"智能电网规划及项目入库，形成"两图一表一报告"差异化片区规划成果。基于企业自身实际情况，优化配电网精准投资决策模式，逐步建立有效衔接机制，确保投资显成效，获得预期收益。

三是打造南网一流的电力产业链综合服务商。优化新兴业务布局，打造佛山院、威恒、安恒智能等一批具有行业影响力龙头企业。推动综合能源业务发展，开展"三商"转型背景下的综合能源新业态、新模式的研究与规划，挖掘和计划用户对电力技术和综合能源的需求。深化市场化运营体制机制创新，优化新兴业务投资管控和财务管理，实现财务预算与综合计划、绩效等业务协同联动。佛山供电局大集体企业成长为机制灵活、治理规范、管理先进的南网一流电力产业链综合服务商，实现市场、规模、盈利稳步发展。

二、"四位一体"指标评价体系

为引领全局同心同行，扎实推进"三年三提质"，佛山供电局把发展路径、工作思路与工作部署融为一体，构建了科学的"四位一体"指标评价体系，从党建、经营、电网、服务四个维度，为"创一流"工作提供强有力的指引和支撑。该指标评价体系的构建，在组织战略下部署了更为具体的业务战略，为实际运营的实施提供了指导和方向。为了使业务战略与组织战略相匹配，一方面，要形成彼此联动、环环相扣的考核评价机制，向上承接南方电网公司及广东电网公司的考核要求,向下加强同质业务对比;另一方面,要精准、深入整合各类别各层级关键指标,提升权威性和适用性,引导各级专注于企业发展和战略目标,为改革工作凝聚强大合力。

(一)"四位一体"指标评价体系设计思路

"四位一体"指标评价体系主要包括党建、经营、电网、服务四个维度,结合佛山供电局实际情况,可从如下四个方面进行企业战略制定:

一是坚持战略引领。紧密围绕企业发展战略目标,以网省公司重点评价指标体系[①]、党建工作责任制关键指标和经营业绩考核指标为基础,结合佛山供电局发展实际,构建"四个世界一流"[②]为核心的"四位一体"指标评价体系,着力解决发展不平衡不充分问题,确保对上有效承接工作要求,对下实现责任层层落地。

二是坚持减负增效。在有效保障战略落地的基础上,做好指标管理的"减法"。合理设置指标承接层级,避免盲目下沉,确保指标数量层层减少,引导基层聚焦"关键少数",为基层减负。指标数据原则上应从系统直采,除上级考核要求外,对于确无系统支撑且无法在局层面完成数据统计的指标,不纳入"四位一体"指标评价体系。

三是坚持统筹管理。由企管部统筹做好"四位一体"指标评价体系的构建、管理和考核应用,未纳入体系的指标一律不应用于考核和排名。确因上级要求或政策变化需增补或调整的指标,归口管理部门必须按流程向企管部提出申请,经局研究决定后方可实施。

四是坚持客观公正。制订科学有效的指标评价规则,明确指标统计方式和数据来源,以系统生成的客观数据结果为主要评价依据,减少自由裁量度,确保指标结果可复现、可追溯,能真实反映局各层级部门和单位的工作业绩及管理短板。

(二)"四位一体"指标评价体系结构(图6-2)

佛山供电局围绕"争当公司创建全国最好世界一流省网企业排头兵"目标,以南方电网公司、广东电网公司创一流工作部署和企业自身发展路径为基础,确定了以"四个世界一流"为核心的"四位一体"指标评价体系。该指标评价体系设置了4个一级维度、16个二级维度,当前共收录56项关键指标。

---

① 包括南方电网公司综合标杆一流评价体系和广东电网公司"全国最好、世界一流"关键指标体系。
② "四个世界一流"分别是一流的党建、一流的经营、一流的电网、一流的服务。

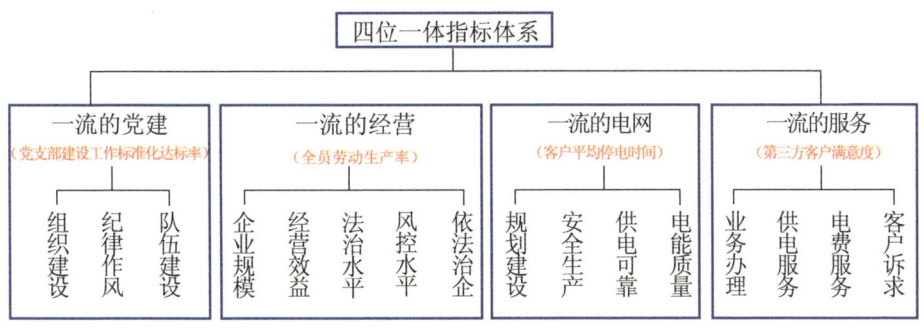

图 6-2 "四位一体"指标评价体系结构图

其中,一流的党建以党支部建设工作标准化达标率为核心指标,下设 3 个二级维度,共 6 项指标,凸显党建引领作用,评价党建工作成效。一流的经营以全员劳动生产率为核心指标,下设 5 个二级维度,共 21 项指标,重点衡量企业的价值创造能力和全要素生产率。一流的电网以客户平均停电时间为核心指标,下设 4 个二级维度,共 19 项指标,衡量局本质安全供电企业的创建成效及安全、可靠、绿色、高效智能电网的建设成果。一流的服务以第三方客户满意度为核心指标,下设 4 个二级维度,共 10 项指标,衡量局在高质量、全方位服务方面的业绩和水平。从指标承接层级看,局职能部门承接指标 53 项[①],直属机构承接指标 49 项、区局承接指标 45 项、供电所承接指标 17 项。各层级单位指标数量逐级递减,实现责任压力合理传递(图 6-3)。

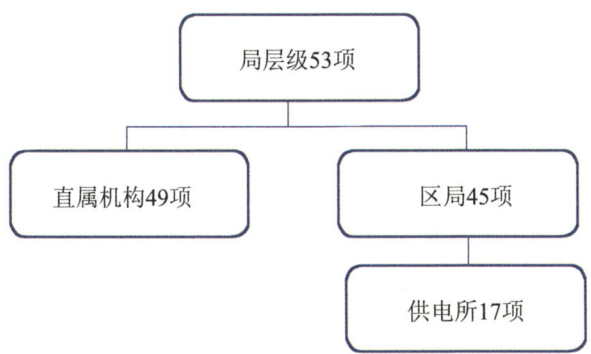

图 6-3 "四位一体"指标评价体系各层级分布情况

---

① "项目物资剩余率"仅由直属机构和区局承接,职能部门未承接。

第四篇

创建世界一流电网企业实施路径

为了保障人民用电安全,加入全球竞争的"国家队",实现全面推进"三年三提质"总体发展战略以及"争当公司创建全国最好世界一流省网企业排头兵"的发展目标,佛山供电局将紧盯工作目标,紧抓工作落实,坚持用事业统一思想、用工作统一行动,围绕打造一流的党建、一流的经营、一流的电网、一流的服务,搭建"四位一体"指标评价体系,发挥关键指标"指挥棒"作用,引导全局上下共同推动企业高质量发展。佛山供电局创建世界一流电网企业策略的推进,有助于为全面建成小康社会、夺取新时代中国特色社会主义伟大胜利贡献力量。

创建世界一流电网企业需要公司发展理念、技术装备以及核心能力的全面升级,也需要公司的经营方式、服务理念以及组织结构的全面变革。由此可见,佛山供电局"四个世界一流"相互之间是相辅相成、相互促进、相得益彰的。"一流的党建"是整个体系的中心,强调党建引领作用,是企业改革发展的根与魂;"一流的经营"是一流企业的共性,也是一流企业衡量标准的重要元素;"一流的电网"是作为能源公共服务企业的最根本需求,也是电网企业发展的坚强基础;"一流的服务"是企业始终坚守的立身之本和一切工作的落脚之处。此外,我们必须认识到创建世界一流电网企业是一项长期性、开放性和复杂性的系统工作,佛山供电局必须沿着清晰的发展路径,逐步推进企业战略,将战略蓝图变成现实。

第七章　一流电网

随着电网规模的日益扩大，传统的电网风险分析手段已越来越难以满足新形势下对电网风险管控的要求。而依靠经验，人工核查等方法，无论在效率还是准确性方面，也越来越难以满足精益化管理的要求。佛山供电局建设世界一流电网企业，必须有一个智能、可靠、安全的电网作为基础，并通过各级电网协调发展，共同构建具有信息化、自动化、互动化等特征的智能电网。其关键是聚焦领先的智能电网、供电可靠性、安全管理等核心业务，为佛山全面建成小康社会提供坚强的电力保障。总的来说，世界一流电网企业，既要具备网架坚强、绿色低碳、安全可靠、经济高效的特点，还需拥有强大的资源配置能力、服务保障能力以及抵御风险能力。

一、建设智能电网的战略目标

（一）建设智能电网的必要性

1. 智能电网的定义

目前我国对智能电网的建设已上升到了国家战略层面，智能电网是电网的智能化（智电电力），也被称为"电网2.0"。智能电网通过利用集成的、高速的双向通信网络，借助先进的传感和测量技术、设备技术、控制方法以及决策支持系统技术，从而实现电网的可靠、安全、经济、高效、环境友好和使用安全等六大目标。与传统电力系统相比，智能电网通过集成新能源、新材料、新设备和先进传感技术、信息技术、控制技术、储能技术等新技术，进一步形成了新一代电力系统。在全球化的大背景下，随着新一轮科技革命和新兴行业模式的兴起，先进信息技术、互联网理念与能源产业逐渐融合，发展智能电网成为世界一流电网企业保障能源安全以及实现可持续发展的重要共识。

2. 建设智能电网的必要性

（1）智能电网是电网技术发展的必然趋势

近年来，通信、计算机、自动化等技术在电网中得到了广泛深入的应用，并与传统电力技术有机融合，极大地提升了电网的智能化水平。传感器技术与信息技术在电网中的应用，为系统状态分析和辅助决策提供了技术支持，使电网自愈成为可能；调度技术、自动化技术和柔性输电技术的成熟发展，为可再生能源和分布式电源的开发利用提供了基本保障；通信网络的完善和用户信息采集技术的推广应用，促进了电网与用户的双向互动。随着各种新技术的进一步发展、应用并与物理电网高度集成，智能电网应运而生。

（2）发展智能电网是社会经济发展的必然选择

随着社会经济的不断发展，分布式发电、储能技术和电动汽车改变了传统的供用电模式，促使电力流、信息流、业务流不断融合，以满足日益多样化的用户需求。为实现清洁能源的开发、输送和消纳，电网必须提高其灵活性和兼容性；为抵御日益频繁的自然灾害和外界干扰，电网必须依靠智能化手段不断提高其安全防御能力和自愈能力；为降低运营成本，促进节能减排，电网运行必须更为经济高效，同时须对用电设备进行智能控制，尽可能减少用电消耗。因此，发展智能电网是社会经济不断发展下的产物。

（3）发展智能电网能够优化资源配置

我国智能电网建成后，能极大地优化资源配置。一方面，智能电网通过跨区域、远距离、大容量、低损耗、高效率地输送大水电、大煤电、大核电等大规模可再生能源，从而显著提升区域间的电力交换能力。另一方面，智能电网还能充分发挥电网基础设施的增值服务潜力，在提供电力的同时，不仅能为顾客提供社区广告、网络电视、语音等延伸服务，还能作为平台实现供水、热力、燃气等行业的信息化和互动化，实现国家"三网融合"战略，从而推动智能城市的建设。

（4）建设智能电网能够提升人民生活质量

智能电网的建设，将推动智能小区、智能城市的发展，提升人们的生活品质。智能电网通过促进电网企业和用户主动参与电网调节，让人们生活得更加便捷、低碳、经济。如家庭智能用电系统，该系统既可以远程控制空调、热水器等智能家电，还可以接入电信网、互联网、广播电视网等网络，从而实现自动抄表和自动转账交费等功能；如小型家庭风力发电和屋顶光伏发电等装置，可以推动电动汽车的大规模应用，从而推广清洁能源，减少城市污染。智能电网与用户的友好互动，可以促进电力用户角色转变，使其兼有用电和售电两重属性，从而为用户搭建家庭用电综合服务平台，根据用户实际情况为其选择合理的用电方式，实现用电费用的最小化。

（二）建设智能电网的现状分析

1. 智能电网的发展现状

智能电网的建立是一个巨大的历史性工程，我国目前虽然正在进行大量智能电网项目的研究，但与其他国家相比缺口仍是巨大的。对于智能电网技术的研究者来说，配电网络系统升级、配电站自动化和电力运输、智能电网网络建设和智能仪表设计是现阶段研究急需突破的方面。派克调查机构的最新报告显示，智能电网技术市场将从 2012 年的 330 亿美元增长到 2020 年的 730 亿美元，8 年间，市场累积达到 4940 亿美元。

2019 年 5 月，南方电网公司印发了《南方电网企业文化理念》，明确提出打造安全、可靠、绿色、高效的智能电网企业愿景。同时，南方电网公司和广东电网公司分别编印了《南方电网"十三五"智能电网发展规划研究报告》和《广东电网公司智能电网规划建设总体工作方案》，勾勒出企业"十三五"乃至未来一段时期智能电网的发展蓝图和建设任务。佛山供电局为进一步承接《南方电网智能电网发展规划 2018—2020 年实施行动计划》和《广东电网公司智能电网发展规划 2018—2020 年实施行动计划》要求，做好智能电网发展顶层设计，统一各专业领域对智能电网的发展认识和建设需求，为相关专业的规划建设提供方向和明确目标，有效指导各专业领域落实 2019—2021 年佛山智能电网规划建设的关键目标和重点任务，更好地服务佛山地区经济社会发展，实现创建世界一流电网企业战略目标。

2. 自动化设备基础状况

（1）自动化开关覆盖现状

自动化开关覆盖方面，截至 2018 年 12 月 31 日，佛山供电局共有公用线路 4070 条，已覆盖自动化开关线路 3514 回，馈线自动化覆盖路达 86.34%。共有自动化开关数量 12 566 台：其中自动化断路器柜 6701 台，占比 53.33%；柱上自动化开关 5865 台，占比 46.67%。涉及厂家近 50 个。光纤覆盖方面，目前佛山供电局已基本实现 A + 及 A 类供电区域电缆线路三遥节点的光纤覆盖，但尚未实现对于存量 B 类供电区域电缆线路及全区域架空线路三遥节点的光纤覆盖。

（2）基于网络式保护的分布式自愈方式的探索

南海金融高新区作为佛山 A + 类供电区域对供电可靠性有着更高的要求，该区域电缆化率超过 90%，光纤通信和馈线自动化覆盖率均为 100%。2015 年国家高技术研究发展计划（863 计划）落地佛山，"智能配电网自愈控制技术"是研究内容之一，佛山供电局以此为契机，在南海金融高新区进行了基于网络式保护的分布式自愈方式的探索，并在 2015 年底通过项目测试完成验收，最终实现"0.05 秒定位故障，0.4 秒精准隔离故障，2 秒即可恢复非故障区供电"。基于网络式保护的分布式自愈实施对供电可靠性提升的效果显著，但是就佛山电网现状来说，却难以实现全区域推广，主要存在以下问题：一是该方式的通信方式仅为光纤专网通信，但是目前佛山光纤覆盖仅限于 A＋及 A 类供电区域电缆线路三遥节点。同时在目前通信二次人员严重不足的情况下，维护难度大；二是配网自动化开关终端未形成统一的互操作标准，佛山自动化开关厂家近 50 个，不同厂家之间难以实现互相"通话"；三是策略复杂，定值整定设置难度大。

（3）尝试和推广主站式自愈配网自动化

2017 年下半年，佛山供电局各专业部门进行多次沟通探讨，以"简单""实用""易推广"为原则，提出了配网主站就地协同自愈方式，即就地自动化配合主站集中遥控实现故障快速隔离及恢复非故障区域供电。该方式主要有以下优势：一是网络要求低，光纤/无线通信均可，同时设备采用简单的过流保护，策略简单；二是兼容各类配网自动化终端；三是投资小，维护难度低。2018 年 8 月，系统运行部在南网内率先研发主站自愈功能模块，实现故障就地切除后的故障区段自动遥控隔离和非故障区段自动遥控转供，全过程用时可控制在 2 分钟以内。且在当年 12 月底完成五区试点馈线组全覆盖，共 25 个馈线组 58 条线路实现自愈，主站自愈已具备全面推广条件。为构建支撑实现配网主站式自愈的网架基础，佛山供电局以实现配网自愈覆盖率 100% 为目标，组织各区局做好规划研究及项目立项工作，同时将配网自愈项目纳入 2019 年的投资策略中，并计划 2020 年基本实现自愈全覆盖。

3. 信息化应用现状

（1）自主研发电网规划基础数据自动收资系统

佛山供电局成立了电网规划基础数据自动收资系统开发团队，经过 3 个月的研究开发，基于现状运行的电网经济性运行平台，打通了生产系统、营销系统、EMS、GIS 等系统，根据广东电网公司规划收资模板实现了基础数据收资表自动生成，系统一键导出，多源数据融合，大大减轻规划收资工作量，给基层减负。

（2）自主研发配网网架智能诊断师

该系统可数据化、可视化、智能化透视规模庞大的配网，具有配网线路开关供电用户数及配变智能分析、馈线组及典型接线智能判断、环网点设置合理性诊断、变电站及 10 千伏母线间联络情况分析等功能，实现配网网架结构多维度智能分析，并一键生成多维度配网网架分析报告。

4. 智能技术应用现状

（1）智能配电站配置标准和推广计划

总结提炼广东金融高新区智能配电站建设经验，制定并细化智能配电站建设和改造配置标准,明确金融高新区智能配电站覆盖建设目标,开展规划研究及项目立项工作,推动配电站智能新技术应用,提升中低压设备状态监测水平,支撑实现配网智能化运维。

(2)持续推动配电光纤通信网建设

明确配网光纤覆盖目标,组织各区局做好配网光纤规划研究及项目立项工作,将配网光纤项目纳入2019年的投资策略中,并计划2020年全面推广B区配网"三遥"节点光纤覆盖建设,推进配网光纤覆盖大湾区配网公变节点一期工程建设,支撑解决配网自愈、设备状态监测等业务接入问题,提升配网可靠性水平。

(三)建设智能电网的总体目标

佛山供电局建设安全、可靠、绿色、高效的世界一流智能电网总体目标包括如下三个方面:

一是建设安全可靠的智能电网。建成覆盖500千伏至380伏、网络清晰、负荷均衡、联络合理、安全可靠的主配协调坚强电网架构;构建光纤化、网络化的泛在通信网络,服务电气、状态、动环、电能质量等信息的智能感知与远程控制;提升电网控制决策能力,推进智能变电站、智能配电房、智能调度技术支持系统建设,推广以自愈控制技术为代表的高级配网自动化应用;以"设备信息数字化、状态感知实时化、诊断评估智能化、设备巡检高效化"为核心,广泛采用物联网通信、状态检测、无人机巡线、机器人巡检等技术,推进"互联网+"智能运维体系建设。

二是建设与各方友好互动的智能电网。依托高级量测、互联网和现代信息技术,通过智能小区、智能营业体验厅、自动需求侧响应、电动汽车充电设备、综合能源运营服务等建设,深入挖掘电力大数据价值,实现电力流与信息流双向互动,不断创新服务内容与服务渠道,引领电能消费新体验,打造"客户广泛参与、互动服务多样、需求响应迅速、多方合作共赢"的新型供用电模式与服务体系,促进城市能源互联网中各利益相关方的协同交互,将电力服务平台打造成为不可替代的社会公共服务枢纽。

三是建设绿色高效的智能电网。通过推进光伏、储能与微电网建设,积极推动能源生产利用方式变革,以提升佛山电网绿色发展水平;推广冰蓄冷等电能替代研究、建设与应用,提高终端能源利用效率,引导能源消费方式变革;优化电力设施,推广环境友好、资源节约的电力设备利用;全面提高大数据分析与可视化支撑，打通各个业务部门与信息化系统壁垒，满足综合监控、运营管理、服务专业的信息化建设需求，高效实现各类电网数据资源的整合和多环节、多功能、全业务的综合管控。

（四）建设智能电网的阶段性目标

佛山供电局建设安全、可靠、绿色、高效的世界一流智能电网主要包括如下三年行动阶段性目标：

1. 2019 年打好基础

2019 年，佛山供电局要加快建设安全、可靠、绿色、高效的智能电网，着力打造具有南网特色、国际领先的智能配电网管理体系。进一步完善主配网网架结构，逐步打造佛山"7+6"分区互联、高可靠性主网网架，配网侧实现环网率100%，可转供电率96%以上，馈线自动化开关覆盖率达90%，客户平均年停电时间低于1.3小时，综合线损率不高于3.1%。积极开展规划研究，为构建A类区域电缆网"三遥"节点光纤全覆盖，金融高新区、A类区域及高明区馈线自愈全覆盖的网架基础提供有效支撑。智能运维水平不断提升，累计全市建成智能配电房60座，实现五区试点全覆盖，完成220千伏及以上输电线路"无人机+机器人+视频监控+在线监测装置"海陆空立体巡检配置，实现220千伏以上变电站主变油色谱在线监测装置等全覆盖，开展刀闸遥控功能改造，实现110千伏线路程序化操作全覆盖，建设电能质量监测平台，实现电能质量监测数据智能挖掘分析。打造高明配电网不停电作业示范区，实现高明全区低压用户平均计划停电时间低于0.1小时。智能用电及综合能源服务体系日趋完善，完成南海桂城智能用电体验厅建设投运，建成汇源通大厦冰蓄冷等综合能源项目，完成全市600座电动汽车充电桩建设任务。

2. 2020 年提升水平

2020 年，佛山供电局要基本建成安全、可靠、绿色、高效的智能电网，树立配网自愈等一批特色鲜明、国际领先的"金字招牌"。持续提升主配网网架、自动化及可靠性水平，加快建设佛山"7+6"分区互联高可靠性主网网架，配网可转供电率达96.5%及以上，馈线自动化开关覆盖率达100%，客户平均年停电时间低于1小时，综合线损率不高于3.04%，进一步减少高明配电网不停电作业区域低压用户计划停电时间。完善规划研究成果，有效推动全市电缆线路"三遥"节点光纤覆盖率达95%，配网自愈覆盖率达100%目标的实现。加强电网智能化建设，完成6个220千伏变电站GIS设备局放在线监测装置安装，实现

35千伏及以上变电站机器人智能巡视全覆盖，110千伏及以上输电线路海陆空立体巡检和程序化操作全覆盖；完成智能配电柔性多状态开关技术研究及示范工程建设；调度系统实现对分布式光伏发电的出力预测和调度控制，完成变电站视频及环境监控系统智能图像识别试点应用。完成全市年度电动汽车充电桩建设任务，逐步形成充电网络建设与服务的推广模式与典型示范。全面建成金融高新区世界一流智能电网示范区：区域智能配电房覆盖建设，配网环网率、可转供率、典型接线率均达100%，公用线路"三遥"覆盖率达100%，光纤通道逐步延伸到公变，配电通信网光纤覆盖率达100%，客户年平均停电时间低于2.5分钟，综合线损率不高于1.65%。

3. 2021年展现亮点

2021年，佛山供电局要全面建成安全、可靠、绿色、高效的智能电网。建立全国先进、世界一流的智能配电网管理体系，配网可转供电率达到97%及以上，客户年平均时间低于0.9小时，综合线损率不高于2.98%，全市电缆线路"三遥"节点光纤覆盖率达100%，光纤通道延伸到A+、A、B类供电区域公变，配网自愈覆盖率达100%，配电房智能化技术趋于成熟，推广应用至A类供电区域，同步完成配电房智能监控平台的功能完善和优化。基本实现佛山"7+6"分区互联、高可靠性主网网架结构，投产220千伏钱岗等输变电工程。深化输变电智能技术应用，实现35千伏及以上变电站巡视机器人接入机器人巡视集控系统应用、110千伏~500千伏输电线路无人机自动巡检全覆盖，基本完成变电设备操作的"一键可达"。加强电网控制决策能力，建设完善电能质量监测平台、调控一体化智能调度辅助支撑系统、智慧调度全景可视化平台等智能调度技术支持系统，提升电网实时分析应用水平。"互联网+"线上品质用电服务不断完善，逐步形成四网融合智能家居的推广模式与典型示范。建立健全电动汽车服务体系，形成中心城区5公里充电圈、其他区域10公里充电圈的服务模式。构建综合能源服务"多样化"模式，完成高明及三水分布式能源站等一批综合能源项目建设，逐步形成分布式能源与蓄冷建设等的推广模式与典型示范。总结提炼示范区规划建设经验，推动成熟的、可推广的成果在其他区域覆盖应用。

可靠性作为全国率先开展供电可靠性管理的城市，佛山供电局以党的十九大精神为引领，以让人民群众"用上电，用好电"为方向，积极响应国家关于加快粤港澳大湾区建设和高质量发展的要求，从实际出发，实行供电可靠性差异化管理，率先实现1小时区域目标；通过科技借力，紧随智能电网发展潮流，推进配网自愈，落实公司推进高质量发展、创建全国最好世界一流省网企业行动,打造供电可靠性管理品牌举措落地,实现供电可靠性质的逐年提升。从国家能源局发布的全国主要城市用户供电可靠性指标报告得知,佛山供电局连续在2017年、2018年两年获得全国主要城市用户供电可靠性指标首位,可靠性指标由2017年的2.16小时减少到2018年1.18小时,截至2019年8月23日,佛山供电局低压客户平均停电时间为0.52小时,2019年底全面进入1小时。

按照三年三提质方案要求,佛山供电局制定了未来三年的工作目标:2019年,局客户平均停电时间(低压)达到1小时/户,1小时区域客户平均停电时间低于0.83小时/户。2020年,局客户平均停电时间(低压)达到0.95小时/户,1小时区域客户平均停电时间低于0.80时/户。2021年,局客户平均停电时间(低压)达到0.9小时/户,1小时区域客户平均停电时间低于0.75小时/户。

二、建设智能电网的实施举措

(一)建设佛山智能电网的总体举措

1. "1+4+9"的全面推进模式(图7-1)

图7-1 建设智能电网"1+4+9"的推进框架

（1）一个总体目标

佛山供电局坚持以创建世界一流电网企业为战略目标，遵循南方电网公司和广东电网公司提出的智能电网总体架构体系，推动电网智能化水平持续升级，实现源网荷协调发展，为电网精益化管理和能源结构转型提供支撑。

（2）四大建设方向

在电网建设方面，一是做好顶层设计和统筹管理，以任务和指标引领方向；二是努力推动规划建设项目落地，全力打造具有"安全可靠、友好互动、绿色高效"特点的佛山智能电网；三是注重成果提炼和新技术储备，坚持智能电网技术创新和成果转化；四是建立宣传推广和课程培训体系，加强智能电网宣传及培训力度，普及智能电网理念，增强示范区社会效应。

（3）九大发展重点

①清洁友好的发电：结合佛山地域特点，大力支持非化石能源电力开发利用，积极推动能源生产利用方式变革，增强系统灵活性和智能化水平，提升佛山电网绿色发展水平。

②安全高效的输变电：加强主网架建设，推进落实输变电智能技术在佛山电网的应用，强化电能安全输送能力，提升输变电智能感知和智能运行水平，提质增效，降低风险。

③灵活可靠的配电：以配电智能化为核心，以完善配电网架、实现自动化覆盖、增强配电房监控、提升配电装备水平为基础，以"云大物移智"等技术为支撑，实现配电设备智能化、运维检修智能化和生产管理智能化，进一步提升配电精益化管理水平，保障供电的安全可靠和优质服务。

④多样互动的用电：建成全方位、立体化的服务渠道体系，推动服务创新。建立完善需求响应机制，鼓励引导供需互动、节约高效的能源消费方式。

⑤高效互动的调度及控制体系：为进一步提升智能调度水平，建立"本质安全·智能电网"管控模式，建设电网运行智能驾驶系统，全面实行调控一体化，提升配网调度运行智能化水平，加强驾驭复杂大电网能力。

⑥全面贯通的通信网络领域：按照"光纤通信为主、无线通信为辅"的技术路线，结合"强化主网、延伸配网"的建设思路，形成"广覆盖、大带宽、高可靠性"的电力通信网络，充分满足智能电网的全业务接入需求。

⑦集成共享的信息平台：构建大数据整体服务体系，建立大数据应用开放共享平台，整合各类数据，持续建设各类数据应用系统，充分发挥大数据的价值，建立数据标准，提升数据质量，加强元数据管理能力。

⑧智慧能源与能源互联网：打造一批具有全省影响力的综合能源示范项目，积极拓展综合能源供应、市场化售电、客户综合能效、电动汽车及充电桩运营、智能电网增值服务等综合能源服务，探索新型商业模式，打造综合能源服务平台，建设覆盖综合能源上下游的全业务链支撑体系。

⑨全面覆盖的技术保障体系：构建全面立体的技术保障体系，提升安全防护水平。开展电力监控系统网络安全态势感知技术应用与研究，以及网络攻防培训演练及监控设施建设，做好网络安全主动防御技术应用，建立网络安全监控体系。

2. 开展示范引领，坚持差异化原则

根据佛山电网负荷水平、网架基础、社会经济与实际需求情况，制定符合城市特点的、差异化的智能电网发展路线，结合区域特点、能源需求实现电网全面、系统的升级完善。加快广东金融高新区智能电网示范区、高明配电网不停电作业示范区规划建设，总结提炼规划建设经验，形成A+类及高供电可靠性区域的智能电网建设样板。同时，根据各片区地域及电网特点，差异化谋划打造一批智能电网示范项目，以点带面全面提升佛山电网智能化水平。

此外，佛山供电局还要积极融入粤港澳大湾区发展战略，以点带面在佛山市范围推广建设安全、可靠、绿色、高效的世界一流智能电网，为企业提供可靠的电力保障与优质的电能质量，满足用户个性化电力与能源一体化服务需求，推动佛山城市可持续发展与智慧城市建设，打造智能电网的佛山模式，在南方电网公司体系内率先建设出国际一流智能电网工程，成为公司传播企业价值观念、展现智能电网建设成果、推广新技术工程应用、推进企业管理与服务模式变革的先进示范基地。

（二）建设佛山智能电网的具体举措

1. 严抓综合停电管理

落实月度计划提级审核机制，优化综合停电管控，减少客户停电时间及重复停电次数。同时以50以上时户数的停电事件提级管理为切入点，深入剖析线路以及所在馈线组的网络架构、近年的停电项目安排合理性，以及本次停电、不停电措施应用的情况，从而总结经验，进一步优化停电管控策略。

2. 优化网络架构，建设"透明、可控、自愈"的智能高效配电网

分阶段实施配网网架完善的三年行动计划，共完成单放射、环网不可转供、分段不合理等五大项共5439项问题整改。全面推进配网自动化建设，尤其是加

强自愈功能建设，提升配网自动化实用化水平，构建支撑"计划检修完全转供、故障停电秒级自愈"坚强智能配网网架基础。2019年9月，配网馈线自动化覆盖率达到91.53%，应遥已遥比率为69.08%，已有3000余回线路接入主站。超40%的故障被隔离在变电站外，有效实现故障区域自动隔离及非故障区域自动复电。

3. 统筹长远目标和近期需求开展电网规划

统筹长远目标和近期需求，以满足客户可靠供电能力和电能质量为基础，以提升投资效益为核心目标，梳理分析配电网网架结构现存问题及主要原因，开展目标网架规划，建立统一规划项目库，及时开展前期可研和项目立项，逐年提升网架结构水平。

4. 打造世界一流水平不停电作业体系

以预安排停电"零时户"、故障停电"少时户"为目标，取消配网计划停电，按照"能转必转、能带不停、能保则保"的不停电作业原则，打造全电压等级（10千伏、0.4千伏）、全业务（生产、基建、营销等）"产学研"一体的世界一流水平不停电作业体系。2019年共开展带电作业6872次，减少停电时间8.27小时。

5. 全面开展保民生用电

全面开展保民生用电，在大型的停电作业、故障停电时，按照"保证居民基本生活用电"模式制定发电车保供电方案，最大幅度地保证客户有基本的生活用电，提高低压客户端的用电感知。2019年共开展发电车保电2000次，减少停电时间0.61小时。

6. 大幅减少故障停电数量

大幅减少故障停电3次及停电时长超24小时用户数量，狠抓雷击、用户故障出门[①]及外力破坏三大故障整治，精准实施重复故障一线一策，探索研究故障停电抢修评价模型。

7. 开展低压可靠性数据采集试点工作

开展低压可靠性数据采集试点工作，提出推广低压用户供电可靠性管理的工作建议和方案。

---

① 由于用户设备原因造成供电方供电线路停电，简称用户故障出门。

三、建设智能电网的案例研究

广东金融高新区是广东建设金融强省战略支撑平台，是广东省人民政府批准的唯一省级金融后台服务基地。金融高新区定位"金融后援基地"及"产业金融中心"双战略，致力建设"辐射亚太的现代金融后援服务基地"和"国家级产业金融试验区"。南方电网公司一直坚持"成为具有全球竞争力的世界一流企业"的目标战略，并提出了"在广东金融高新区创建示范配电网"的要求。佛山供电局为了达到此战略目标，坚持以"立足现状、统筹规划、积极创新、协同推进"为基本原则，以提升供电质量与服务水平为核心，以坚强的一次网架及泛在的信息通信网络为基础，以大数据、物联网、机器人、移动互联等技术为手段，统筹利用智能电网基于电源、电网、用户高效互动和强大的调整、控制能力，拓展智能电网感知、连接和决策的广度和深度，扩大智能电网在能源变革背景下的外延与内涵，进一步提升新业态、新场景下电网的综合服务能力，打造具有"安全可靠、友好互动、绿色高效"特征的金融高新区国际一流智能电网。

（一）佛山金融高新区智能电网示范建设目标

通过金融高新区国际一流智能电网建设，为区域企业提供可靠的电力保障与优质的电能质量，满足区域居民用户提供个性化电力需求与能源一体化服务，推动金融高新区可持续发展与佛山城市智慧建设；同时，在南方电网公司体系内率先打造出A+类供电区域的智能电网建设样板，成为公司传播企业价值观念、展现智能电网建设成果、推广新技术工程应用、推进企业管理与服务模式变革的先进示范基地。

（二）佛山金融高新区智能电网示范建设内容

佛山供电局遵循"五大领域+四个支撑"的智能电网总体架构体系，选择广东金融高新技术服务区为载体，争取2020年全面建成安全、可靠、绿色、高效的世界一流智能电网示范区。佛山金融高新区智能电网的建设内容主要包括如下几个方面：

1. 提升输电侧智能化水平

构建输电"海陆空"智能立体巡检体系，以无人机自主作业、机器人巡检、输电线路状态在线监测装置配置、电缆管廊隧道智能巡检、水下无人船塔基智能检测为建设主体,对输电线路、管廊等输电设备、场景进行全景三维可视化建模。2019 年底实现金融高新区内重点输电线路"无人机+机器人+视频监控+在线监测装置"海陆空立体巡检,输电运行数据全面采集。

2. 深化变电侧智能技术应用

推动智能变电站建设,以智能化一二次设备、运行状态在线监测、机器人和无人机巡视(图 7-2)、机器人检修、3D 建模、程序化操作、智能化安全管控、变电智能驾驶舱为建设主体。对变电一二次设备、高压场地、生产辅助设施等进行三维建模形成电子变电站。2019 年以 220 千伏松厦智能变电站为试点,持续探索开展智能化改造建设。

图 7-2 智能机器人巡视

3. 配网自愈控制技术应用

在示范区逐步覆盖应用智能配电网自愈控制系统(图 7-3),以数据采集与监控、分布式自愈控制、多系统信息集成、配电网分析与评估为基础,通过"自我感知、自我诊断、自我决策、自我恢复",可实现故障区域自动隔离时间<0.2 秒,非故障区域转供复电时间<2 秒。基于功率方向的网络式保护技术、自组网故障定位技术、基于馈线组的自愈控制技术和多源异构多时间尺度数据的综合利用技术均达到国际先进水平。

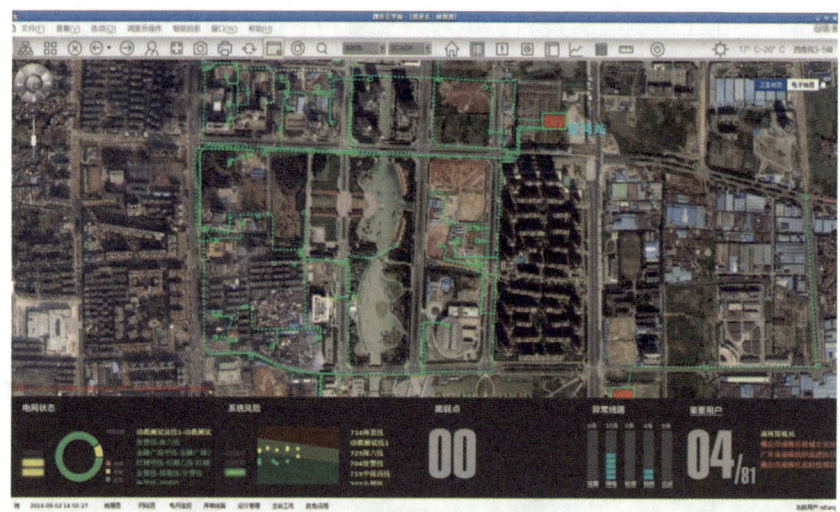

图7-3 智能配电网自愈控制系统展示

4. 推进智能配电房建设(图7-4)

以"智能网关"作为配电房(台区)智能管控的神经中枢,根据供电区域特征及重要性对配电房的传感器和智能设备进行差异化配置,实现设备状态的在线监测、环境参数的实时掌控和异常状态的主动报警。将自动化建设向低压配电网延伸,实现低压分支回路电气参量和故障信息的监测告警。目前示范区已建成17座智能配电房,计划2020年底基本完成示范区智能配电房覆盖建设。

图7-4 智能配电房实景展示

5. 创新优质服务打造智能用电体验和双向互动平台

建设智能用电体验厅（图7-5）和电力科普教育基地，部署一体化服务渠道，引入语音识别和机器学习等新型智能技术，建立无人值班营业服务模式，简化业务办理程序，缩短客户办理业务时间，并提供智能电器及智能家居展示体验，擦亮电力教育科普基地品牌。2019年完成智能用电体验厅设备升级改造。

图7-5　智能用电体验厅效果图

6. 建设配电通信网双平面

开展配电通信网建设，形成配网调度数据网和配网综合数据网的双平面架构，实现光纤覆盖延伸至配网公变节点，创新性地按照专网和公网的不同方式对配网调度数据网、配网综合数据网实施安全管理，解决全量业务的接入问题，持续推动专网业务接入，增强可靠性。

7. 开展无线通信技术应用

通过开展智能电网示范区通信综合解决方案应用示范工程等试点项目建设，应用可信WIFI、LTE专网、低压载波等多种技术开展技术验证，总结形成专网接入技术方案，为后续开展业务接入奠定基础。2019年在金融高新区展示配电房开展可信WIFI技术试点及应用。

8. 构建智能电网运营信息综合监控平台

以打破各业务系统业务信息壁垒为目标，实现现有业务系统的信息融合与共享，同时深挖各专业部门实际应用需求，以问题为导向，通过数据挖掘分析，提供涵盖计划部、财务部、系统部、生技部、市场部等专业部门的可视化高级应用功能，实现对资产管理状态、电网运行态势、运行状态的全景可视化监测功能，为电网运营决策提供科学依据，全面提升配网精益化管理水平。

(三) 佛山金融高新区智能电网示范投资及成效

通过佛山金融高新区智能电网示范区建设,主配一次网架得到优化,中压配电网各项指标明显提高,为区域用户提供可靠的电力保障与优质的电能质量;互动化的用电服务能力得到提高,高级量测、分布式能源、电动汽车充电设施等技术发展与应用满足区域居民用户个性化电力需求与提供能源一体化服务。同时,在南网体系内探索打造 A+类供电区域的智能电网建设样板,成为公司展现智能电网建设成果、推广新技术应用、推进企业管理与服务模式变革的先进示范基地。具体指标提升情况如表 7-1 所示。

表 7-1 中压配电网指标提升情况

重点指标提升	2017 年底	现状值
核心区域客户年均停电时间	1.03 小时	≤5 分钟
10 千伏公用配电网可转供电率	88.64%	100%
10 千伏公用配电网典型接线率	86.36%	96.3%
10 千伏公用配电网配网环网率	97.73%	100%
10 千伏公用配电网"三遥"覆盖比例	18.18%	52%
10 千伏配电通信网光纤覆盖率	18.18%	100%
远程服务比例	60%	90%
10 千伏及以下线损率	1.73	1.65

四、安全生产风险管理体系

习近平总书记在党的十九大报告中指出,要树立安全发展理念,弘扬生命至上、安全第一的思想,健全公共安全体系,完善安全生产责任制,坚决遏制重特大安全事故。安全生产是佛山供电局实现高质量发展的基础和前提,必须把安全生产摆在首位,加强本质安全型企业建设。因此,佛山供电局必须树立先进的管理理念,创建科学的管理方法,实施严谨的管理实践,并通过牢牢抓住员工、电网、制度、环境四个要素,加快建设本质安全型企业的步伐。

(一) 电力企业对本质安全的要求

本质安全与传统安全管理的区别在于,本质安全不仅要加强电网风险治理,使电网始终处于安全可靠的运行状态，更强调人在安全生产中的核心作用，充分发挥人的主观能动性，把体系中的各种要素有机地融合起来，从而实现在思想上零懈怠、制度上零缺陷、设备上零隐患、系统上零死角、安全上零事故。

我国电力企业安全管理经历了四个阶段：第一阶段是安全性评价方法应用（1990—1999年），第二阶段是输电网安全性评价（2000—2002年），第三阶段是安全性评价动态管理（2003—2004年），第四阶段是安全风险管理体系（2005至今），实现了从人管安全生产到制度管、用体系管的跨越。

南方电网公司于2007年探索建立了具有南方电网特色的《安全生产风险管理体系》，在全面回顾了体系内容的全面性、适宜性和科学性的基础上，修编发布了《安全生产风险管理体系》（2012版）（以下简称体系），并编制了《安全生产风险管理体系建设与实施指导文件汇编》，指导各单位开展体系建设和应用工作。2017年本着持续改进的精神，并根据体系多年的实践经验，结合国内外安全管理发展情况，公司组织对体系进行了全面回顾和修编，发布了《安全生产风险管理体系》（2017版）。体系的应用得到国家能源局的高度重视，在调研神华集团、南方电网公司等单位的安全管理后，印发了《关于加强电力企业安全风险预控体系建设的指导意见》（国能安全〔2015〕1号），要求探索建立电力行业生产实际的、基于风险的，系统化、规范化与持续改进的安全风险管理模式，构建一套理念先进、方法得当、管控有效的安全风险预控体系。因此，应用体系是管理安全的必然之路。

（二）佛山供电局体系建设应用历程及成效

佛山供电局自2009年启动体系建设工作以来，始终强调事前进行评估、事中落实管控、事后总结成效，充分体现了南方电网公司"一切事故都可以预防"的安全理念。10年来，佛山供电局积极推进智能电网安全生产风险体系建设，在机遇与挑战中稳步前行，取得了以下切实成效：

首先是在2009—2010年，佛山供电局初步搭建起体系框架，并建立风险管理体系化雏形，于2010年首次外审获得了"三钻"认证（69分）。

其次是在2011—2012年，佛山供电局建立起以"两册"为核心的一体化管理落地体系，风险管理水平"PDCA"螺旋上升，2012年体系外审以全网最高分（83%）获得了"四钻"认证；2013—2014年，按照"全员、全业务、全过程"的思路应用体系，推广"计划+表单"模式，全面提升了风险管控能力，将"用体系"的良好行为转变成规矩办事习惯，实现了自主管理，2014年体系外审以全网地市局最高分（92%）获得了"四钻四星"认证。

接着是在2015—2016年，佛山供电局实施文化引领，体系建设向"五钻"迈进，持续沉淀"规矩办事、自主管理、团队互助"的安全文化，努力建设本质安全型企业；2017年，佛山供电局以95.48%的最高得分率获得南方电网公司安全生产风险管理体系"五钻一星"认证，体系应用水平进入新阶段。

2018年至今，佛山供电局坚持体系深化应用不止步，持续改进再出发。安全生产风险管理体系运转高效，安全生产局面持续稳定，安全生产目标达到预期要求，安全生产指标完成情况良好，没有发生事故和四级及以上事件。

自应用体系以来，佛山供电局全局员工的风险意识得到了显著增强，安全防护设备设施、作业环境、标识画线等明显改善，实现规范化管理和标准化作业，事故事件数量逐年下降，逐步形成了按规矩办事的习惯。

（三）佛山供电局体系建设经验总结

10年来，佛山供电局秉承和发扬体系核心思想，把风险管理的理念与方法内化于心、外化于行，安全生产管理水平和员工安全能力得到有效提升，综合业绩评价始终保持广东电网地市局首位，形成佛山供电局"同心同行、精益求精"的安全文化品牌和"本质安全、风险预控、团队互助"的体系特征，为建设本质安全型供电企业打下了坚实基础。纵观佛山供电局体系建设历程，其成功经验体现在以下两个方面：

1. 坚持"创新、担当、实干"三种精神

一是"敢为人先"的创新精神。佛山供电局在改革创新方面历来都是主动作为，先行先试，积极为公司安全生产领域的改革发展提供实践经验。将体系应用与日常业务做成"一件事"，并将能在基层有效落地的载体"两本手册"，提炼成为全网一体化管理的示范模式。"计划+表单"班组现场作业管理平台融入全网"6+1"管理信息系统，并全专业覆盖。供电可靠性管理"六步法"成为全网通用做法。二是"舍我其谁"的担当精神。这种担当精神体现在对公司战略意志的坚决贯彻上，体现在为客户、为电力事业的全身心付出上。佛山供电局积极承担公司各类试点任务，先后与海南三亚、万宁、贵州都匀和广东肇庆供电局开展体系结队共建，结队单位均获得"三钻"认证。另外佛山供电局高度重视公共安全管理，在全网最早开展社会影响风险评估，并取得显著成效。在重大自然灾害和重要保供电任务面前，佛山供电局始终做到责任为先、挺身而出，有力承担起了央企的政治责任、经济责任和社会责任。三是"求真务实"

的实干精神。佛山供电人埋头苦干、辛勤耕耘，认准的事情全力以赴，取得了一系列令人瞩目的成绩：以最高分通过全国电网企业安全生产标准化一级企业评审；连续五年获评全国供电可靠性 A 级金牌企业称号、对标证书；连续五年被南方电网公司评为科技创新先进集体；连续八年荣获佛山市政府公共服务公众满意度第一；蝉联"全国电力行业用户满意服务企业"称号；获评"全国安全文化建设示范企业"称号；500 千伏顺德站荣获南方电网公司变电运行示范基地称号。

2. 坚持"领导重视、职责分明、与时俱进、以人为本"四点经验

一是领导高度重视。佛山供电局历届领导班子，尤其是主要领导高度重视体系建设与应用工作，率先垂范，经常研究、部署、指导、过问体系建设与应用工作，在"人、财、物"等资源方面优先保障体系建设需求。这是佛山供电局体系深化应用、稳步前行的最坚强保证。二是各司其职、各负其责。体系核心思想得到各部门、员工的广泛认同。各部门按照"全员、全业务、全过程"的工作思路，横向协同，形成了一系列最佳实践和典型案例。这是佛山供电局思想同向、行为同轨的最有力凝聚。三是把握规律，与时俱进。深刻认识、精准把握体系的核心思想，坚持一切从实际出发，在安全发展、电力体制改革、新技术推广、创建国际一流供电企业中持续深化体系应用，不断完善与丰富体系方法论。这是佛山供电局不断向前发展的最重要法宝。四是铸造了一支高素质的干部员工队伍。佛山供电局始终坚持以人为本，帮助员工成才成长，人才素质当量达到 1.027，位居广东电网地市局首位、南网地市供电局前列，汇聚了推动企业发展的最大保障。

上面所述这三种精神、四点经验，为佛山供电局沉淀下来的无形财富，成为创建"两精两优、国际一流"供电企业的有力保障，也是佛山供电局建设本质安全型供电企业的强大基础。

（四）佛山供电局今后体系建设目标及方向

佛山供电局今后将以本质安全为电网体系建设方向，具体目标主要包括如下四个方面：

1. 员工是本质安全的灵魂

首先要关心员工的身心健康，构建完善的职业健康管理体系，深化应激调适机制和积分激励机制，让能干活的员工得到尊重。其次，员工是设备的操作者、制度的执行者，且容易受环境变化的影响，因此要大力推进安全文化系统建设，营造规矩干事的文化氛围；完善员工安全教育体系，提升员工的风险辨识能力和风险防范能力；强化安全监督，按照"严、细、实"的要求，常态化开展违反"十大禁令"和"十个规定动作"行为的通报和约谈。佛山供电局通过树立先进的安全理念以及建立严格的制度章程，确保了人的行为正确、规范、安全，从根本上掌握防范事故事件的主动权。

2. 电网是本质安全的基础

建设坚强可靠电网、提高设备质量是本质安全的物质基础。要紧紧抓住历史机遇期，大力推进电网建设，按照"分层分区、互援互联"目标网架方向，构建以环为主、链式为辅的"7+6"分区互联、高可靠性的220千伏及以上输网主网网架结构；实现以"3T"接线为主、双回链式接线为辅的110千伏高压配电网接线；打造"组网规范化、网络坚强化、配电智能化"的10千伏中压配电网网架，建设"结构合理、技术先进、安全可靠、适度超前"的现代化电网。抓好五大生产计划（特巡特维，预试定检，规范化检修，反事故措施，生产项目）的闭环管理，通过实施状态检修和日常的精心维护，提高设备健康水平。

3. 制度是本质安全的关键

制度是企业通过长期实践对经验和教训的总结，也是企业管理理念和方法的载体。要建立制度管理的长效机制；按照"精、简、要"的原则有效规范管理行为；沉淀、传承管理理念和价值观。通过严格执行企业的规章制度，能够在全企业建立起自上而下的责任体系，将规章制度变为每个员工的自觉行动，杜绝侥幸心理。

4. 环境是本质安全的外部条件

环境作为外部要素，对企业本质安全也有着重要影响。其中时间和空间的变化、工作与生活环境变化、季节与气象条件变化、突发的自然灾害，乃至于社会舆论、员工家庭氛围的影响，都属于环境要素的范畴。这些环境要素的变化不仅会改变设备的运行条件，而且也会造成员工的身体和情绪变化。因此，要随着环境的变化，及时开展员工、电网、制度适应性调整。

第八章 一流经营

创建世界一流电网企业，除了要有一流的智能电网外，还要有一流的企业经营模式。随着计划经济体制向社会主义市场经济体制转变，企业成为自主经营、自负盈亏、独立核算的经济主体，这要求企业必须有属于自己的经营方式，使企业能够及时了解有关信息，从而不断满足市场需要，提升自身竞争力。企业只有确定了适合自身经营情况和特点的战略，并坚持贯彻实施，才能屹立于世界的顶端。然而，要想拥有像西方一流企业一样的经营效益，需要通过创新的思维和模式来实现，而这种对西方企业的弯道超车不能简单地照搬他们已有的技术、路径和思维，现成的经营模式只能取得暂时的超越，而真正的战略性经营需要不断突破。因此，世界一流电网企业的经营战略，一定要是自主的、差异化的和具有中国特色的。本章围绕佛山供电局"四个统一"（统一规划、统一建设、统一运维、统一服务）改革、运营管控平台的构建以及资产设备全生命周期管理等方面来展开，阐述佛山供电局创建世界一流电网企业经营方式的改进策略。

一、"四个统一"改革

（一）组织架构优化（图 8-1）

企业战略得以有效实施的必要前提是具有完善的组织结构，只有有了组织结构，企业的战略才能转换成体系和制度，融入企业日常的生产经营活动中去，最终实现企业战略。组织结构重组是许多公司在面临重大的外部环境变化时为了成为更成功、更强大的组织而常常采取的一种策略。美国管理学家钱德勒（D. Chandler）教授通过对美国 70 家大型公司的发展历程进行深入研究后，得出了"组织结构服从战略"的著名结论，这也是战略的前导性和结构的滞后性共同决定的。战略前导性是指企业战略的变化速度往往会快于组织结构的变化速度，而结构滞后性则是指企业组织结构的变化速度会慢于战略的变化速度。这是由于企业为了谋求经济效益的增长，在经济发展变化时，往往首先会在战略上做出反应。因此，佛山供电局要牢牢把握好战略前导性与组织滞后性的关系，不可错过时机，也不可操之过急，其组织结构要在创建世界一流电网企业总体框架的指导下，分阶段做出相应的调整，以寻求更大的发展。

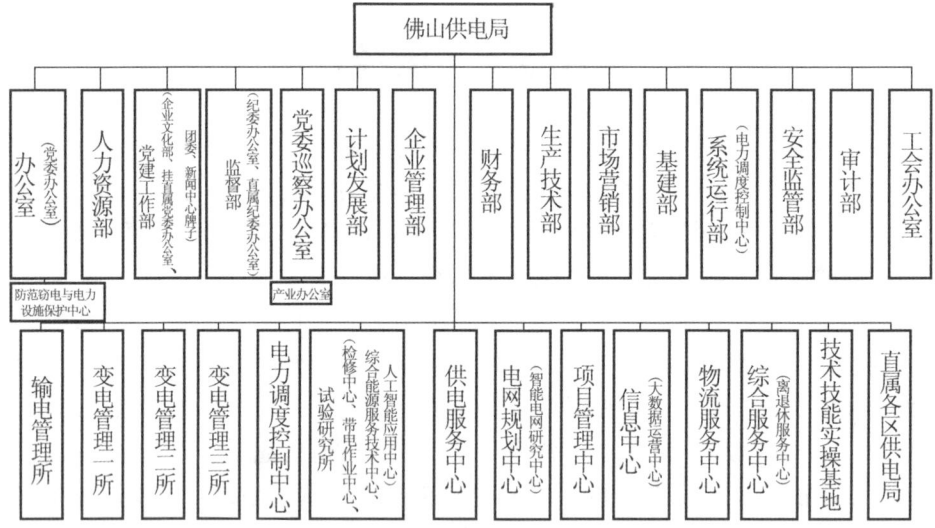

图 8-1 佛山供电局组织架构优化图

美国著名管理学教授斯蒂芬·P. 罗宾斯（Stephen P. Robbins）将组织结构定义为"组织内正式的工作安排"。企业传统组织结构的发展在历史上经历了直线职能制、事业部制、矩阵制等阶段，按照管理层次与管理幅度的关系，组织结构有两种形式，即扁平结构和直式结构。扁平结构是管理层次少而管理幅度大的结构，直式结构则是管理层次多而管理幅度小的结构。我国大多数企业普遍采取直线职能制的组织结构，企业内部按职能（如生产、销售、运输）划分成若干部门，由企业高层直接进行管理，并下设直线领导机构和职能机构，从而保证企业管理体系的集中统一。随着企业规模的日益扩大和市场竞争的日趋激烈，适应企业外部环境的扁平化组织应运而生。与直线式管理不同，扁平化管理是一种为提高企业效率而建立起来的富有弹性的新型管理模式，它通过减少管理层次、压缩职能部门和机构以及合理优化人员结构等手段，进而减少企业最高的决策层和最低操作层之间的中间管理层级，从而使企业快速地将决策权延至企业生产、营销的最前线。扁平化管理模式有着显著的优势，它避开了传统直线职能模式金字塔结构中诸多难以解决的问题和矛盾，强调管理层次的简化、管理幅度的延伸、管理职能的转变以及管理权力的下放，各种信息在组织内部的快速传递，有效地增强了企业的管理能力和核心竞争力。

近年来，世界一流企业的发展趋势为迈向更大的管理幅度，因为激烈的市场竞争要求企业加快决策速度、提高灵活性、向员工授权、更贴近顾客以及减少运营成本。从 2018 年起，佛山供电局推动企业组织形式向集约化、扁平化转变，通过推动组织变革，从组织结构上推动"创一流"和精益管理落地。从三个层面推进组织机构调整工作开展，通过组织架构优化，压缩管理层级，消除传统生产、营销业务壁垒，实现扁平化、专业化、标准化、规范化管理。

首先是在市局层面，佛山供电局成立了电网规划中心、项目管理中心、供电服务中心，按二级机构管理，实现电网规划、建设、客户服务集中统一管理。在电力调度控制中心增挂配网调度服务指挥中心牌子，由服务调度班、配网调度班合署办公，开展客户问题解决、指挥督办等业务。优化试验所的技术研究定位，整合高压试验和变电检修专业，剥离管理职能，增挂检修中心、带电作业中心、综合能源服务技术支持中心、人工智能应用中心牌子。结合"智慧佛电"建设，成立智能电网研究中心、大数据运营中心等专项工作机构。

其次是在区局层面，形成两种模式，在禅城供电局撤销供电所，南海、顺德、三水、高明4个区供电局撤销供电所内设部门。南海、顺德、三水和高明供电局生产计划部设置配网综合班，主要负责开展辖区中压一次、二次设备预试定检，配网二次设备检修、故障处理等工作；各区局工程建设部成立综合业主项目部，主要负责所辖区域内配网项目的建设实施；禅城供电局供电服务中心作为设备运维和客户服务的直接管理部门，设置安全监察组、客户服务班、计量运维及用电检查班和营业班等四类班组。

最后，在供电所及班组层面，按照各区局实际情况设置三种模式。其中南海、顺德、三水、高明供电局在特大型供电所设配电运维班、客户服务班、营业班、计量运维及用电检查班等四类班组，并可根据实际不设计量运维及用电检查班，相关业务职责并入客户服务班；非特大型供电所设配电运维班、客户服务班、营业班等三类班组，并可根据实际不设营业班，相关业务职责并入客户服务班。禅城局在供电服务中心设置配电运维班和客户服务班，分设后的配电运维班调整至生产计划部，客户服务班仍由供电服务中心管理；配网综合班由供电服务中心调整至生产计划部。

（二）业务整合优化

佛山供电局根据组织机构调整情况，分清职责界面，优化整合业务，通过"四个统一"精益管理策略，引导优化资源配置，消除部门和业务壁垒，实现了业务纵向贯通、横向协同、前端融合，为提高生产效率和提升客户服务水平创造了更好的条件。

1. 统一规划

在实施统一规划以前，佛山供电局市局层面配网规划建设由地市局计划发展部负责规划管理职能,主要负责110千伏电网规划,并指导区局(供电所)开展10千伏及以下配网规划;县区局(供电所)负责10千伏及以下配网规划、项目建设、评价。这种分工模式,只适合于传统的简单结构,随着员工数量的增加和企业规模的不断扩大,这种组织结构不再适用,结合佛山供电局实际情况分析,这种分工主要存在如下三方面的问题:

一是规划统筹能力有所欠缺。县区局各类规划同时由计划、营销、设备、系统等部门开展,配网规划、营销技改规划、配网自动化规划、通信规划管理条块分割,存在多头管理,专业规划之间协调不够的问题,无法实现规划统筹管理、发挥规划"龙头"引领作用,影响目标网架落地。

二是配网规划核心技能欠缺。配网规划人员主要分布在县区局、供电所,有限的规划人才较为分散,无法形成有效合力,对电网发展的前瞻性研究和"三新"技术应用研究不足,特别是对智能电网缺乏系统谋划,对动态无功补偿、储能和微电网等技术的应用考虑不足。

三是规划合理性缺乏有效监督。县区局、供电所既负责配网规划,也负责项目建设,项目立项往往受到实施难易因素的影响,规划执行欠缺刚性,目标网架建设相对滞后(以佛山供电局为例,馈线自动化覆盖率80%、中压配网环网率94%、典型接线率79%,还不足以支持客户停电时间小于1小时的可靠性要求)。

为了建立集约高效的规划项目管理体系,切实发挥规划的"龙头"引领作用,佛山供电局在"统一规划"领域,优化整合业务,完善制度流程、技术标准、组织架构与人力资源配置、技术支持平台等支撑体系,按照资本性投资及成本性投入资源相统筹,一、二次专业(一次网架、自动化、计量、通信、继保、安自)相协同的原则,面向变电站、线路、台区为单位,以建立统一的问题库、统一的规划项目库、统一的立项原则为准则,以建立"以我为主"的自主规划体系(图8-2)为基础,构建电网"统一规划"体系。不同于传统的机械性组织,"统一规划"体系使得组织结构可以根据需求快速改变,信息的自由流动能够集全公司之力高效解决问题。

其中"统一问题库"是通过规划中心整合各部门、各专业提出的电网问题,解决以往电网问题分线条零散提出的弊端;"统一项目库"是以"项目群"的形式将基建、技改、修理项目,电网一、二次项目进行充分整合,解决以往项目分开立项、重复停电等问题;"统一立项"是按照规划"项目群"开展前期工作,按照"同步出库"原则进行立项,确保后续项目同步建设。

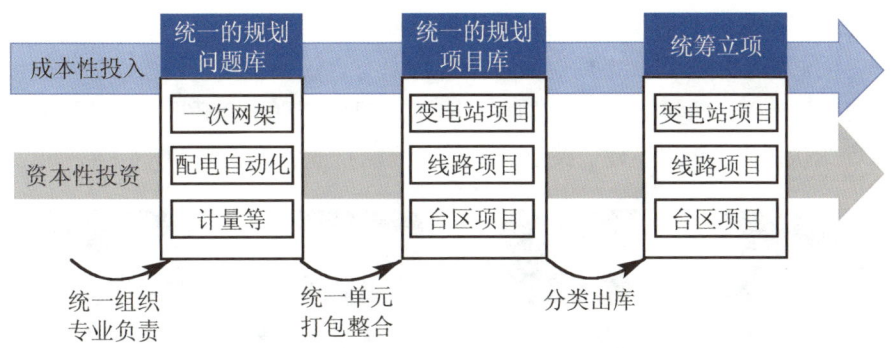

图 8-2 "以我为主"的自主规划体系

城市电网的规划需要以城市总体发展规划为依据，强调整体性与长期的适应性。因此，在"统一规划"管理思想的指导下，佛山供电局按电压等级进行了配电网规划，具体配电网规划包括如下几个层级：

（1）35 千伏及以上配电电压

35 千伏及以上电网基建规划由计划发展部委托电网规划中心编制。电网规划中心负责 35 千伏及以上基建、技改、修理规划项目库对接、融合。区局生产计划部配合开展负荷预测，提出电网建设需求。市局计划发展部负责规划内审和上报广东电网公司评审，形成规划项目储备库。35 千伏及以上电网基建、技改、修理（规划）业务优化图如图 8-3 所示。

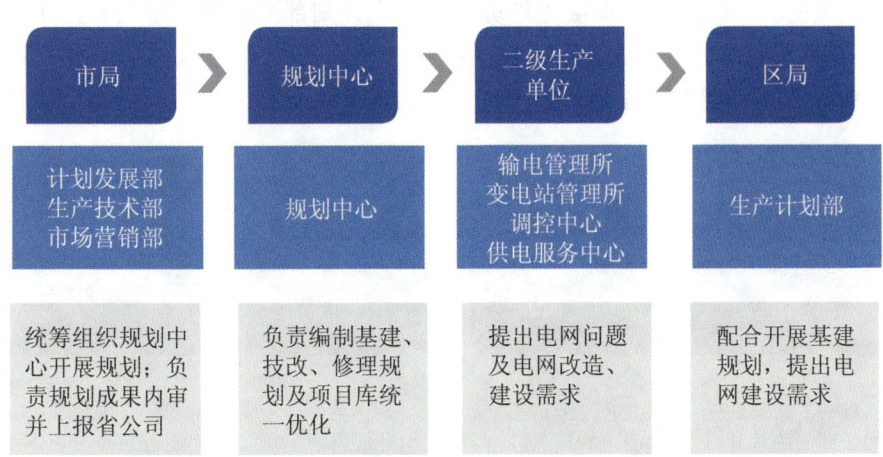

图 8-3 35 千伏及以上电网基建、技改、修理（规划）业务优化图

此外，35 千伏及以上电网基建项目前期也设计了两种方案，方案 1 为取消供电所，由区局部门直接管理班组。市局层面业务维持原有方式，区局工程建

设部则按照市局的前期项目计划,落实项目前期"属地责任";方案2为保留供电所,供电所取消部门。市局层面业务维持原有方式,区局工程建设部按照市局的前期项目计划,落实项目前期"属地责任",供电所则配合开展项目前期属地工作。35千伏及以上电网基建、技改、修理(前期)业务优化图如图8-4所示。

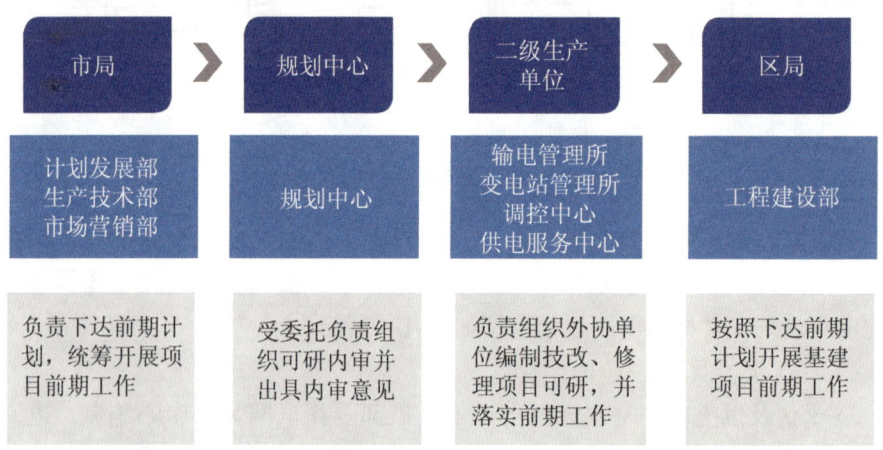

图8-4 35千伏及以上电网基建、技改、修理(前期)业务优化图

(2) 10千伏及以下配电电压

10千伏及以下的配电网规划分为两种方案(图8-5、图8-6)。方案1为取消供电所,由区局部门直接管理班组。生产计划部配网规划组按日常工作开展"一镇一册"收集规划基础数据、现状分析,作为规划编制的基础,制订低压项目方案,配合中压项目方案编制;方案2为保留供电所,供电所取消部

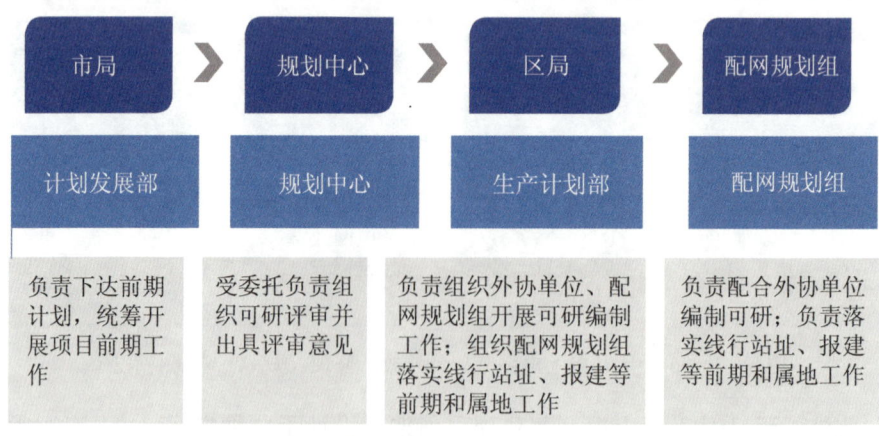

图8-5 10千伏及以下配电网常规(前期——取消供电所模式)业务优化图

门。供电所按日常工作开展"一镇一册"收集规划基础数据、现状分析,作为规划编制的基础,制订低压项目方案,配合中压项目方案编制。

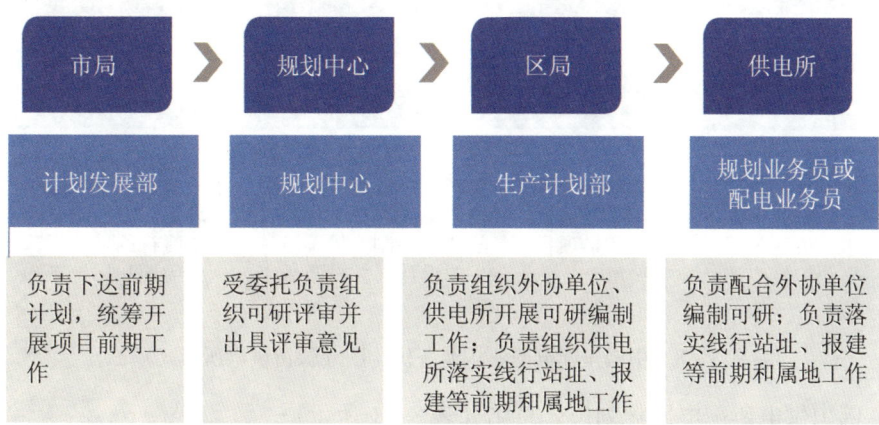

图 8-6 10 千伏及以下配电网常规(前期——保留供电所模式)业务优化图

(3) 中低压配电电压

中低压配电网业扩业务也按照取消供电所和保留供电所设置了两种方案(图 8-7、图 8-8)。区局生产计划部负责组织中压业扩项目方案内审,并将 8000 千伏安及以上或涉及网架的项目方案上报电网规划中心,由电网规划中心负责审查 8000 千伏安及以上或涉及网架的项目方案。方案 1 为取消供电所,由区局部门直接管理班组。由区局生产计划部配网规划组负责制订中压业扩项目初步方案,负责出具现场勘察表;方案 2 为保留供电所,供电所取消部门。由供电所负责制订中压业扩项目初步方案,负责出具现场勘察表。

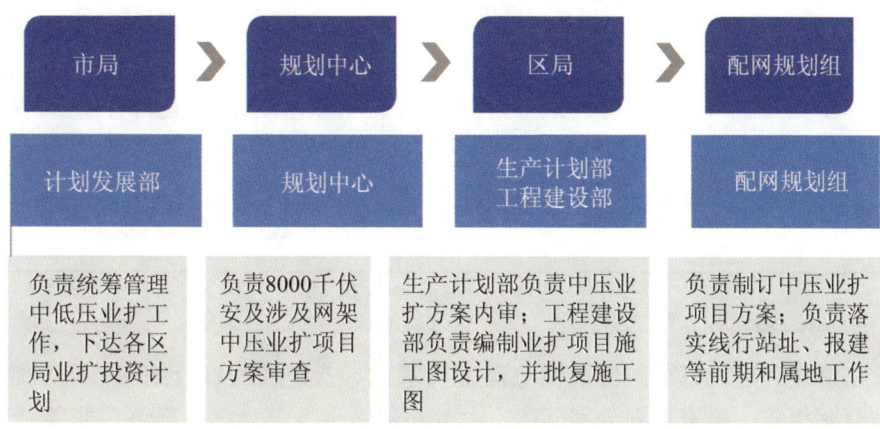

图 8-7 中低压配电网业扩业务优化图(取消供电所模式)

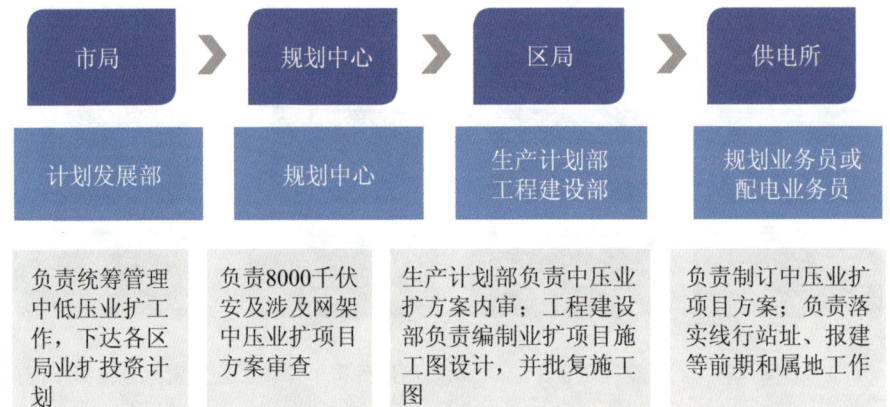

图 8-8 中低压配电网业扩业务优化图（保留供电所模式）

佛山供电所配电网规划模式总结如表 8-1 所示。

表 8-1 佛山供电所配电网规划模式总结

配电网电压等级	方案选择	具体操作
35 千伏及以上	取消供电所，由区局部门直接管理班组	市局层面业务维持原有方式，区局落实项目前期"属地责任"
	保留供电所，供电所取消部门	供电所配合开展项目前期属地工作
10 千伏及以下	取消供电所，由区局部门直接管理班组	区局生产计划部配网规划组全权负责中压项目方案编制
	保留供电所，供电所取消部门	供电所全权负责中压项目方案编制
中低压	取消供电所，由区局部门直接管理班组	区局生产计划部配网规划组负责制定方案并出具现场勘察表
	保留供电所，供电所取消部门	供电所负责制定方案并出具现场勘察表

2. 统一建设

实施统一建设以前，佛山供电局配网基建、营销技改以及配网修理实施分条线管理模式，投资计划分别下达，由基建部、市场部、设备部负责职能管理，并由县区局或供电所基建、市场、生产部门实施管理。这是传统的直线职能制结构，它是将直线制结构和职能制结构结合起来的一种方法，整个组织结构以直线负责为依据，并在各级管理层下设置不同的职能部门，分别从事专门的业务，从而实现主管统一指挥的同时发挥职能部门的参谋作用。虽然直线职能结构权责分明，在环境变化不大的前提下效率较高，但随着环境的瞬息万变，这种组织结构带来的业务分工在佛山供电局的应用中也主要存在四个方面的问题：

一是虽然这种方式权责明确，任务统一，但同一区域（同一台区或同一线路）内的不同类项目受项目下达时间、施工单位不同等因素影响，造成施工进度缺乏统筹协调，导致客户多次停电。各部门项目职能部门相互隔离，过于追求职能目标，导致无法达到整体利益的最大化。

二是项目管理涉及招标、结算等多个流程，而安全、质量、进度、造价则由不同专业部门负责，各部门之间横向联系较差，容易造成工作重复及管理浪费，也难以从企业内部培养熟悉全面情况的管理人才。

三是不同类型项目由部门按需求采购设备材料，各部门自成体系标准不统一，造成物资品类繁多且项目之间物资难以相互调用，无法形成统一采购所带来的成本优势。

四是配网修理、营销修理项目基本上由配网运维人员、营销人员兼职管理，由于缺少统一标准和专业项目管理经验，项目管理水平不高，不能满足规范化、标准化管理要求。

为充分发挥基建专业项目管理优势，佛山供电局进行了机构的改良。通过不断地协调沟通，解决了分工、适应性和灵活性等问题。佛山供电局整合同一变电站、同一线路、同一台区工程项目，统筹开展基建、技改、年度计划内修理等项目的建设实施，从而提升项目实施的协同度与融合度，统筹建设资源，减少重复建设、重复停电，最终达到建设效率效益总体最优。此外，还建立了专职的项目建设二级机构，推进职能管理集约化、项目实施专业化，实现职能管理和项目实施分离，有助于充实项目管理队伍，推进项目管理专业化，保障统一建设人力资源，充分发挥基建管理体系化、规范化优势。

佛山供电局依托市局项目管理中心，区局综合业主项目部作为执行主体，统筹同一区域内的基建、局安排的生产类、营销类项目的建设。主网按变电站、线路划分区域，设计、监理、施工招标统筹各专业项目进行打包招标；配网按县区（镇）划分区域，实施框架招标。原则上同一区域由同一设计、监理、施工单位负责建设，避免多支队伍重复进出场、重复停电、反复改造，实现施工资源优化，减少管理成本，提高管控效率。全面深化常规基建、配网自动化、计量装置、通信标准设计的应用，大力推行基建标准件，持续开展标准件、预制件的集中采购，强化标准建设考核力度，提升电网工程安全质量及造价控制水平。同时，结合运维的需求，持续优化完善标准设计，确保技术标准与时俱进、适度领先。

在职责界面方面，市局的基建部的主要职能是执行公司基建项目相关的管理制度及流程、技术标准和作业标准，对全局基建项目进行职能管理，并对项目管理中心进行管理。按照项目管理需要，区分项目过程中的职能管理与实施管理，由基建部负责职能，项目管理中心负责主网实施。由区局负责配网实施。项目管理中心作为二级机构，主要负责主网基建项目、小型基建项目及局安排的生产类、营销类项目的建设实施。项目管理中心机构设置按照扁平化、集约化管理模式，以项目为中心，成立若干项目部，由主任或副主任直接管理。设置专责岗位负责协助主任管理业主项目部。业主项目部主要负责主网基建项目、小型基建项目及局安排的生产类、营销类项目按照基建管理模式开展全过程管理，与项目的归口管理部门共同履行安全、进度管理职责。

配网"统一建设"的项目范围包括电网基建项目、符合合理工期的非购置类生产及营销技改（应急类除外）项目、符合合理工期的年度计划内修理（非停电类及服务类修理项目除外）项目。结合五区配网建设管理实际，因地制宜，将配网"统一建设"组织架构及职责界面调整分为两种模式。禅城供电局由于不设供电所，由综合业主项目部直接负责项目实施。南海等4个区局由综合业主项目部统筹项目实施，供电所直接负责。

3. 统一运维

实施统一运维以前，佛山供电局县区局配电部负责中低压配电网运行技术职能管理。供电所负责10千伏及以下公用线路、配变的运维、抢修，主要存在五个方面问题：

一是运维人员技能水平与新技术应用发展不匹配。随着分布式能源接入、电缆化、智能开关维护等业务的逐年增加，对运维人员技术水平提出更高要求。

二是中压配网运维抢修核心技能不强。目前，技术含量较高的设备运维基本依赖生产厂家，较为复杂的施工基本依赖外委单位，运维人员对核心技能掌握不够，影响问题解决效率，在未来竞争性业务将不具专业优势，亟需整合资源集中精力打造一支专业队伍，促成核心专业技能回归。

三是片区化配网资源缺乏统一有效利用。传统以供电所辖区为单位的配网被人为孤立分成多片，许多地理位置和联络条件较好线路受片区限制不能相连，未能最大化利用县区局网架资源，调整重过载及轻载线路负荷，形成典型馈线组。

四是跨专业协同困难，流程冗长。供电所各专业基于专业管理要求驱动业务运转，虽然专业线条内部运行较为流畅，但在对外综合业务处理上，现有模式跨部门、跨层级的协调点较多，存在界面不清、流程冗长等问题，导致客户诉求等无法得到快速响应。

五是专业划分过细，造成资源浪费。从内部效率分析，营配末端业务（主要是台区业务）采用分专业管理，造成人力资源浪费（如低压巡视路径重复，运维、抄表人员分别需要现场到位；低压电表烧坏，急修人员现场不能直接更换，需要计量人员到位方可实施等）。

佛山供电局坚持以问题为导向，把提升客户满意度和建设世界一流配电网为目标，按照"中压专业化，低压综合化"原则，优化整合配网运维业务，完善配网制度流程、技术标准、组织架构与人力资源、技术支持平台等支撑体系，强化配电专业管理的深度和广度，构建电网"统一运维"管理体系，实现业务纵向贯通、横向协同、前端融合，提升配网运检效率和客户服务水平。在理论体系的支撑下，佛山供电局最终形成了两种调整方案：一是禅城供电局取消供电所，在区局供电服务中心设立配网综合班和运维服务班，将客户服务纳入运维服务班，建立"客户经理+设备主人"网格化服务模式。二是南海等4个区局，在生产计划部设立配网综合班，强化中压专业管理；供电所设立运维服务班，将客户服务纳入运维服务班，建立"客户经理+设备主人"网格化服务模式。

在职责界面分工方面，市局生产技术部是配网中、低压设备、配网自动化专业技术和业务的归口管理部门，负责牵头落实局"统一运维"相关工作以及指导运行单位开展配网中、低压设备、自动化设备的运维和急修业务；市局市场营销部是客户服务、计量运维业务的归口管理部门，负责落实"统一运维"相关工作以及监督和指导运行单位开展客户服务、客户抱怨处置、计量运维等业务；市局系统运行部作为配网调度和运行归口管理部门，负责配电自动化主站、配网通信、配网继电保护和安全自动装置的专业管理和运行管理，此外，还负责配网保护整定计算工作，通信资源统一管理等工作。

随着信息技术的不断发展，信息的传递不再需要遵循自上而下以及自下而上的等级阶层，即可实现人与人之间、部门与部门之间的信息交流，网络化组织结构应运而生。在保持一定层级结构的同时,组织结构网络化采用层级更少的扁平化结构,各部门和成员之间以网络形式相互连接,实现了最大限度的资源共享。佛山供电局在运维团队的建设方面,采取了以网格为单元来建设其一体化的低压运维服务团队。运维服务班以馈线组为单位,划分若干运维小组,小组推行"客户经理+设备主人"网格化服务模式(图8-9),实现网格内营配业务包干和客户诉求"内转外不转",打造一支兼具配网运维抢修和营销基础业务能力的供电服务团队,构建"客户家门口"诉求快速响应服务的前端融合模式,既能保证一线员工一专多能,还能一次性解决客户问题,从而持续提升客户满意度。组织的网络化使得佛山供电局传统的层次性组织和机动灵活的运维小组并存,使各种资源的流通更趋合理化,加速企业全方位运转,从而提高了企业的效率和绩效。

4. 统一服务

近年来,为实现南方电网公司对故障停电信息传递"两个5分钟"时限要求,佛山供电局已实现客户信息与设备信息关联,实时共享停电信息;在客户服务应用方面,有

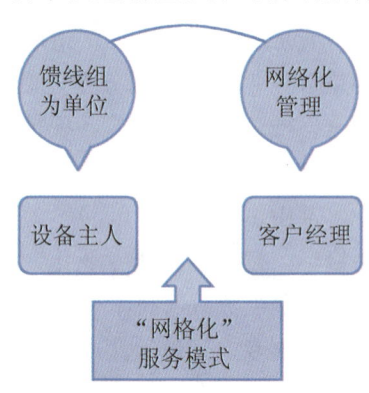

图8-9 "客户经理+设备主人"网格化服务模式结构图

95598服务热线集约办公、实现停电全过程智能化监控等优势,但配网运维抢修管理模式仍需改善。在实施统一服务以前,佛山供电局配网运维抢修管理模式存在着三个方面问题:

一是缺乏有效的统一指挥和调度。在原有的配网抢修职能定位中,配网调度(地市局或县区局调度)、服务调度(地市局客服中心)、抢修班组(供电所)各自按照部门职能完成抢修要求,缺乏统一调度;二是抢修信息传递层级多。原来抢修主要采用配网调度和客服调度—供电所抢修班组(中低压)—抢修协助单位的模式,抢修指挥和信息逐层传递,影响了抢修效率;三是人力资源配置不科学。由于缺乏配网抢修的统一指挥协调,每个供电所都需要安排专门的配网抢修指挥人员和配网抢修人员24小时值班,指挥人员接收95598服务热线转交工单或配调指令,指挥本辖区范围内的抢修工作。

随着"6+1"系统建设及数据深化应用,佛山供电局的业务数据壁垒将被打破,并将逐步实现各类系统信息实时互通和设备台账、故障信息、客服信息等实时召唤与交互反馈。结合配网移动PDA、车载显示屏等工具成熟应用,佛

山供电局配网抢修业务深化融合具备了成熟的实施条件。通过成立配网调度服务指挥中心，以配网调度和服务调度"合体运作"为基础，依托计量自动化系统和配网自动化系统的实时信息，全力打造配电网运行管理技术平台，实现停电事件精准研判、抢修资源优化配置、抢修组织高效协同、停电过程实时管控和客户诉求闭环处置。

此外，佛山供电局在服务调度的原职责基础上，还融合了抢修指挥职责，主要负责接收95598服务热线所有抢修工单，监控故障抢修全过程，及时更新、发布抢修最新进度，做好抢修工单闭环管理；最大化合并中压故障时段内及故障范围内各类95598服务热线故障工单，做好统一回复及闭环管理。同时，配网调度还负责发布中压故障监控至中压分区值班点，指导故障隔离操作处置，负责故障期间配网运行方式控制等。在运作成熟的基础上，最终实现了配网调度和配网抢修指挥、服务调度工作的进一步融合，从而提升停电时间快速反应、过程闭环监控和主动抢修服务能力。

（三）推进落地实施

2019年，"四个统一"实施一年后，面对新形势、新要求，佛山供电局坚守安全生产底线，坚持以问题为导向，审视改革实践中存在的问题，优化整合了"规划、建设、运维、服务"四个领域业务，并明确确立了三项基本原则、四项优化内容及两项配套支撑，通过完善制度流程、技术标准、组织架构与人力资源配置、技术平台等支撑体系，切实解决实际问题，减轻一线班组负担。

1. 基本原则

（1）坚守安全生产底线

牢固树立安全发展理念，一切工作的前提和基础是确保安全生产始终是不能逾越的底线。因此，佛山供电局的各项改革举措都是以是否有利于安全生产为判断标准，处理好安全与效率、安全与服务的关系。

（2）坚持统筹资源与落实专业管理责任

正确认识"四个统一"优化调整工作的积极意义，坚持资源统筹，基于人力资源现状，建立适应上下级管理需求、五个区局相对统一的组织架构和岗位设置。同时，理清业务职责界面，落实专业管理责任，推进各专业业务的规范化管理，提高内部运作效率，强化专业协同，将业务的专业管理和协同运作有机统一起来。

（3）坚持切实为基层减负

贯彻落实广东电网公司"让管理更加直接到位,让制度更加简单管用,让风险更加可控在控,让工作更加务实有效,让广大员工有时间、有精力干好本职工作"工作要求,在现有人力资源总量深度挖潜,依靠管理提升和利用信息化、智能化手段,提高现场工作效率和工作质量,简化优化业务流程和现场作业表单,切实解决实际问题,减轻一线班组负担。

2. 优化内容

(1) 统一规划

统一规划以提升电网供电能力和供电可靠性为目标,以强化电网资源统筹配置为重点,中低压配网规划以"一张蓝图"为基础,推动生产规划深度融合,加快建立健全"以我为主"的自主规划体系,并根据配电网电压进一步规范配电网规划管理。主要优化以下四个方面:

一是35千伏及以上主网规划业务保持现状不变:市局计划发展部执行广东电网公司配电网投资权限下放要求,负责统筹开展配电网项目的可研审批、投资计划决策和相关流程管理;电网规划中心分阶段承接各区中低压配电网规划业务,负责编制具体的配电网规划方案,包括中压项目方案及低压项目初步方案(配变布点及供电范围)。

二是要明确规划需求和分专业负责数据。市局计划发展部、生产技术部、市场营销部、系统运行部等部门分别负责各专业的规划需求的提出、数据的提供及审核,并对其全面性、准确性负责。而电网规划中心则负责组织收集及汇总各专业规划需求和数据,及时反馈问题数据至各专业部门组织整改,最终建立统一问题库。

三是要区局各专业部门收集本区规划基础数据并报送至市局专业部门。区局生产计划部负责组织供电所(禅城局配网规划工作组)对规划中心制定的中压项目方案提出修改建议,对低压项目初步方案进行完善落实;负责按职责界面审查及批复中低压业扩项目方案;负责落实开展配网项目立项前期(可研)工作;负责提出项目的前期和投资计划建议。

四是要求供电所各专业的业务员负责配合区局相关部门组织,开展配电网基础数据的收资工作(禅城局直接由各部门专责组织班组开展相关收资工作);规划及工程业务员(禅城局配网规划工作组)负责牵头组织各专业提出中压项目方案建议、完善落实低压项目方案,制定中低压业扩方案及配合开展可研编制的现场勘察等工作;基建组(禅城局综合业主项目部)负责开展中低压配网项目(含业扩配套)的线行、站址确认等立项前期工作。

（2）统一建设

统一建设以提高综合停电管理能力为目标，以强化项目统筹管理为重点，基于人力资源现状，优化市局项目管理中心、区局工程建设部及综合业主项目部、供电所基建组职责界面，完善管理制度，细化工作表单，规范项目建设全过程管理。主要优化以下四个方面：

一是要市局基建部、生产技术部、市场营销部分别作为基建、生产、营销项目的归口管理部门，负责各自项目的安全、质量、进度、造价、资金管理，对各自项目建设全过程负管理责任。各专业部门根据管理权限对整合后的项目在设计、招标、验收等环节与相关部门采取联合审核、会签等方式履行决策程序。

二是要在市局项目管理中心设置专业管理组，作为主网统一建设项目（包含列入投资计划的主网基建、小型基建项目及局安排的生产类、营销类项目）的实施主体对项目管理负直接责任，落实各专业项目归口管理部门的管理责任。

三是区局工程建设部负责开展主网项目前期属地工作及负责组织供电所（禅城局综合业主项目部）开展配网项目的前期工作；区局综合业主项目部作为配网统一建设项目实施主体对项目管理负直接责任，落实各专业项目归口管理部门的管理责任。

四是供电所基建组（禅城局综合业主项目部）要负责配合区局工程建设部开展本单位主网前期及属地工作；负责配网项目前期、规划报建、施工报建、落实青赔等工作；配合综合业主项目部统筹配网基建（含中压业扩配套）工程项目建设的全过程实施管理（包括进度管控、停电协调、配合验收、负责核量、签证移交运行和工程剩余物资签证、判断、退库、再利用及拆旧物资报废）；统筹综合业主项目部所管辖的生产计划性维修和营销技改工程的停电协调及进度管控；负责组织、指导营销班组开展低压业扩配套工程的现场协调、施工安排、验收、核量等立项前的管理工作，负责组织低压业扩配套项目的立项和结算工作；负责供电所的物资归口管理工作。

（3）统一运维

统一运维以提高配电网运维质量和效率为目标，以落实安全生产责任为重点，明确配网急修值班模式，优化配网中低压设备运维模式，配强专业管理和技术人员，构建配网"统一运维"体系。主要优化以下三个方面：

一是把区局生产计划部作为中低压配网专业归口管理部门，负责组织供电所/片区开展配网一次设备的运维、检修等业务；组织配网综合班开展配网设备的技术监督、配网二次设备的技术指导、电缆振荡波等复杂试验以及其他配网业务。

二是禅城、南海、三水、高明局配电运维班负责中低压设备巡视、维护、消缺、检修、验收、带电测试等业务。顺德局配电运维班负责中压一次设备及低压无功补偿装置的验收、巡视、维护、消缺、急修、检修、带电测试等业务。

三是配网急修要实行联合值班，值班人员可由配电运维班、客户服务班、计量运维及用电检查班以及其他相关人员组成，负责开展中、低压配网设备和计量装置现场急修工作，不再设置急修班及专职急修人员。

（4）统一服务

统一服务以提升客户服务效率及水平为目标，以为客户创造价值为重点，调整营配综合班为客户服务班和配电运维班，不同地区客户服务班实施差异化管理，在禅城、南海、三水、高明4个区局实行营销服务专业管理，顺德局则实行低压营配融合。

一是市局供电服务中心将不再专门设立配网抢修指挥岗位，服务调度主要负责客户诉求闭环管理，做好客户停电事件、营销业务等全过程监控管理，及时传递、跟踪、协调、督办客户诉求。

二是禅城、南海、三水、高明局客户服务班要按照"一口对外，内转外不转"的原则开展客户服务，负责诉求处置、电费回收等营销服务工作；顺德局客户服务班负责诉求处置、电费回收等营销工作和低压设备（低压无功补偿装置除外）运维，其中低压巡视、运维等生产类业务管理由生产技术部负责，营销类业务管理由市场营销部负责。

三是营业班要增加8000千伏安以下的中低压业扩业务管理职责。计量运维及用电检查班增加二级计量包管理及市场交易用户档案核查与现场检查，开展专变用户的用电量调查与预测等职责。

3. 完善配套支撑

在明确了三项原则和四项优化内容后，佛山供电局进一步完善相关的配套支撑，以确保优化工作的有效推进。一是完善制度流程、业务指导书和技术标准，梳理各业务流程，根据广东电网公司印发的业务指导书、技术原则，完善修编各专业领域管控文件；二是完善业务技术支持系统，包括推广应用广东电网公司配网规划辅助决策支持信息系统，持续优化局自主开发的配电网规划基础数据自动收资系统模块，加强配网自动化系统故障检测、智能诊断、自愈和遥控等功能的应用以及优化完善配电网运行管理技术平台的配网抢修指挥业务功能;三是加强人员培训,通过开展局"四个统一"实施优化方案宣贯及组织各专业领域培训、完善岗位胜任能力题库,开展岗位胜任能力考试等方面来全面提升人员综合素质。

二、运营管控平台构建

对企业战略管理部门来说,战略实施是否对准战略目标、进度如何、是否高效等问题都是战略管理的重要内容。其中,企业的运营管理方式对组织在竞争中获得成功发挥着战略性的作用。运营管理指的是企业将各种资源(投入)转化为产品和服务(产出)的过程,一个高效的运营系统是企业建立和维持全球领导地位这个总体战略的重要组成部分。因此,企业战略实施过程中,必须强化过程管控,发现问题及时纠偏,才能确保企业战略执行精准、高效。为此,佛山供电局推动数字化企业运营管控平台建设,搭建了具备动态监测、智能分析、协同指挥和辅助决策的信息化运营管控平台。

(一)运营管控平台建设目标

全面推进数字化企业运营管控平台建设,实现全面监控、运营分析、协同控制、辅助决策,共同打造大屏端、PC端、移动端一体化平台,构建服务决策层、管理层、作业层需求的数字化企业运营管控中心。全面推进业务中台管理模式,对关键业务和战略指标全方位监控分析,推动流程简化、基层减负,实现"企业管理数字化、全域监控可视化、决策支持智能化"。

(二)运营管控平台建设思路

以数字化企业运营管控平台深化应用为核心,形成"战略—指标—业务—环境"的数字化立体闭环管控体系,打造数字化企业运营管控中心。探索业务中台管理模式,助力规划建设、生产运营、市场营销等业务纵向贯通和横向协同,发挥"数字感知、全景洞察、智能执行、智慧决策"四大能力,依托大数据管理方法和技术,挖掘数据价值,深入开展业务预测和趋势分析;服务业务部门推动流程简化和提质增效,助力基层减负;助力局数字化转型和管理升级,支撑局"争当公司创建全国最好世界一流省网企业排头兵"战略目标。

(三)运营管控平台建设原则(图8-10)

遵循"可行为基、业务为体、指标为旗"的方法论,企业管控引领业务监控建设、重点实现战略管控和服务横向协同，业务监控以核心业务过程监控为主、为企业管控涉及的指标管控和流程简化提供数据支撑。建设过程中优先选择信息化支撑条件好、业务成熟稳定、对战略指标支撑关联度高的业务领域进行重点突破，纵向提高决策层、管理层和作业层的信息获取效率，横向打破各业务领域的信息壁垒，解决跨业务领域的痛点难点问题，推动管理创新，充分发挥运管平台"上承战略，下接业务、纵向贯通、横向协同"的功能。

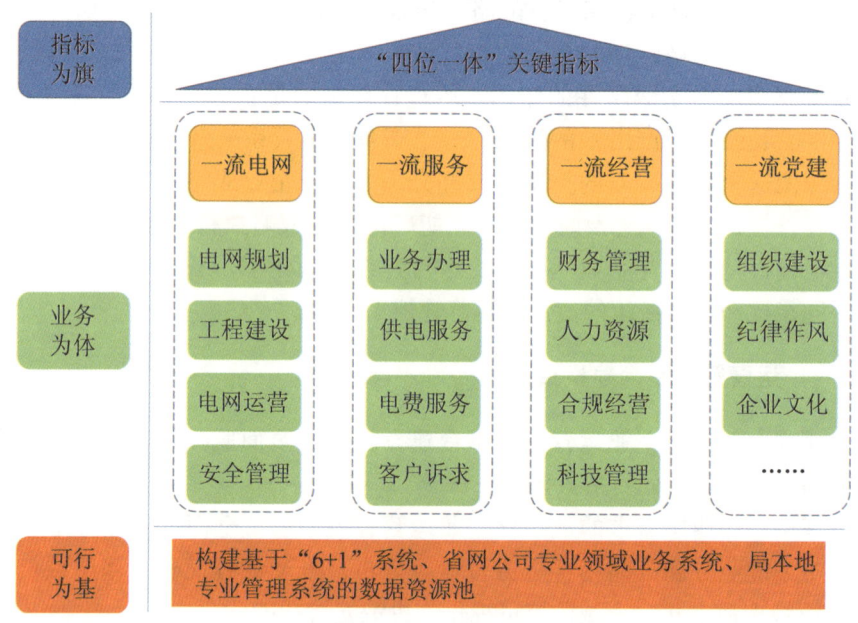

图 8-10　数字化企业运营管控平台建设原则

（四）运营管控平台建设定位（图 8-11）

佛山供电局企业运营管控平台的建设定位分为四个部分：一是服务战略，为战略发展提供决策依据；二是服务业务，通过探索构建长效业务分析机制，全面服务于管制性业务和竞争性业务，提升工作业绩；三是提升绩效，包括监控协调、提高业务协同效率等；四是展示形象，通过展示企业在社会责任、创新驱动及精益管理等方面所取得的业绩，向社会展示世界一流电网企业形象。

1. 服务战略

运营管控平台建设最重要的目的就是服务于战略目标的实现。通过引入海量数据，整合外部环境数据和内部业务数据，全面监控电力行业发展动态及企业核心业务和关键指标，使企业管理者能够及时感知外部环境变化，保持对市

图 8-11 运营管控平台建设定位

场波动的敏锐嗅觉与前瞻性洞察。同时,运营管控平台还能运用数理统计分析和大数据分析手段,为企业管理决策层提供审视创建世界一流企业战略目标推进情况的宏观和整体展现,并通过各种视角构建出贴近真实业务场景的决策环境。通过将决策环境可视化,运营管控平台实现了数字意义上的靠前指挥,有效减少时间和空间对管理响应的延迟和限制,大大提高了管理决策的及时性、准确性。此外,还对战略实施过程实现了全面的过程管控,有利于发现问题并及时纠偏,强化了战略执行力度,提升了企业核心竞争力。佛山供电局运营管控平台的服务战略功能包括3个业务场景,主要涵盖总体战略目标、综合标杆一流评价指标和经营业绩考核指标等战略指标体系。依托海量运营数据及业务模型,运营管控平台有效串联一级战略指标、二级支撑指标、经营业务和发展环境。同时,采取与历史业绩对标、与兄弟单位对标和与异业标杆对标的"三对标"方式,洞察指标的发展趋势,找准业务的效率短板,准确定位业绩阻滞痛点和提高效益水平的发力点,全周期跟踪和闭环管理各项决策落实的有效性,推动经营业绩向好向优稳步迈进。

2. **服务业务**

运营管控平台以大数据分析技术及海量业务数据为基础,通过打破数据业务壁垒来深挖数据内在联系,以"预警、预测、决策、智能"的大数据思维,协助决策层和业务管理人员从底层数据开始对散乱无序的业务数据进行全新的有机关联,促进数据与数据、业务与业务之间产生融合裂变。运营管控平台搭建了新颖简洁、直透问题本质的分析模型,帮助决策层和业务管理人员重新理解和认识业务与内外界因素的联系,促进工作业绩提升。该平台的运用将推动传统业务管理模式的重塑和转型升级,在技术和管理两方面培养并保持创新驱动能力,加速适应市场变化。

佛山供电局运营管控平台的服务业务功能以战略目标为导向,以佛山供电局的核心经营业务为设计蓝本,全面覆盖各项重点工作。在此基础上,还基于一流电网、一流建设、一流服务、一流党建四个重要领域设计场景,为佛山供电局重点经营业务的数字化管理提供了有力支撑。

3. 提升绩效

运营管控平台通过监控核心业务流程运转效率,进行关键流程数据收集和分析,设计并实施专项监控方案,发挥居中协调指挥的作用。在全面掌握各业务域数据的基础上,运营管控平台能够统一调度和配置企业运营资源,协助决策层和业务管理人员介入到信息传递、快速复电、业扩报装、大型基建和物资调拨配送等常见的业务协同流程当中,及时定位和处理业务阻滞环节,有效强化各业务流程环节的连接,提高人员之间信息交换的效率,减少业务协作的成本和冲突,打造"横向到边,纵向到底"的业务协同体系,确保企业同心同行,步调一致。

佛山供电局运营管控平台的提升绩效功能主要监控对时效性要求较高的跨专业协同工作,通过设置跨业务的专题分析,比如业扩流程监控和故障抢修复电监控等,旨在打破业务壁垒,降低协同成本,提升工作效能。

4. 展示形象

运营管控平台以监控大厅的大屏幕为窗口,全面展示企业在创新驱动、绿色发展、经营管理等方面所取得的业绩,向社会公众、政府机关、供电客户、上级领导和业内同行宣传企业的良好形象。运营管控平台作为企业运营管理利器,将展示新时代南方电网基层供电局排头兵的工作业绩,全方位、多维度展示世界一流电网企业的形象,提升企业知名度与品牌价值。

三、创新孵化平台建设

(一) 建立创新孵化机制

电力企业当前正面临供给侧改革、国企改革和电力体制改革,改革将改变电力行业的市场格局和管理模式,对电力企业的管理和运营能力提出更高要求。分布式能源、微电网、储能以及新能源等前沿技术的应用对电力企业持续发展提出了更高的要求。只有通过创新,突破体制、机制的约束,才能实现管理向精益化转变,发展由规模速度型向质量效益型转变,才能适应时代的发展。

首先要建立机制，激发全员创新活力。建立问题征集和解决流程、创新研究运作机制、资源保障机制、容错机制、激励机制等各类创新保障机制，激发创新活力，保障创新活动有序运转。深化管理创新，推进精益管理探索，释放内部活力。抓住电网技术升级机遇，实现核心领域技术突破，并结合客户资源，探索创新型商业模式。坚持以客户为中心，不断挖掘客户需求，推行服务创新。鼓励全员参与创新，营造大众创新的良好氛围。

第二是补短板，加强自主创新力。坚持以价值为导向进行创新规划，辨识创新的可行性和必要性，定位创新点。鼓励员工参与创新，引导员工通过自主创新，提升软实力，改进基层基础管理、员工素质不适应改革发展要求的环节。夯实硬基础，重点解决制约本局长远发展的短板问题，进一步提升局发展的质量和效益，最终实现本局各业务领域整体先进。

第三是抓领先，提升创新竞争力。建立适合佛山供电局的创新团队组织，营造宽松的创新环境，积极探索前沿技术，把握发展趋势，集中局优秀人才和技术团队参与创新项目研究，形成创新合力。研究重大创新项目，以高规格、高水平、高质量建成国际一流智能配电网示范基地和国际一流综合能源服务示范基地。全面分析企业发展中积累的好经验、好做法，找准突破领域，推动佛山局企业管理由点线突破带动整体突破，实现单项冠军向团体冠军转变，提升全局创新竞争力。

（二）实施创新孵化策略

佛山供电局开展创新机制探索与研究，建立"搭平台、建机制、强保障"的创新孵化实施策略（图8-12），以问题为导向，以研究促改进，提升业务管理的自我调整、自我纠正能力。通过"三步走"实施了创新孵化策略，分别是"搭平台""建机制"和"强保障"，并将创新打造成为推动企业持续发展的第一动力。

一是"搭平台"。即坚持问题导向，搭建创新问题征集及解决平台。通过全员参与，凝聚全员智慧参与创新，不断夯实基础，导入精益管理理念，解决创新的"源头"，提高员工的成就感和积极性。佛山供电局创新孵化系统的建立，为员工与员工、员工与组织之间提供了工作互动综合平台，实现了PC端和移动端同步运行，并覆盖全体员工。此外，平台还应及时收集员工在工作中遇到的问题、意见、想法和合理化建议，实现每位员工任何时刻都能积极参与创新。

二是"建机制"。即坚持目标导向，建立完善创新任务研究机制。佛山供电局采用重点突破方式,以创新团队为创新主力,解决创新的前瞻性和创新"高度",把握和引领基层供电局技术和管理发展方向,为上级公司提供范本参考。充分发挥职能部门和各单位专家工作室等创新团队的主力军作用,集全局精英优势,建立创新任务研究机制。此外,还应着重从体制创新的角度,兼顾问题征集及解决平台的未解决问题,提出前瞻性、实用性、长远性的任务研究课题,重点开展提质增效、适应电力体制改革等方面的重大课题、重大难题、基础性课题的研究和先行先试。以"研究任务"方式,下达创新任务至相应创新团队,由创新团队研究解决,通过集中和发挥精英力量,实现佛山供电局在创新质量和创新能力上的突破。

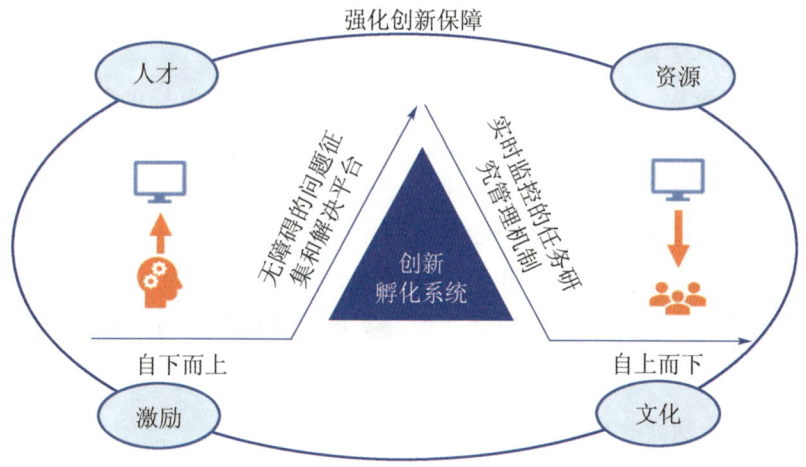

图 8-12　创新孵化实施策略

三是"强保障"。即强化创新资源保障、创新人才保障、创新文化保障、创新激励保障,支撑、保障创新业务的顺畅运作。首先是实施创新人才保障,通过整合盘活内部创新人才,搭建健全横向协同、纵向联动的"E 创家"[①] 创新工作平台,将佛山供电局现有的技术技能专家、劳模、专才、青年创客等人才资源纳入"E 创家"管理,形成分工合作的创新团队,并引入专家矩阵管理理念,对跨专业领域、部门的任务研究,组织跨领域业务专家共同参与。积极利用外部创新资源,通过项目合作、签订战略合作协议、共建实验室、联合研发、邀

[①] E 创家:E 是 Electricity 的首个字母,代表电力的意思;创是创新、创造的意思;家既有专家之意,亦有家园之义,引申为专家的工作平台。E 创家,是以问题、目标为导向,整合各类资源,围绕局生产经营管理、技术技能问题攻关、职工创新等课题开展创新研究、创新成果推广的创新工作平台。

约培训、聘任企业创新顾问等方式，构建包含佛山供电局与外部科研机构、咨询机构、高校、IT企业、社会团体的开放式创新体系，引进外部创新人才，建设"佛电智库"。其次是整合创新驱动硬件资源，梳理全局各类工作室、培训基地、设施器材现状，对全局创新活动资源进行整合，优化创新资源配置效率。整合佛山供电局内部硬件资源，完善基础设施、试验设施、测试设备、实验器材等资源配置，打造企业创新研发基地。最后是实施创新驱动工作激励，按照"物质激励与非物质激励并重"的思路，丰富激励形式，提高激励质量，配套政策优惠，激发员工的创新激情，保持创新活力。同时，根据不同创新分类，配套制定管理创新、科技创新、职工创新、创新问题征集及解决平台、创新任务研究机制奖励方案，从不同维度，广泛开展创新激励。设置创新成果推广激励，对组织推广单位、被推广单位、突出贡献个人，给予不同程度的激励；对于符合广东电网公司创新成果转让的创新团队或个人，按成果转让规定，给予一次性物质奖励；对各类创新成果转化的运转和激励，提高激励质量。将奖励与个人实际贡献程度挂钩，物质激励与非物质激励并重，包括绩效加分、积分奖励、工作时间弹性配置、外出对标、培训、挂职、晋升等。突出激励的及时性，保证员工的创新劳动得到及时认可和鼓励。给予政策优惠，对承担国家级科研项目、省部级重点科研项目、局重大管理课题研究的创新团队在创新资源支持、成果评奖、论文发表、专家申报、对外交流合作等方面对给予政策倾斜。最后是实施创新文化保障。鉴于创新的特性，我们要允许创新失败，建立创新容错制度，确保电网运行风险、经营风险、社会责任风险等可控的情况下，明确容错的范围和程度、不追究的等级标准等具体事项。同时通过各类创新激励、创新评选，积极营造"鼓励创新、宽容失败、比学赶超"的良好创新氛围。在创新孵化系统上建立创新成果分享知识库，借助"知识库管理信息系统"构建模式，建立创新成果分享知识库，分为创新方法、创新前沿、成果展示等与创新相关的知识库子集，实现与万方数据库、图书馆等公共知识服务资源的链接支持、在线创新探讨等多种功能，方便创新资讯的快速查找和收集。

（三）创新孵化系统开发及应用成效

结合创新孵化实施策略，佛山供电局于2017年6月正式上线了创新孵化系统。该系统包括基础层、孵化层和应用层，主要包括问题与合理化建议流程、创新任务研究、精益项目、现场改善成果、创新成果展示以及创新成果库等多项功能。如图8-13所示。

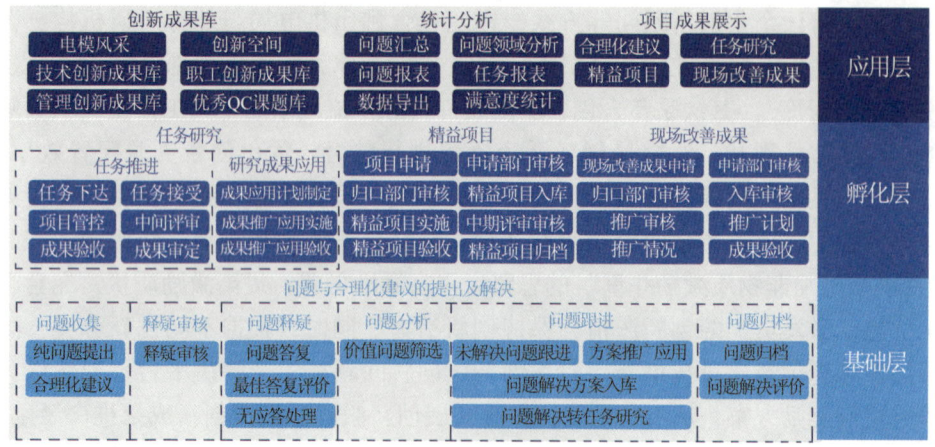

图 8-13 创新孵化系统架构图

截至 2019 年 12 月,佛山供电局创新孵化系统登录 49 065 人次,累计征集问题和合理化建议 12 801 项;下达创新任务研究 86 项,孵化精益项目 238 个,形成现场改善成果 3388 个。通过创新孵化机制的落地实施和创新孵化平台的应用,佛山供电局创新能力得到了持续提升,专利成果增长迅速。

四、资产设备全生命周期管理

美国哈佛大学教授、经济学家雷蒙德·弗农于 1966 年首次提出了产品生命周期理论。他认为产品和人的生命一样,都要经历从出生、成熟直到衰老的过程。产品的生命周期即指其从开始进入市场到最终退出市场的整个过程。典型的产品生命周期可以分为介绍期(引入期)、成长期、成熟期和衰退期,在产品所处的不同阶段采用不同的管理手段,有助于企业提升市场竞争力,实现企业价值。产品生命周期由于产品、研究对象以及所属行业的不同,有着不同的表现方式。在本书中,我们主要研究电网企业资产设备的生命周期。由于其资产设备价格往往比较昂贵,且管理人员缺乏相应的意识,许多资产存在着由于利用率不高和生命周期短带来的成本较高而制约了企业发展等问题。因此,佛山供电局采取了资产和设备的全生命周期管理方式,针对规划建设、生产运维、退役报废三个阶段,分别采取"抓源头""重协同""强利用"等措施。

资产设备全生命周期管理和综合利用作为基础管理的重点,需要企业投入大量的精力。佛山供电局的资产设备全生命周期管理主要包括"抓源头""重协同""强利用"三项措施,还搭建了"3 抓手、6 重点"的资产全生命周期管理体系，通过将资产分成不同的策略时期进行管理，建立工作督办机制和月度例会沟通机制，定期组织做好指标监控，保障资产全生命周期管理效益有效落地。如图 8-14 所示。

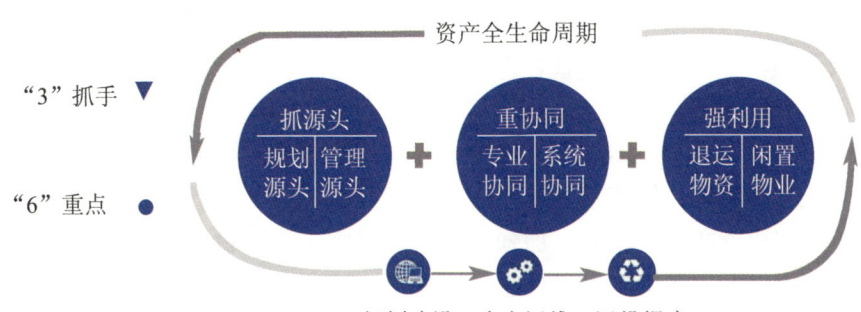

图 8-14 佛山供电局资产全生命周期管理

（一）"抓源头"

"抓源头"是指对项目规划和建设、投资计划与预算的协同、客户资产接收、业扩工程等源头形成分级管控机制和工作指引，做好前瞻性的投资决策，做好流程建设和考核评价，其过程主要包括两个方面：

一方面，要抓规划源头。随着广东电网公司对报废净值率的管控要求越来越高，为了从源头上管控报废净值率，佛山供电局决定通过制订报废净值率可研阶段分级审核管理工作机制，把资产报废净值率管控纳入项目立项可研阶段，明确分权限审批的标准和要求，分析拆除固定资产原因并提出拆除资产的处置意见，确保全局报废净值率达到广东电网公司下达的管控目标。同时，在项目立项前期开展报废净值率审核，从源头上实现报废净值率的持续稳定下降。如今，该工作机制已落地实施，110 千伏碧江输变电工程、110 千伏泰安-广教-北滘链结构完善工程等立项已开展资产报废净值率审核。此外，广东电网公司对项目投资资金管理也越来越严格，佛山供电局通过分析 2016—2018 年投资计划与预算安排情况，分析 14 399 项工程，50 万个工程数据，总结 2017—2018 年配网基建项目计划和预算管理存在问题，分析计划与预算协同管理的平衡点，建立适应与预算与计划协同的资金申报机制，优化资金支付序列，发文明确了资本性项目资金计划申报流程。通过建立健全计划与预算协同工作机制，做到资金预算与投资计划高度匹配，实现精准投资，防止形成新的投资资金缺口，并逐步解决配网资金缺口问题。

另一方面，要抓管理源头。首先，随着我国近年来城镇化的快速发展，城市及周边用地日趋紧张，国家及地方政府规划、建设的加快，对佛山供电局提出了大量输、变电设施搬迁改造要求。为了改善电力迁改管理存在的管理流程规范化不强、职责要求不明确、前期工作拖延等问题，强化迁改工作的规范化管理、相关电网风险管控和线路运维运营成本的规范化管理，佛山供电局根据实际情况细化了迁改工程流程，把广东电网公司以工程竣工作为流程结束节点改为以资产正式增资入账作为迁改项目结束节点，细化明晰各个职能部门职责和流程节点时间要求，通过修订输变电设施迁改管理业务指导书，明确迁改工程管理流程和职责，切实维护了企业利益。其次，为了从源头开始做好精准投资，优化客户资产接收策略，加强客户资产接收工作质量把关，确保接收优质资产，佛山供电局坚持"用户自愿无偿移交，设施符合技术标准，利于资源优化配置，提高用户服务能力"和"强化风险管控"的原则，加强基础数据收集统计、分析和管理，加强制度执行、加强质量把关、加强工作管控、提高工作效率，做好统筹，制定分区、分类接收策略，有计划、有步骤、有重点地推进资产接收工作。通过编制客户资产接收策略工作指引，以客户资产状态及接收难易程度排序接收，提高客户资产接收质量。再者，为改善营商环境，做好前瞻性的资产投资决策，规范业扩工程投资界面延伸执行标准，佛山供电局在广东电网公司出台标准的基础上，结合自身实际情况，进一步细化了工作步骤，明晰了广东电网公司部分未明确的工作要求，出台业扩工程投资界面延伸执行标准，强化客户用电需求管理要求，明确各层级客户用电需求的收集要求和管控措施，并明确业扩配套项目备用金管理和业扩配套项目投资计划管理要求，清晰界定业扩配套项目建设内容和业扩投资界面延伸范围，业扩配套项目按照"谁决策、谁批复、谁负责"的原则，实行市、区两级审批管理。佛山供电局通过完善中低压业扩配套项目投资策略，发挥业扩配套项目资金最大效果，提高业扩配套项目建设效率，优化电网资源配置，提升业扩配套项目投资效益，有效控制投资风险，实现了业扩配套资源配置合理以及国有资产有效利用。

（二）"重协同"

"重协同"是指加强各业务单位的横向协同，制订统一固定资产目录和台账规范，组织开展"零缺陷"移交和保护性拆除研究，使用电子标签管理方式，打通财务系统与资产系统壁垒，构建沟通畅通、流程高效的长效工作机制，切实降低资产运维成本，其主要包括如下两个方面：

一是要促专业协同。首先，由于资产目录与生产台账未统一、对应关系未清晰,造成了资产管理信息不统一,容易混淆和出错。于是,佛山供电局在广东电网公司统一资产目录和各专业单位统一台账的基础上,以资产编码为主线,做好资产实物信息与价值信息的联通,形成了统一资产信息链。各单位在办理设备电子化移交、设备变更、资产增加及处置、保险索赔和资产评估等业务时,必须严格按统一目录和台账规范的设备类别进行资产级鉴别、规范使用其编码、分类、名称、折旧年限、折旧率等资产信息,实现生产和财务系统的互联互通,做到口径一致、信息一致。其次,在项目建设阶段,因施工质量问题或者设备缺陷导致项目投运后影响资产的运行状态,会导致设备"带病"运行,缩短了资产的使用寿命。参照《广东电网公司 2018 年基建工程"零缺陷"移交试点工作方案》,按照消除关键设备"主要缺陷、常见缺陷"原则,梳理主网基建工程零缺陷移交清单。通过对比广东电网公司的零缺陷移交清单,修编了"零缺陷"移交标准,变电电气部分增加 97 项,共 129 项;变电土建部分增加 5 项,共 31 项;输电部分增加 90 项,共 121 项,有助于逐步提升项目建设质量,为工程项目建设提供更详尽的零缺陷移交标准。再者,广东电网公司对项目资金管控越来越严格,在拆除过程中,若因施工方式造成资产损坏,则不能再次利用,因此造成了资产的极大浪费。为此,佛山供电局首创印发了基建项目保护性拆除作业指导书,明晰了工作流程和作业操作指引,并针对部分设备形成保护性拆除作业指导书,规范拆除方式,从源头上提升资产的再利用水平。

二是要促系统协同。一方面,为推进智能技术在生产领域的应用,提高设备资产管理效率,减轻基层班组负担,佛山供电局资产管理领域充分利用物联网技术,进一步释放目前实际业务系统应用数据的信息化价值,实现基于身份证编码的设备全生命周期信息数据的流转归集和深度应用,提升资产全生命周期管理的质量。作为南方电网公司的第一批试点单位两个之一,佛山供电局已完成了"二站、一塔、两电房"试点项目的 RFID 现场贴标工作,并通过了系统数据贯通测试,完成了基础功能一期开发,为全网 RFID 应用推广奠定了基础。贯通设备资产在"规划—采购—工程—运维—退役"全生命周期的数据应用,有助于利用电子标签为载体的物联网技术实现资产全生命周期的信息化管理,充分发挥资产管理效益。另一方面,虽然资产系统与财务系统现阶段接口已打通,但由于集成传递的数据不准确或者缺失,严重阻碍了资产管理效率的提升。佛山供电局在广东电网公司的统一部署下,积极推进资产系统内部(包括基建模块、生产模块和物流模块等)的互联互通,提升系统集成功能,通过打通与财务系统的接口,实现了资产数据协同应用。

(三)"强利用"

"强利用"是指多措并举提升退运物资综合利用水平,积极做好退运物资再利用,统筹做好闲置物业和车辆的再利用,延长设备使用年限、降低资产全生命周期成本,从而提高资产价值创造能力,实现电网精益化运营。

一方面,随着广东电网公司对报废净值率的管控要求越来越高,退运物资已不能简单地进行报废处理。佛山供电局物流中心负责组织做好再利用平台搭建,促进可利用资产的再利用运转,组织梳理可再利用退运设备的处置计划。根据各单位反馈情况,物流中心制订下阶段具体的工作方案,加快存量闲置设备的再利用,从而有效避免资产的提前报废和浪费。另一方面,佛山供电局加强了资产报废管控,多措并举提升退役物资综合利用水平。截至2019年6月底,佛山供电局报废净值率31.60%,暂时存放在仓库,仓容占用量大,并为此付出了较大的保管储存成本。佛山供电局通过采用计划外低于8.3%的待报废资产纳入报废计划、电力线路用地价值转入新建输电线路资产、利用低净值率待报废资产进行处置消化等多种措施,逐步解决了存量高净值率待报废资产的报废和仓容管理存在的问题。

第九章 一流服务

经历 40 多年改革开放的中国，当前正通过优化营商环境来激活企业创新动能，为更高质量的发展积蓄力量。供电企业作为公共服务行业，一流的服务是始终坚守的立身之本和一切工作的落脚点。对于佛山供电局来说，打造"一流的服务"，就是要打造现代供电服务体系打造一流营商环境示范标杆，提高供电服务水平，持续优化营商环境，向客户提供更加满意的高质量、全方位服务。新时代对优化营商环境也提出了更高要求，党的十九大和中央经济工作会议指出，进一步优化营商环境是深化改革，挖掘发展潜力，建设现代化经济体系，促进高质量发展的重要基础，也是增强地区经济软实力和提高区域竞争力的重要内容。国家能源局将优化营商环境作为重点综合监管工作之一，对于供电企业而言，积极推进营商环境优化既是落实党中央和国家要求，服务好地方经济发展的重要课题，亦是创建世界一流企业，打造一流服务的本质要求。

一、营商环境的基本理论

（一）营商环境的内涵

营商环境是围绕企业开办、经营、贸易活动、纳税、关闭的变化，在某种程度上影响企业正常经营的一切外部因素的总称，它包括软环境、市场环境、商务成本、城市基础设施、社会服务环境和生态环境。世界银行对营商环境的定义为，企业在开办、经营、贸易、执行合同、纳税及关闭等方面遵循政策法规所需要的时间和成本的总和，此种定义便于营商便利度指数的测算，也便于全球各个经济体营商环境的比较。营商环境包含着丰富的内容，是一个国家或地区在开展金融合作、参与经济竞争的主要支撑，是一个国家或地区综合经济实力的重要体现。世界银行发布的一项报告表明：良好的营商环境会使投资率增长 0.3%，GDP 增长率增加 0.36%。构建完善的营商环境体系，从而吸引投资是各地方政府获得发展资源的重要途径。

（二）营商环境的特征

营商环境是一个国家（地区）参与国际竞争、增强国际交流与合作的重要依托，是一个国家（地区）经济软实力的重要体现，是提高国际竞争力的重要

方面。营商环境作为多种因素综合作用形成的有机整体,具有以下特征:

一是系统性。营商环境是由各种因素相互作用组成的有机整体,涉及经济、政治、社会、文化、生态等多个领域。因此,营商环境的优劣是各要素共同作用的结果,如果单单只强调其中一个或几个因素,就会陷入片面性和盲目性。提升营商环境是一项系统工程,必须从整体出发,全面考虑,重点提升营商环境中的短板和薄弱环节,从而达到整体上增强城市营商环境的目的。

二是开放性。城市是一个开放性的系统,它在同外界进行物质、信息交换的同时,不断吸收新的要素以适应环境变化。随着城市的发展,影响城市营商环境的因素也在不断改变,营商环境评价指标随之也应变化。

三是动态性。城市营商环境的开放性同时决定了城市营商环境的动态性。因此,必须从发展变化的角度来研究营商环境,总结其变化的规律性。同时,营商环境的动态性也意味着提升和优化营商环境是一项长期性的工作,在实践中要做好"持久战"的准备。

四是相对性。营商环境是一个相对概念,一方面,它要通过城市之间的横向比较才能反映营商环境的优劣;另一方面,随着城市营商环境的变化和时代的变迁,同一城市在不同的发展阶段其营商环境水平也会有变化。

(三) 优化营商环境的意义

优化营商环境对建设粤港澳大湾区有着重要战略意义。21世纪以来,随着全球一体化和区域一体化的快速发展,全球范围内资金、技术、人才等要素流动性增强,区域竞争日益激烈。推进粤港澳大湾区建设和发展,打造国际一流湾区和世界级城市群,引领对外开放新格局,是广东省特别是珠三角地区今后一段时期面临的重大战略任务。要建成世界级大湾区,实现粤港澳大湾区协同发展,实现珠三角与全球产业链和市场的深度融合和有效对接,打造世界经济新引擎,就必须加快形成具有全球竞争力的营商环境。优化营商环境是一个各主体综合发展的过程,既涉及经济、政治、社会、文化、生态等多个领域,也涉及不同的城市的发展,对不同领域,不同城市的发展都有不可替代的意义,其主要包括如下几个方面:

1. 汇聚创新资源,打造经济增长极

优化营商环境,是粤港澳大湾区汇聚全球创新资源,打造全球经济增长极的重要支撑。随着新一轮科技革命和产业变革的加快推进,全球化、信息化和网络化深入发展,创新要素和跨国资源流动愈发活跃,营商环境的优劣决定高

端要素资源的流向与集聚，也是湾区经济软实力和竞争力的重要体现。优化营商环境，有助于粤港澳城市群之间加强机制对接，推动珠三角城市全面接轨国际规则、国际惯例，形成统一开放、竞争有序的湾区大市场，降低各种要素自由流动的阻隔和综合成本，进一步提升市场一体化水平，推动各种生产和生活要素在区域内更加便捷流动和高效配置，增强利用国际国内两个市场、配置国际国内两种资源的能力与水平。粤港澳大湾区构建国际化、法治化和便利化的营商环境，有利于培育浓厚的创新创业氛围，大力吸引和及时对接全球创新资源，进一步加快国际创新人才、技术等要素集聚，形成具有全球影响力的国际化创新生态系圈，构建具有全球竞争力的创新型产业新体系，成为带动全球经济发展的重要增长极，为大湾区经济发展提供内在支撑。

2. 打造优质生活圈，建设世界一流湾区

优化营商环境，是粤港澳大湾区打造国际化优质生活圈，建设世界一流湾区的重要条件。优美的宜居宜业环境是世界级湾区的重要特征，良好的营商环境则是提升城市核心竞争力和影响力的重要标志。优化营商环境，有利于推动粤港澳大湾区城市群围绕共建宜居宜业宜游的优质生活圈为目标，加强基础设施的互联互通，在城市建设、公共服务、环境保护等与国际接轨，不断增加优质公共产品和服务供给。打造国际化营商环境，可以有效推进社会协同治理，打造稳定安全公共环境，培育多元包容的城市文化形态，扩大特色文化的辐射范围，增强湾区经济发展的"软实力"，不断完善城市国际化功能，形成高品质的湾区生活环境和国际化的生活社区，形成城市特色和竞争优势，进一步提高对全球资本、人才、机构的吸引力和集聚力，从而为粤港澳大湾区建设注入新的动力和活力，为建成具有全球影响力和世界级城市群提供更强大的支持。

3. 打造经济引领区，实现高水平崛起

优化营商环境，是粤港澳大湾区打造开放性经济引领区，实现高水平崛起的重要依托。当前国际、国内和城市之间的三元竞争格局不断加剧，以投资和贸易自由化、便利化为标志的国际化营商环境正成为国家和地区竞争的核心。伴随着世界经济格局大调整，纽约湾区、旧金山湾区、东京湾区等世界级湾区相继形成并崛起，粤港澳大湾区具有发展成为世界级湾区的区位优势和现实基础，但同时可以看到，与世界级湾区相比，粤港澳大湾区在主导全球资源配置、引领全球经济增长、综合国际竞争优势等方面还存在较大差距。优化营商环境，可推动粤港澳营商规则的对接，构建与国际高标准衔接的经贸规则体系，深化与高水平开放相适应的投资管理制度创新，加快与国际市场深度接轨，形成开

放型经济新优势,形成对全球高端要素配置、产业升级、创新发展等的强大牵引和辐射带动作用,强化粤港澳在国家对外开放战略中的地位和功能,为粤港澳大湾区在"一带一路"战略中发挥引领和示范作用,实现城市群整体崛起,打造最具发展空间和增长潜力的世界超级湾区提供有力支撑。

二、电力营商环境的评价体系

办事是否方便、快捷,往往是企业对一个地方营商环境好坏最直观的感受,而高效便利的电力接入便是电网企业优化电力营商环境的重要体现。优化电力营商环境,意味着供电企业要创新服务方式,变革服务模式,进一步精简审批、分类管理、压缩流程、优化服务,提高企业综合竞争力,促进市场公平竞争。经济发展,电力先行,一流的湾区建设需要一流的电力营商环境做支撑。在粤港澳大湾区建设快速推进的形势下,如何持续提升优质供电服务,提升粤港澳大湾区客户办电便利性、满意率和获得感,营造良好电力营商环境,服务经济社会高质量发展,做好"电力先行官",是佛山供电局需要深思的问题。另外,优化营商环境也是佛山供电局可持续发展的内在需要。因此,要创建世界一流企业,佛山供电局必须要对标先进企业,积极探索、大胆创新、主动作为,推出提升供电服务水平的创新举措,实现供电服务能力的持续提升,增强企业的市场竞争力。

(一)电力营商环境的评价指标

电力营商环境的评价体系不仅要衡量客户需求的满足程度,还要考虑不同地方的发展情况,其评价指标主要包括两部分:一是营商便利度指数,即"相对指标"。主要包括一些一级指标,如开办企业、办理许可、获得电力、财产注册、雇佣员工、获得信贷、保护少数投资者、纳税、执行合同、跨境贸易、办理破产等以及一些具体的二级指标;二是前沿距离,即"绝对指标",指某国家(地区)在相对指标方面与世界前沿水平的差距,该指标由世界银行为更好地测量地区营商环境情况于2012年首次引入。在衡量营商便利程度的一级指标中,"获得电力"是重要一项,主要测评一个企业获得永久性电力连接的手续、时间、成本,以及供电可靠性和电费透明度指数,该指标的提升同时也能提高客户满意度,使客户办电流程更少、接电时限更短、接入成本更合理、享受的供电服务更卓越。

（二）电力营商环境的发展现状

近年来，我国全面实施全国统一的市场准入负面清单制度，赋予市场主体更多主动权，在全国推开"证照分离"改革，压缩企业开办时间；"互联网＋政务服务"打通信息孤岛，让更多人"多跑网路，少跑马路"；全面实施"双随机、一公开"监管，提高监管效能和公正性等。世界银行组织公布的《2019年营商环境报告》显示，中国营商环境在全球排名由上年的第78位上升至第46位，首次进入世界前50名。其中"获得电力"指标提升最为显著，指标得分92.01，排名第14位，较上年得分提高23.18分，进步84位。由此可见，"获得电力"成为营商环境再升级的重要环节和关键指标。同时，在电力媒体行业，也可以经常见到"获得电力"一词，这是因为它常常活跃在人们的生活中，看到它，自然就会联想到为社会和生活带来无限便利的电力保障，这其中既包括物质层面的经济实惠，也包括非物质层面的品质享受。佛山供电局作为支持经济社会发展、服务广大人民群众的供电营业机构，致力于把满足人民追求美好生活的电力需要作为一切工作的出发点和落脚点，只有加快营销创新，进一步精简环节、压缩时限、降低成本、提升可靠性，实现用户从"用上电"向"用好电"的转变，不断提升"获得电力"指标，才能持续提升人民群众的获得感、幸福感和安全感。

三、优化电力营商环境的管理举措

佛山市电力供应安全、可靠，总体上满足了整个城市社会、经济发展的需求。佛山全市供电客户353万户。2018年，全市总供电量647.14亿千瓦时，同比增长4.10%，总售电量630.08亿千瓦时，同比增长4.82%。近年来，佛山供电局作为地市级企业，深入贯彻佛山市委市政府和广东电网公司的战略部署，紧抓粤港澳大湾区核心城市建设重大历史机遇，高度重视优化营商环境"获得电力"提升工作，打造营商环境供电服务品牌，深入精简报装流程、报装资料，缩减接电时限，扩展投资新界面，实施工商电价新标准，提高客户服务质量，通过一系列有力措施，发挥了营商环境改革创新的试点带头作用，为佛山经济社会发展提供了更加便捷、更加实惠、更加可靠、更加贴心的电力供应与服务。2018年，佛山供电局在国家能源局南方能监局"获得电力"满意度调查中排名广东电网第一，佛山市供电可靠性连续两年排名全国第一，供电服务连续10年位居市公共服务满意度第一名,南方电网第三方客户满意度评价全省排名第一。佛山供电局的成功并非一朝一夕就能获得的,需要长期积累,紧跟时代的步伐,优化电力营商环境也不是一个一蹴而就的过程,需要多方面共同努力推进,其发展举措主要包括如下几个方面:

(一)提升办电效率

为了全面改善用户办电体验,办电效率的提升是其中必不可少的一环。佛山供电局从客户角度出发,通过简化客户办理流程,减少业务办理资料,开展用电报装服务前置,建立业务"主人制"跟踪机制等方法减少了客户业务办理时间,同时也提高了工作效率。

1. 精简客户办电流程

佛山供电局出台了《佛山供电局业务办理工作指引》,取消设计审查和中间检查、合并竣工检验与装表接电环节,优化后中压报装精简为3个环节,低压报装精简为2个环节,办电手续与中国台湾、中国香港一致。承接南方电网公司《客户受电工程典型设计》编制工作并大力推广,实施10千伏及以下客户供电方案免审批,实行设计免审查,报装业务实现"零审批"。

2. 简化业务办理资料

佛山供电局将用电业务申请单背书形式签订供用电合同从低压居民用户推广至低压非居民用户,成为南方电网首个低压用电全部采用背书合同的供电局,平均节省合同签订环节耗时1.5个工作日。另一方面,简化中、低压客户办电资料,从原来21份材料减少至6份,建立业扩报装申请资料容缺机制,资料不齐可先行办理,在承诺期限内补齐。此外,佛山供电局还成为广东电网首个低压居民过户"一证办理"供电局,截至2019年8月,累计办理居民"一证办理"过户业务89 341件。

3. 开展用电报装服务前置

佛山供电局创新性实施客户潜在需求管理,强化网格化客户经理职责,提前获取客户潜在报装需求,2019年收集客户潜在用电需求1019宗,合计潜在需求容量363.55万千伏安。佛山供电局建立了营销与规划联动工作机制,同步开展配套项目建设,提前将电网布局到用户红线,实现用户"家门口"即可接电,2019年中压业扩送电工单中提前收集需求比例达30%。

4. 建立业务"主人制"跟踪机制

佛山供电局全面加强客户办电时限管理和责任落实,通过建立"跑表计时、到点通报、超时提级、分级监督"机制,让业务"主人"切实做到"守土有责、守土尽责"。佛山供电局建立"一宗一表"工作机制,每一宗中压业扩工单一张表格管理,督促业务人员提高服务效率,及时满足客户用电需求。通过以上措施,佛山供电局使客户用电业务办理更加快速便捷,小微企业客户办电时间优于国务院、广东省委省政府提出的 10 个工作日的时限要求,小微企业平均办电时间压缩至 5 天以内;小微企业用电办理流程精简为 2 个环节,与"获得电力"世界排名第一的阿拉伯联合酋长国一致。

(二) 降低用电成本

企业用电成本的高低是客户最为关心的问题之一。降低企业用电成本并不是简单地降低电价,其涉及多方面内容,佛山供电局切合实际情况,提出了降低客户接电成本和严格执行电费电价政策两大方法来降低企业用电成本,提高客户满意度。

1. 降低客户接电成本

佛山供电局实施永久用电客户投资界面全延伸,由供电企业将电源延伸至客户红线内,减少客户红线外工程投资。佛山供电局助推大湾区经济建设,大湾区范围内首宗实现报装容量 200 千伏安及以下小微企业客户采用低压供电,免除小微企业中压专用变压器投资,进一步扩大了客户"零成本用电"范围。为国有企业节省了人力成本与工程成本,佛山供电局高质量完成国有企业职工家属区共 2596 个住户的"三供一业"供电分离移交改造工作,剥离国有企业办社会职能,预计每年可为每个国有企业节省 100 万元运维费用。

2. 严格执行电费电价政策

佛山供电局严格落实国家降电价政策,2018 年以来为企业节省电费支出超过 14 亿元;做好佛山市政府财政补贴资金的实施落地工作,预计符合补贴条件的企业平均可获补贴 20 万元,大幅度降低企业用电成本。主动联系客户,切实执行"取消临时接电费"的举措,全面清退存量临时接电费,共清退 8700 余户。南方电网范围内首先试点电力现货交易结算,完成 1659 家企业的计量改造工作,2018 年以来市场化交易售电量达 190 亿千瓦时,累计为客户节约成本超过 4 亿元。另外,成立广东立胜综合能源公司,主动服务企业,为全市 363 个大用户企业提供能源增值服务,通过能效诊断、节能改造、运行托管等方式,进一步降低企业用电成本。全省范围内率先采用"市场监管+供电"联合行动的工作模式,积极配合政府开展清查规范转供电环节收费工作,完成 2228 家企业转供电情况核查,坚决杜绝政策外收费项目,切实将电价红利传递至终端客户。通过以上措施,佛山供电局进一步降低了企业用电成本,提高了客户满意度。

(三)提升供电质量

供电质量的高低决定了一家电力企业核心竞争力的高低。电力是当今社会最重要的能源,电力质量的好坏也影响着社会经济的发展,因此提高供电质量,保证电力持续稳定的供应至关重要。佛山供电局通过加快智能电网建设,提高供电可靠性来提升供电质量,增强客户对企业的信赖度。

1. 加快智能电网建设

佛山供电局电网不断加大电网投资力度,全力打造"结构合理、技术先进、安全可靠、适度超前"的现代化电网,高质量服务三龙湾高端创新集聚区、佛山军民融合创新示范区、碧桂园机器人谷等重点发展区域的规划建设,为佛山市率先全面建成小康社会提供坚强的电力支撑。佛山供电局主动融入对接粤港澳大湾区国家战略规划,启动佛山市电力专项规划修编和三龙湾电力专项规划,提前开展大疆、美的库卡、顺德机器人谷等千亿级产业集群电力专项规划建设,成立专门的服务团队,提前开展130万千伏安潜在用电需求的配套项目建设。打造一批国内领先的智能电网示范项目,充分发挥金融高新示范区引领作用,高标准建成智能电网示范体验中心等一批示范项目,示范区内客户年平均停电时间小于2.5分钟。

2. 可靠性保持全国第一

佛山供电局加大"云大物移智"等创新技术在电力行业的落地应用,充分借力科技手段,逐步推广实践无人机巡线、机器人巡视等一批"机器代人"技术,全面开展多旋翼无人机网格化巡视。接火带电作业比例全省领先,按照"能转则转、能带则带"的原则,常态化开展带电作业,带电作业比例达90%以上。创新实践"综合停电管理",落实1小时行动方案和电压质量提升方案,优化停电计划安排,简化审批手续。在提升配网水平的同时实施区域差异化的可靠性管理方式,将全市划分为1小时区域、1.3小时区域、1.5小时区域、2小时区域,保障客户按时接入,最大限度减少停电成本。"1小时区域"客户平均停电时间为0.83小时,已提前实现中心城区1小时的目标。全面推进电力网络的智能化升级改造,以透明、可控、高效、可靠为目标,实现广东金融高新区等重点区域故障快速自愈,同一线路故障段与非故障段快速隔离,非故障段秒级复电,大大缩小停电范围,将故障对客户停电的影响降至最低,继续保持供电可靠性全国领先位置。

佛山供电局连续 8 年进入全国供电可靠性前 10 名，其中 2013 年、2017 年和 2018 年先后 3 次排名全国（52 个主要城市）第一，2018 年佛山市全口径平均供电可靠率 99.974%，用户平均停电时间为 2.31 小时/户，其中世界一流智能电网示范区广东金融高新技术服务区核心区已实现客户年平均停电时间小于 2.5 分钟，媲美国际领先水平。

（四）创新服务手段

通过创新服务手段，构建全景服务平台，积极推行一门式、一网式政务服务模式，根据用电客户的实际情况提供个性化服务，佛山供电局紧跟时代的步伐，从客户角度出发，切身体会客户需求，将供电服务深度融入政府社会治理体系中，进一步降低了客户用电成本，提高了客户用电效率。

1. 网格化经理模式

佛山供电局将供电服务深度融入社会治理体系中，全面推行网格化服务模式，打造供电服务新品牌。基于"便于沟通、提升效率、解决问题"的原则，构建"网格化经理"服务模式，融入政府社会治理体系，将佛山五区划分为多个用电网格，每个网格配置网格化经理，并建立了管理网格化、人员属地化、服务专属化的区域客户经理工作机制，为属地所有客户提供响应快速、优质高效的专属普遍服务，客户经理就是每个客户身边的用电管家。该模式中，在网格内实行内转外不转的客户经理专属服务，由网格化客户经理作为供电部门的代言人，统筹资源为网格内全体客户提供"用电管家"式服务，擦亮"用电管家、服务到家"的供电服务品牌，形成"用电就找电管家"的服务模式。

网格化客户经理作为责任区域内的客户用电管家，起着供电服务推广的传声筒、客户诉求收集的意见箱、客户关系维系的连心桥的作用，其主要职责包括：一是通过电话、微信等方式，与客户建立紧密的沟通联系渠道，确保责任网格内的客户有需要能够直接联系，及时解决客户问题。二是受理并一口协调解决客户用电报装的业务申请、咨询和进度督办。对于重点客户的用电报装工作实施全过程的一站式服务。三是负责区域内的电费催收工作。四是负责区域内错峰用电（有序用电）的通知和监控工作。五是负责敏感客户的服务与客户关系维护工作。网格化客户经理也享有很多方面的权利，主要包括：一是向客户做出职权范围内的合理承诺。二是可直接向供电所领导及市局客户服务中心转达客户诉求问题，供电所应将客户经理转达的客户诉求等同于 95598 服务热线客户诉求处理。三是参加网格区域内有关供电服务、供电安全、电网规划建设等问题的讨论和决策。四是供电所各业务部门须及时将最新的供用电信息告知涉及的网格化客户经理。区域客户经理需重点关注并服务多类对象,主要包括:一是村(居)委会、村民小组、股份合作社及其管理人员。二是机关单位、学校、医院等存在一定社会影响的客户。三是鱼塘用户、居民小区等对供电质量或可靠性要求较高的敏感客户。四是有投诉经历或用电诉求强烈的客户。

此外,随着国家和企业的发展需要,网格化客户经理的职责也在不断调整。例如,为落实国家支持实体经济发展的有关要求,进一步降低企业用电成本,佛山供电局2018年一般工商业电价共降价3次,合计每千瓦时降价8.19分,全年为全市一般工商业用户节省电费支出约7.73亿元(含税);2019年佛山市一般工商业电价每千瓦时再降1.92分。全市各供电所网格化客户经理结合走访等日常工作做好电价政策信息的宣传,让客户了解供电企业已落实中央惠企政策的相关要求,提升一般工商业用电客户"获得电力"的满意指数。同时,为网格辖区客户提供综合能源解决方案也是客户经理的职责范围。网格化客户经理在日常上门走访工作中为客户开展综合能源节能诊断服务,根据用电客户的实际情况现场指导客户运用节能小技巧(如电冰箱定期除冰、充电插座用完后及时拔除等),从而节省了电力电费支出,并向有需求的潜在客户提供光伏、充电桩等综合能源解决方案,通过政策、法规的交流,增强与辖区网格客户之间的黏稠度。

2. 推行一门式、一网式服务模式

为落实中办国办推进政务服务"一网、一门、一次"改革工作要求,佛山供电局深化"互联网+政务服务"体系,全网首个供电服务融入政府"一门式、一网式"政务服务体系,将12项业扩业务与政府服务审批系统相融合,实现了供电业务流程与政府服务标准体系有效对接。通过推行"水电气电视"公共服务业务联办机制,加强与行政服务中心以及供水、燃气、电视等单位的合作,推行"水电气电视"主题联办。2019年2月在市行政服务中心试点应用,并计划在全市范围内推广,实现只需要提交一套资料,即可办理"水电气电视"全部业务。另外,佛山供电局还通过将用电申请、查询服务、电费缴纳、用电变更、故障报修、欠费复电等6项"用户量大、受众面广"的电力高频服务事项接入"粤省事",积极落实"数字政府"建设改革工作任务。

3. 建立共产党员服务队

为贯彻落实新时代党的建设总要求以及发挥党员的先锋模范作用,佛山供电局组建了 30 支共产党员服务队,以客户需求为核心,通过积极开展政治服务、营销服务、急修服务和志愿服务,不断拓宽服务群众渠道。同时,为了做到"诉求百分百响应、服务百分百真诚",党员服务队还重点针对五保户、特困户等困难群体开展了表后故障抢修延伸服务,充分发挥了党建引领作用,架起了供电企业和人民群众的连心桥。

4. "一次都不跑"远程办电服务

20 世纪 80 年代,佛山每家每户的电费都需要在营业厅缴纳,在缴纳的高峰期经常会出现"营业厅前摆人龙"的场景。在那个"通信基本靠吼,往来基本靠纸"的年代,一张张手写的电费单,一个个走街串巷的抄表员,都是时代的缩影。90 年代有了银行自动划账,"排长龙"缴纳电费的现象消失了,但这并不意味着供电服务强度得到缓解。随着经济高速发展,用电申请、缴费、过户、业扩报装、抢修复电等各项业务需求激增,电网企业的角色关系也在发生着变化,转变成人们贴心服务的"电管家",佛山供电局完成了从服务理念到服务技术的巨大改变。

佛山供电局落实国家"放管服"中优化服务的工作要求,进一步精简办电手续,实现供电服务全量业务"一次都不跑"(表 9-1)。同时深入推进"互联网+用电"融合,推行用电报装、电费查交、电子发票、停电查询、故障报修等互联网服务,进一步提升互联网统一服务平台功能,实现 22 项办电业务足不出户即可办理,在更大范围、更深层次重构流程,提高效率、优化服务,实现"数据优先跑、供电补充跑、客户不需跑",客户足不出户即可办理各种业务。深化互联网统一服务平台应用,平台关注数超过 135 万人次,公司互联网业务办理比例总体达 98% 以上。开展基于现场终端作业流程再造,推行"远程服务+移动终端"作业模式,采用供用电合同电子签章,实现数据录入、供用电合同签订由客户经理在现场完成。

表 9-1 客户办理用电业务"一次都不跑"优化一览表(22 项)

序号	业务名称	优化后	往返营业厅次数
1	中、高压客户新装、增减容	1. 客户利用互联网渠道提交业务申请、提交资料、查看业务进度及文档材料、合同文本查询、预约合同签订、竣工检验及装表送电; 2. 客户经理、营销业务人员利用移动营销作业终端提供上门服务和现场作业	0

续上表

序号	业务名称	优化后	往返营业厅次数
2	低压非居民新装、增减容	1. 客户利用互联网渠道提交业务申请、提交资料、查看业务进度及文档材料、电子合同签订、预约装表送电； 2. 营销业务人员利用移动营销作业终端提供上门服务和现场作业	0
3	低压居民新装、增容	1. 客户利用互联网渠道提交业务申请、提交资料、查看业务进度及文档材料、电子合同签订、预约装表送电； 2. 营销业务人员利用移动营销作业终端提供上门服务和现场作业	0
4	大客户新装、增容	1. 客户利用互联网渠道提交业务申请、提交资料、查看业务进度及文档材料、合同文本查询、预约合同签订、竣工检验及装表送电； 2. 客户经理、营销业务人员利用移动营销作业终端提供上门服务和现场作业	0
5	批量新装	1. 客户利用互联网渠道提交业务申请、提交资料、查看业务进度及文档材料、电子合同签订、预约装表送电； 2. 客户经理、营销业务人员利用移动营销作业终端提供上门服务和现场作业	0
6	统建新装	1. 客户利用互联网渠道提交业务申请、提交资料、查看业务进度及文档材料、电子合同签订、预约装表送电； 2. 客户经理、营销业务人员利用移动营销作业终端提供上门服务和现场作业	0
7	更名	1. 客户利用互联网渠道提交变更申请书、电子合同签订、互联网缴费，实现"足不出户"就能在互联网办结电业务； 2. 客户经理、营销业务人员利用移动营销作业终端提供上门服务和现场作业	0

续上表

序号	业务名称	优化后	往返营业厅次数
8	过户	1. 客户利用互联网渠道提交变更申请书、电子合同签订、互联网缴费； 2. 客户经理、营销业务人员利用移动营销作业终端提供上门服务和现场作业	0
9	变更缴费账户	1. 客户利用互联网渠道提交申请资料、确认电费信息，经过鉴权后完成变更	0
10	改类（主要包括改用电类别、最大需量、基本电费计算方式）	1. 客户利用互联网渠道提交变更申请书、电子合同及用电变更协议签订、互联网缴费； 2. 客户经理、营销业务人员利用移动营销作业终端提供上门服务和现场作业	0
11	直驳用电	1. 客户利用互联网渠道提交变更申请书、电子合同及用电变更协议签订、互联网缴费； 2. 客户经理、营销业务人员利用移动营销作业终端提供上门服务和现场作业	0
12	非永久性减容	1. 客户利用互联网渠道提交变更申请书、电子用电变更协议签订、互联网缴费； 2. 客户经理、营销业务人员利用移动营销作业终端提供上门服务和现场作业	0
13	减容恢复	1. 客户利用互联网渠道提交变更申请书、电子用电变更协议签订、互联网缴费； 2. 客户经理、营销业务人员利用移动营销作业终端提供上门服务和现场作业	0
14	暂停	1. 客户利用互联网渠道提交变更申请书、电子用电变更协议签订、互联网缴费； 2. 客户经理、营销业务人员利用移动营销作业终端提供上门服务和现场作业	0

续上表

序号	业务名称	优化后	往返营业厅次数
15	暂停恢复	1. 客户利用互联网渠道提交变更申请书、电子用电变更协议签订、互联网缴费； 2. 客户经理、营销业务人员利用移动营销作业终端提供上门服务和现场作业	0
16	暂换及暂换恢复	1. 客户利用互联网渠道提交变更申请书、电子用电变更协议签订、互联网缴费； 2. 客户经理、营销业务人员利用移动营销作业终端提供上门服务和现场作业	0
17	移表	1. 客户利用互联网渠道提交变更申请书、电子用电变更协议签订、互联网缴费； 2. 客户经理、营销业务人员利用移动营销作业终端提供上门服务和现场作业	0
18	暂拆	1. 客户利用互联网渠道提交变更申请书、电子用电变更协议签订、互联网缴费； 2. 客户经理、营销业务人员利用移动营销作业终端提供上门服务和现场作业	0
19	暂拆恢复	1. 客户利用互联网渠道提交变更申请书、电子用电变更协议签订、互联网缴费； 2. 客户经理、营销业务人员利用移动营销作业终端提供上门服务和现场作业	0
20	终止用电（销户）	1. 客户利用互联网渠道提交变更申请书、互联网缴费； 2. 营销业务人员利用移动营销作业终端提供上门服务和现场作业	0
21	受电装置变更	1. 客户利用互联网渠道提交变更申请书、电子用电变更协议签订； 2. 营销业务人员利用移动营销作业终端提供上门服务和现场作业	0

续上表

序号	业务名称	优化后	往返营业厅次数
22	临时用电延期	1. 客户利用互联网渠道提交变更申请书、电子用电变更协议签订； 2. 营销业务人员利用移动营销作业终端提供上门服务和现场作业	0

5. 构建全景服务平台，打造服务看得见全景服务模式

佛山供电局实现一键报装、画出停电地图，为客户提供各类业务进度查询功能。提前将线行通道协调进度等信息及时告知用户，主动推送关键信息超过4万条，减少用户焦虑，消除信息不对称问题，同时业务办结后客户可对办理结果进行评价，实现双向互动。

6. 建立常态机制，落实信息公开要求

对涉及客户切身利益的内容，佛山供电局通过门户网站、网上营业厅、各实体营业厅、手机短信平台、微信公众号、交互平台等多渠道进行公开，对变动信息及时、准确更新，有效保障了电力客户的知情权。

（五）推进绿色发展

佛山供电局利用供用电大数据以及营销网络优势，形成综合能源项目库，并实行星级管理，建立综合能源业务推广机制，并加快电动汽车充电网络建设，助力"蓝天保卫战"，推进绿色发展。

1. 加快充电设施建设

在公交、物流、环卫等领域推进专用车充电站建设。在三水区建设公交站场充电桩，形成覆盖全区主要公交站场的充电网络。2019年以来，新增投运充电桩超过606个，累计投运充电桩1600多个，建成高速公路服务区充电站4对、专用充电站7个，初步形成覆盖30个镇（街道）的充电网络。

2. 积极进军蓄冷（储能）及分布式能源站领域

佛山供电局成功打造了汇源通大厦蓄冷项目，成为商业楼宇蓄冷储能电替代项目的优秀示范；完成高明更合分布式能源站建设项目公司的组建方案；推进三水大塘和高明更合分布式能源站合作项目建设，直接参与分布式能源站投资建设。

3. 深挖电能替代与清洁能源利用的潜力

佛山供电局贯彻国家能源转型发展战略部署，全量消纳清洁能源，提供优质并网服务。大力提升光伏并网服务体验，推行居民光伏代开发票，推进光伏结算表单"四合一"通过大力推广电替代业务，累计完成电替代项目660个，2018年实现电能替代15.402亿千瓦时。提供优质光伏、生物质发电项目并网服务，为沼气发电、分布式光伏等多种类型的清洁能源项目提供持续的跟踪服务，持续推进高明明城苗村生活垃圾沼气发电项目等清洁能源全部消纳。

（六）打造服务品牌

佛山供电局根据广东电网公司统一部署，深入推进"精简报装流程、精减报装资料、精减接电时限、停电管理精细化、供电方案精益化"及"业扩投资新界面、一次不跑新体验、工商电价新标准、不停电作业新常态、客户经理新服务"，打造"五精五新"的精新供电服务品牌（SMART服务），并对优化营商环境和简化用电报装工作大力宣传，通过各种媒体渠道的充分应用，提升社会舆论对公司营商环境"精新"服务（SMART）品牌形象的认知和认同，提升客户用电获得感。

1. "精服务"

"精服务"充分利用了数据化认知，并以为用户提供个性化服务为核心，创新供电服务。它可以不断适应时代的变化，通过技术驱动和理论创新，从而推动面向用户个性发展的改革和创新，更好地体现"用户至上"的服务理念。其主要包括如下几个方面：

①精简报装流程：中压报装由5个减为3个，低压报装由5个减为2个；

②精减报装资料：推行一证受理，实行报装资料清单制；明确规定工程规划许可、施工许可不得作为用电报装前置程序；

③精减接电时限：中压单电源客户平均接电时间不超过70天，低压非居民客户（小微企业）平均接电时间不超过11天，中压业扩配套项目时限标准60天；

④停电管理精细化：在佛山、东莞、中山、珠海、江门、惠州等6个城市实施"一小时行动方案"，中心城区客户平均停电时间降至1小时以内；

⑤供电方案精益化：客户用电电源点在公司在业扩配套项目中统筹考虑，不纳入供电方案协议内容，客户办电更省心。

2. "新服务"

"新服务"是依据行业、企业基本情况，切实地提供个性化创新服务。其主要考虑的问题是如何让服务的内涵更加优质，如何更加贴近客户之所想，如何以更加便捷的方式满足客户需求。其主要包括如下几个方面：

①业扩投资新界面：投资界面延伸到客户红线；大湾区200千伏安及以下小微企业采用低压接入，实现接电零成本；

②一次不跑新体验：全面推广新装增容远程渠道"一口受理"、更名过户等变更业务远程自助办理，"互联网+用电"有效融合，一般业务"一次都不跑"；

③工商电价新标准：严格实施政府调整后的一般工商业电价标准；临时用电客户取消临时接电费；

④不停电作业新常态：中压客户接入不停电作业常态化，停电接火应履行审批手续；大湾区区域中压业扩不停电接火比例达90%（其中具备不停电接火条件的，不停电接火比例达100%），其他区域不停电接火比例达60%（其中具备不停电接火条件的，不停电接火比例达80%）；

⑤客户经理新服务：实现报装收资等上门服务；及时跟踪传递客户用电潜在需求服务；业扩工单全过程"主人制"跟进服务；执行业扩报装沟通服务规范。

3. "SMART服务"

精就是聪明，新就是时髦，英文译文是SMART。"SMART服务"是指提供精新（聪明、时髦）的服务，是为了利于企业更加明确高效地工作，更是为了使供电服务更加科学化、规范化、精简化，其需要多个方面共同协调发展，主要包括以下几个方面：

S：Streamlining Business Expansion Process（精简报装流程）；Shortening Span of Power Connection（精减接电时限）。

M：Majorizing Power Supply Scheme（供电方案精益化）；Most–Saving Interface of Business Investment（业扩投资新界面）。

A：Acquiring Power Connection with Non–Outage（不停电作业新常态）；Additional Service from Customer Manager（客户经理新服务）。

R：Reducing Required Application Documents（精减报装资料）；Reducing Power Outage（停电管理精细化）；Remote Self–Service in Simple Business（一次不跑新体验）。

T：Transparent New Electricity Tariff（工商电价新标准）。

第十章 一流文化

在党的十九大报告中,习近平总书记强调:"文化是一个国家、一个民族的灵魂,文化兴则国运兴,文化强则民族强。没有高度的文化自信,没有文化的繁荣兴盛,就没有中华民族伟大复兴"。同时,习近平总书记还在科学工作座谈会上指出:"坚定中国特色社会主义道路自信、理论自信、制度自信,说到底是要坚定文化自信。文化自信是更基本、更深沉、更持久的力量。"同样,企业文化也是一个企业的灵魂,是企业改革发展最深厚的软实力、最持久的内生力,它决定着企业的价值追求和行为导向。正确认识企业文化并发挥其积极作用,有助于企业在加快建成具有全球竞争力的世界一流企业进程中,统筹谋划、协同提升企业硬实力和软实力。

一、企业文化的内涵

1. 企业文化的定义

美国学者特雷斯·迪尔和阿伦·肯尼迪所著的《企业文化——企业生存的习俗和礼仪》作为论述企业文化的经典之作,认为企业文化由5个方面的要素组成,其中包括四个必要要素:英雄人物、价值观、习俗仪式和文化网络,以及一个最强大的影响因素——企业环境。此外,该书还引用了丰富的例子来证明那些成功且杰出的企业均有能让全体员工都自觉遵守的非书面行为规范以及独特的强化企业文化的宣传方式及手段。企业文化是无形的,尽管无声无息,却力大无比,它能够潜移默化地影响生产经营、项目建设及企业决策。因此,在两个经济、技术以及其他硬性条件都相似的企业中,企业文化强弱是决定企业发展的重要因素。

企业在长期经营实践的探索中,会逐渐形成独特的企业文化。概括来说,企业文化就是能够代表企业愿景、宗旨、价值观以及经营理念并获得全体员工认同并遵守的意识形态,其内容十分丰富,包括企业管理制度、管理理念、员工行为方式、企业形象等,其中最核心的就是企业的价值观与精神。企业价值观,是企业经营目的、经营宗旨的体现,它指导着全体员工的行为,使个异化变为群体化;企业精神代表着企业全体人员的精神风貌,由企业自身的经营宗旨、理念、自身条件及发展方向等精心培育而成。企业的价值目标是形成企业精神的重要推动力量,而企业的价值观念则是企业精神的基础,企业精神对企业的经营、管理、企业形象、道德风尚起着局定性的作用。总的来说,企业价值观是形成企业精神的重要推动力量,而企业精神又是在企业价值观的指导下精心培育的。二者既有区别,又有联系,共同决定着企业的发展方向。

2. 企业文化的功能

企业文化的功能指的是企业文化的"性能"和作用,它分为内功能和外功能两种。内功能指的是对企业以及企业内部员工的作用,外功能则是指对社会产生的影响。企业文化通过干扰和促进来推动企业发展中各项工作的正常运转,正是这样一种控制系统的作用,使得管理人员能够对建立在企业内部的价值观和行为规范产生影响。对企业文化进行研究的根本目的,就是为了认识、把握和实现企业文化的特定功能,从而实现企业价值。企业文化的功能主要包括以下五大类:

一是聚力功能。主要分为两个方面,一方面,企业文化能够让领导者向社会和企业员工展示出企业具体的发展目标,以促使整体合力的形成;另一方面,企业通过一致的价值观,打造一个共同的利益圈,逐步构建强大的企业发展支柱,促使员工能够在这种合力的作用下凝聚起来,并形成有效的排斥外部文化的力量。企业文化通过同化、融合和规范这三种作用来实现聚力功能,增加员工依赖企业的程度,进而推动利益命运共同体的形成。

二是引领功能。企业由不同的员工组成,每个人的追求目标和价值取向又会受到文化的影响,因此,从某种程度上来看,企业文化集中体现了每位员工的价值取向,从而逐步引导着企业靠拢发展目标。在潜移默化中,企业逐步引领员工塑造行为心理,基于心理行为的指导,员工会自觉自愿地把企业目标作为自己的追求目标,并全心全意地进行服务,在面临企业利益与个人利益相冲突的情况时,甘愿牺牲自我,实现整体利益。但是对员工本人来说,往往意识不到引领功能的实现过程,企业文化则是通过引领员工的思想、企业的价值和行为来具体体现引领功能。

三是制约功能。企业文化基于员工的自觉性来产生作用和干扰,通过完善管理制度和道德规范,无形地影响着每个员工的生活。企业有形和无形制度的结合,能够起到较大的文化制约效果。因此,基于制约功能,企业文化可以促进员工自觉响应和主动配合的实现,通过规章制度和道德规范约束的软硬结合,既能减少员工的消极反感情绪,还能提高员工的工作效率和热情。

四是鼓舞功能。企业文化以人为中心,会形成一种人人受重视、人人受尊重的文化氛围。在企业文化的熏陶中，员工内心与企业精神精髓的逐步匹配，会使员工在企业发展过程中认识到自身的重要作用，从而激发员工的使命感，在日常的工作中投入更加高效率的精力，自发努力地为企业贡献自己的能力。同时，研究表明，企业对员工奉献精神的需求，能够无形地鼓舞员工全身心地投入工作。

五是扩散功能。企业文化的扩散功能体现在它的带动和辐射作用，不仅能对企业的内部，还能对企业的外部进行干扰和作用，对内可以干扰内部的管理和生产，对外能够影响外部的环境。企业的发展所依靠的是社会的大环境，社会文化和企业文化会相互影响和感应，因此，不能忽视社会文化受企业文化的影响。企业文化的扩散功能也是企业文化从内扩散到外的过程，优秀的企业文化能够在无形中向社会展示企业的管理风格与精神面貌，从而塑造了企业良好的社会形象、推动了企业长远的发展。

3. 企业文化与企业竞争力

世界一流企业之所以能成为标杆企业，一定有其独特的企业竞争优势，而企业的竞争优势很大程度上由企业文化所决定。原因有两个方面：一是企业文化本身具有不可替代性、难以模仿性的属性，这些特性构成了企业宝贵的资源；二是企业文化通过对各种资源的整合，形成了独特的技术、独特的营销和独特的管理等能力。20世纪90年代，哈佛商学院曾经进行了一项调查研究，其结果表明，业绩最好的领导者，首先会把自己视为某种特定文化的塑造者和支持者，而这种文化是公司领先于行业内竞争对手的独一无二的关键性力量。所以说，企业文化是当今企业在激烈的竞争中获得优势的重要力量。但是，企业竞争力的形成并不是由企业文化这种无形资源所直接带来的，而是通过对企业文化，对企业的战略、组织学习与技术创新等产生重要影响，提升组织的绩效，进而带来竞争优势。但总的来说，培育独特的企业文化，是企业生存和发展的基本条件，是企业在竞争中能够获得成功的动力，也是创建世界一流企业必不可少的重要驱动力。

4. 企业文化管理

现代管理学之父彼得·德鲁克在其一生中宣讲的一个重要主题就是如何创建好的管理，好的管理又如何能够将团伙变成团队。他曾说，文化能把战略当午餐吃掉，也就是说，如果你身后没有一套明确的文化，你就无法有效执行你的战略。企业文化出了问题，公司就会出现裂痕，不光会导致士气下降，企业的利润和绩效也会随之下降，这说明文化对一个企业长远发展的极端重要性。

正如南方电网公司孟振平董事长强调的一样，要使南方电网既是一种物理、资产和机构意义上的存在，又要成为一种文化、价值和精神的存在。因此，推行企业文化管理，对国有企业治理体系和治理能力的现代化改革具有重要意义。

首先，文化管理是企业管理的趋势。管理理论的发展，在世界范围内大致经历了5个阶段：第一个阶段是经验型管理阶段，管理主要靠经验和感觉；第二个阶段是古典科学管理阶段，核心观点是管理主要采用物质奖励和强制性纪律惩罚；第三个阶段是行为科学阶段，强调工人是社会人，应给予人格的尊重；第四个阶段是现代科学管理阶段，把规章制度和有形结构作为控制工人的主导力量，把利润和成本作为支配企业的唯一动力；第五个阶段是企业文化管理阶段，这一阶段强调人的价值高于物的价值、共同价值高于个体价值、社会价值高于利润价值。管理理论这五个阶段的演进，都说明了文化管理的重要性。

其次，文化管理的本质是价值观管理。企业文化是知识经济条件下以人为本的管理思想、管理制度和管理方式。价值观是企业文化的灵魂，是文化软实力建设的重点，是决定文化形式和方向最深层次的要素。有专家指出，企业的价值取向对企业发展与管理起到本质引领作用。而从中国经济增长方式的转变可以看出，我国企业发展的下一个机会是成为价值型企业。价值观管理可以通过教育引导、舆论宣传、文化熏陶、实践养成、制度保障等，使企业价值观内化为员工的精神追求，外化为自觉行动，成为公司所有行为的价值遵循。

最后，文化管理必须是可描述、可衡量、可考核的。一个人的价值观，总会体现在工作中，体现在为人处世的态度中，这意味着员工的价值观是可以考核的，这种考核是有实现形式的。目前，价值观评价考核主要有三种方法：一是员工个体价值观考核并与绩效挂钩；二是员工与组织价值观匹配度监测并与绩效挂钩；三是企业文化软实力测量评价。

二、南方电网公司企业文化理念

随着全球经济的快速发展，作为我国重要经济支柱之一的电力企业被赋予了全新的存在价值，而对于现代化企业来说，文化竞争则成为企业增强自身优势的突破口。纵观世界著名企业，无一不注重企业文化，如海尔的"先卖信誉，再卖产品"；麦当劳、肯德基的"童叟无欺，标准一致"；沃尔玛的"让利于消费者"等，都是对独特优秀的企业文化的反映。在这之中，内容与形式的统一是企业优秀文化重要标志的体现。南方电网公司也非常重视企业文化管理，出台了《南方电网企业文化理念》，作为公司价值观管理的行动指引和全体南网人必须内化于心、外化于行的价值公约，同时也是公司的文化宣言，引导干部员工主动扛起新使命、积极涌现新气象、奋力展现新作为。

《南方电网企业文化理念》以战略管理的相关知识为理论基础，建立了战略层面、管理层面、业务层面以及行为层面的逻辑框架，四者相辅相成、相互关联。其中，"战略层面"标定了企业和员工未来共同努力奋斗的航向，解决的是"我是谁""去哪里"以及"怎么去"的问题，确立了战略层面的价值目标；"管理层面"回答了管理、经营"怎么做"的问题，确立了管理层面的价值取向；"业务层面"解决的是安全、服务等业务领域"如何规范"的问题，确立了业务层面的价值追求；"行为层面"围绕人这一最核心要素及其价值观的内化和外显，确立了行为层面的价值准则。《南方电网企业文化理念》共包含以下内容：

首先，《南方电网企业文化理念》从"人民电业为人民"的企业宗旨出发，明确了公司所肩负的使命和存在的目的，为找准企业定位、确定企业愿景、做出战略选择、制定政策措施提供方向指导和价值指引，是公司价值观的主线和灵魂。同时，包括坚持以人民为中心的思想，坚持全心全意为人民服务的宗旨，把满足人民对美好生活的电力需要作为公司一切工作的出发点和落脚点，发挥电网企业联系千家万户的基础服务作用，体现公司作为现代国企、能源央企的服务属性和人民情怀，一切为了人民，一切依靠人民。《南方电网企业文化理念》还明晰了公司"国家队地位　平台型企业　价值链整合者"的企业定位，作为关系国家安全和国民经济命脉的国家队，必须坚持"央企姓党"，努力成为党和国家最可信赖和依靠的"六个力量"，当好新发展理念实践者和国家战略贯彻者，并在"巩固、增强、提升、畅通"上狠下功夫，主导构建开放、协同、高效的能源商业体系，培育发展、不断壮大以公司为核心的能源生态系统，当好电力市场建设者和国企改革先行者。同时，坚持高质量发展，加速整合上下游资源，加速形成"本土化""全球化"相结合的资源配置能力，在对供给侧与需求侧、技术与市场的整合中实现价值最大化，当好能源革命推动者。此外，《南方电网企业文化理念》描绘了"成为具有全球竞争力的世界一流企业"的企业愿景，通过推动质量变革、效率变革、动力变革，打造安全、可靠、绿色、高效的智能电网，建设开放合作、互利共生的能源生态系统，推动公司向智能电网运营商、能源产业价值链整合商、能源生态系统服务商转型，全力提升核心竞争能力、价值整合能力、资源配置能力、改革创新能力、党的领导能力，加快建成具有全球竞争力的世界一流企业。这一企业愿景描绘了公司真心向往、同心奋斗的未来图景，宣示南方电网公司从宗旨出发、从定位起步的目标追求和战略构想。

其次，《南方电网企业文化理念》从管理、经营、安全、服务等四个方面提出了相应的理念。管理理念为"依法治企 科学治企 从严治企"，通过建立现代管理体系，追求更全面、更平衡、更充分的管理效能。其中，"依法治企"重在知法于心、守法于行，坚持运用法治思维和法治方式深化改革、推动发展、解决问题，依法治理、依法决策、依法运营；"科学治企"重在遵循企业发展规律，厚植和深化精益管理思想，持续推动管理创新；"从严治企"重在遵循规范，把公司规章制度作为员工最根本的行为标准，盯住重点领域和关键环节，严格要求、严格教育、严格管理、严格监督、严肃问责。管理理念是公司为达成企业愿景、实施发展战略所奉行的管理原则，是管理活动中所遵循的基本价值和基本导则。经营理念为"诚信立企 节俭养德 持续增长 全员为要"，以全要素价值创造为纲，持续增强公司的创新力和竞争力。其中，"诚信立企"强调诚实守信，取信于员工、取信于客户、取信于利益相关方；"节俭养德"强调自坚操守、勤俭以成，培养清廉干净之德、艰苦奋斗之德、进取有为之德；"持续增长"强调效益优先，突出主业，紧紧围绕产业链和价值链，推动全面增长、综合提升；"全员为要"强调人人参与、人人担责，人人都做经营者，人人都讲价值创造。经营理念是公司在各项经营活动中应遵循的价值导向，是企业追求绩效的价值依据。安全理念为"一切事故都可以预防"，通过树立安全发展理念，弘扬生命至上思想，坚持依法治安，贯彻"安全第一，预防为主，综合治理"方针，坚守安全底线。以打造本质安全型企业为目标，以安全文化为引领，以安全生产风险管理体系为抓手，以全员安全生产责任制落实为保障，持续提升安全生产管理水平和防灾减灾救灾能力，控制一切风险，消除一切隐患，预防一切事故。安全理念是公司坚持安全发展，打造本质安全型企业的态度和准则。服务理念为"为客户创造价值"，通过坚持"以客户为中心"，提高服务质量，规范服务行为，提供增值服务，建设现代供电服务体系，为客户创造价值，成就客户的成功，并倡导上下工序、环节之间，各类专业、岗位之间，互相服务、衔接有序，打通业务链、贯通价值链。服务理念是公司处理与客户、利益相关方等社会关系的行为准则。

接着，《南方电网企业文化理念》以"企业第一资源发展竞争之本"作为人才理念，意在树立"功以才成，业由才广"的人才意识，秉持人才是企业第一资源、第一资本、第一推动力的思想，求贤若渴寻觅人才，不拘一格举荐人才，各尽其能使用人才，努力形成人人渴望成才、人人努力成才、人人皆可成才、人人各尽其才的良好局面，为公司培养、使用、管理和激励人才树立价值导向；此外，《南方电网企业文化理念》以领导人员要"对党忠诚　勇于创新　治企有方　兴企有为　清正廉洁"，人才队伍要"矢志爱国奉献　勇于创新创造"，员工队伍要"爱岗敬业　精益求精　协作共进　创业创效　廉洁从业"作为团队理念。一是强调领导人员必须坚持对党忠诚，治企有方，清正廉洁的理念，同时，必须具有强烈的创新意识，敢为人先、锐意进取；必须具有较强的治企能力，懂经营、会管理、善决策；必须具有正确的业绩观，勇担当，善作为，工作业绩突出；必须具有良好的职业操守和个人品行，严守底线，廉洁从业。二是人才队伍必须要有勇担使命、矢志不渝的报国之志，积极投身国家改革发展的伟大事业中，多为公司的改革发展献计出力；要有勇立潮头、引领创新的优秀品格，瞄准关键领域潜心钻研、孜孜求索，勇攀科技新高峰，在时代洪流中书写精彩人生。三是员工队伍有高度的事业心和责任感，忠于职守、克己奉公；要有善于沟通合作的品质；要有控制一切可控制因素的能力与智慧；要有为长期利益牺牲短期利益的意愿和勇气；要践行崇廉拒腐的优良作风，清白做人、干净干事。《南方电网企业文化理念》还明确了"策划　规范　改善　卓越"的工作理念，把全面质量管理的要求融入业务、融入岗位、融入行为，做到凡事都周密策划，凡事都按流程规范开展，凡事都在执行中及时调整改进，凡事都持续提升、精益求精。该工作理念是全体员工在日常工作中所遵循的基本准则，是公司对员工工作方法、职业素养、行为习惯的价值要求。

最后，《南方电网企业文化理念》要求员工彰显"勇于变革　乐于奉献"的南网精神，通过积极支持改革、投身改革、推进改革，向改革要动力、要活力，勇当改革的促进派和实干家。立足公司身处改革开放最前沿的独特优势，敢闯敢试、大胆突破，勇立时代潮头，敢于争创一流。南网精神是全体员工践行价值观，经过长期实践养成并在行为中体现的集体精神气质。《南方电网企业文化理念》还塑造了"万家灯火　南网情深"的品牌形象，奉献光明，凝聚真情。这个情指的是南方电网公司深情服务客户，以安全、稳定、不间断供电为追求，提供优质、高效的供电服务；以真情回报社会，主动承担社会责任，维护公众利益，打造南方电网的服务与责任形象；用情关爱员工，以员工为本，员工快乐工作，构建公司与员工命运共同体，共建幸福南网。该品牌形象是公司在社会公众心中主动培育、客观呈现、广泛影响的企业形象气质特征，是企业价值观与品牌影响力的整体外显，体现公众特别是客户对公司的评价与认知。

三、"同心同行"行为准则体系

为了全面践行社会主义核心价值观及南网精神、传承和发扬佛山供电局特色企业文化，从而全方位统筹推进企业文化建设，佛山供电局建立了"同心同行"行为准则体系，围绕着佛山供电局作为地市局生产运营和客户服务的执行主体定位，汲取岭南文化精华，结合地方发展特色，形成了践行准则。"同心同行"行为准则既是佛山供电局的企业文化宣言，也是企业文化理念融入员工日常的行为指引。

佛山供电局的行为准则并非凭空而来，它诞生于习近平新时代中国特色社会主义思想的大背景下，根植于社会主义核心价值观的土壤中，紧密承接着南方电网企业文化理念内涵要义，围绕企业最核心的安全生产、营销服务、电网建设、经营管理、廉洁从业、幸福企业六大领域，按照"同心同行+专业理念"来开展行为准则建设；在五区局和大集体企业，按照"同心同行+目标导向"来推进行为准则建设，构建起"6+6"的全方位、全覆盖的行为准则体系，概括总结出"真心追求共同愿景，勇于先行；用心传递共同价值，勤于践行；全心凝聚共同力量，敏于执行"的佛山供电人精神特质，得到了广大干部职工的高度认同。在近几年的实践中，佛山供电局走出了一条党建引领、文化驱动的企业快速发展之路。

（一）建设目标

佛山供电局"同心同行"行为准则体系建设总体目标是全面承接《南方电网企业文化理念》各项要求，实现南方电网价值观体系落地，以当好南方电网基层供电局排头兵为目标，运用精益的理念、工具和方法全方位构建"同心同行"行为准则体系。此外，还要突出抓好"同心同行+专业理念"行为准则和"同心同行+目标导向"行为准则建设，从严管带队伍抓管理，提升企业文化价值创造能力，走出一条具有佛山供电局特色的以"同心同行"行为准则体系践行《南方电网企业文化理念》的建设之路，为南方电网公司、广东电网公司输出"佛山经验、佛山范本"。

（二）文化特色

一是有机融合。佛山供电局在推进社会主义核心价值观培育的基础上，将

"同心同行"行为准则体系建设与《南方电网企业文化理念》、"十三五"规划改革发展行动计划、"抓领先、补短板、强基础"工作、年度重点工作等内容融为一体,坚持"只干一件事",切实提升工作质量和效率。

二是目标引领。佛山供电局紧盯争当广东电网公司创建全国最好世界一流省网企业排头兵的发展目标,突出抓好"同心同行+专业理念"和"同心同行+目标导向"等13个行为准则建设,实现了点线面的体系构建,对标兄弟单位、南方电网公司文化示范点要求,力求高标准、高起点建设。

三是问题导向。佛山供电局将"同心同行"行为准则体系融入管理、切入业务、植入行为,按照"抓领先、补短板、强基础"的工作方法,把握好发展方向,理清工作思路,抓住重点及关键环节。

四是聚焦基层。佛山供电局以基层党支部、基层班站所为文化建设落脚点,丰富党建文化展示区、班组文化墙、"一班组一特色"等活动载体,结合星级班站所评定等工作,注重"同心同行"行为准则体系在基层的落地和展现,发挥文化引领、文化推动的作用。

(三) 核心内涵

所谓"同心",就是要以这一愿景为引领,把全体员工凝聚起来,形成战斗力,并让员工产生归属感、自尊感和获得感。要实现共同愿景,就需要"同行",也就是需要劲往一处使的执行力。一直以来,佛山供电局始终秉承着"真心追求共同愿景,勇于先行;用心传递共同价值,勤于践行;全心凝聚共同力量,敏于执行"的精神,贯穿全局安全生产、营销服务、电网建设、经营管理、廉洁从业、幸福企业6个领域,自上而下开展"同心同行+专业理念"行为准则建设,推动《南方电网企业文化理念》融入管理、切入业务、植入行为。禅城供电局、南海供电局、顺德供电局、三水供电局、高明供电局、瑞德公司和汇源通集团等7个单位在全面践行"同心同行+专业理念"行为准则基础上,依据本单位的定位与发展目标,结合地域特色及文化气质等,开展了"同心同行+目标导向"行为准则建设,培育了县区供电局、多种经营企业的文化精品。佛山供电局将企业文化深深根植在企业战略中,通过"同心同行+专业理念"和"同心同行+目标导向"行为准则建设,形成上下联动、点线面相结合带动整体突破的良好格局,实现南方电网公司价值观体系的夯实落地。

1. "同心同行+专业理念"行为准则及内涵

佛山供电局从安全生产、营销服务、电网建设、经营管理、廉洁从业、幸福企业等6大领域，推动《南方电网企业文化理念》融入管理、切入业务、植入行为，实施了"同心同行+专业理念"行为准则建设（表10-1）。

表10-1 "同心同行+专业理念"行为准则及内涵

"同心同行+专业理念"行为准则	内涵阐释
安全生产： 同心同行 精益求精	以打造"同心同行 精益求精"安全行为准则为主线，践行南方电网"管理精益"发展战略，体现体系"持续改进"的核心思想
营销服务： 同心同行 度度精彩	"度"，对外含义是电度，对内含义引申为营销服务6+1，度度用心，将每一项平凡的工作做精彩
电网建设： 同心同行 固本强基	同心同行，强化电网基础，打造坚强电网、打造优秀的电网基建管理团队，以优化主网、强化配网为导向，做强做优电网资产，不断提升电网的竞争力
经营管理： 同心同行 价值引领	紧扣"创造价值、创新发展"经营理念，把对"价值引领"的追求升华为员工的思想自觉、行动自觉，助力佛山供电局创建世界一流电网企业
廉洁从业： 同心同行 永葆清廉	"永"是长期坚持；"葆"是措施及保障；"清"是形象；"廉"是本质。将廉洁文化融入管理、切入业务、植入行为，发挥廉洁文化治本功效
幸福企业： 同心同行 幸福e家	坚持"以人为本，文化引领，因地制宜，共建共享"工作思路，努力搭建"党委统一领导，行政积极支持，部门密切配合，工会具体实施，职工热情参与"的建家工作格局，实现幸福e家建设全员参与

2. "同心同行+目标导向"行为准则及内涵

佛山供电局在五个区局、瑞德公司、汇源通集团等7个单位，依据本单位的定位与发展目标，开展了"同心同行+目标导向"行为准则建设，培育基层文化建设精品（表10-2）。

表10-2 "同心同行+目标导向"行为准则及内涵

"同心同行+目标导向"行为准则	内涵阐释
禅城供电局： 同心同行 铸造精品	在文化建设过程中，通过探寻创建精品供电局的路径和实践，重点建设四个"精"的成效：一是精益的管理；二是精细的服务；三是精湛的技术；四是精彩的文化
南海供电局： 同心同行 品牌南海	依靠"五个聚力"做实、做活"同心同行 品牌南海"行为准则建设，凝心聚力打造管理品牌、服务品牌、安全品牌、技术品牌、廉洁品牌等"五个品牌"
顺德供电局： 同心同行 劲道顺德	"劲"源于龙舟竞渡，体现顺德供电人勇当排头兵的争先精神。"道"为正道、正轨，表示引导全体员工转变旧思维旧观念，逐步将工作推上正轨。"顺德"，寓意顺天明德，表达全体员工对达成工作目标的信心和期盼
三水供电局： 同心同行 情聚三江	以"同心同行 情聚三江"行为准则建设引领，实现"上下同心、内外和顺、步伐协调、幸福同行"
高明供电局： 同心同行 璀璨高明	倡导勇于先行、勤于践行、敏于执行，体现高明供电人在全省新一轮大发展中建设璀璨高明的共同愿景
佛山瑞德能源投资公司： 同心同行 助力主业	以"树大局意识、重技术提升、育精英人才、强科技创新"为思路，助力佛山供电局实现当好南网基层供电局排头兵的目标
汇源通集团： 同心同行 精益管理	通过文化宣传，结合年度工作将精益管理导入到各条业务线日常工作中，逐步沉淀成就企业精益行为准则

四、党建工作与生产经营深度融合

习近平总书记高度重视国有企业党的建设和改革发展，在全国国有企业党的建设工作会议上指出"坚持党的领导、加强党的建设是我国国有企业的光荣传统，是国有企业的'根'和'魂'，是我国国有企业的光荣传统和独特优势"，并强调了国有企业"要坚持党的建设服务企业生产经营不偏离""要推进党建工作与生产经营深度融合"。由此可见，党建工作在企业发展中的作用越来越明显。为此，佛山供电局在实践中逐步走出了一条属于自己的特色党建之路，并以"同心同行"党建品牌为指引，推行"把难题交给支部、把重任交给党员"，紧盯客户服务，让降低客户投诉成为各级党组织的书记项目。企业领导人员成为企业文化的自觉传播者和带头实践者，并将这个行为准则与企业生产经营的各个环节深度融合，将党建工作延伸到基层组织。

(一) 四个深度融合

佛山供电局作为中国南方电网广东电网公司直属的国有特大型企业，时刻牢记"央企姓党"，高度重视党的建设工作，坚持和加强党对企业的全面领导，积极探索党建与业务深度融合的路径和方法，结合工作实际形成了"四个深度融合"（政治建设与改革发展深度融合、组织建设与生产经营深度融合、思想建设与宣传文化深度融合、从严治党与从严治企深度融合）的实践做法，有效促进党建与业务在组织上、思想上、机制上、行为上实现深度融合，进一步提升了基层党组织组织力和战斗力，为推动企业高质量发展注入了强大动力。

"四个深度融合"是佛山供电局党委以习近平新时代中国特色社会主义思想为指导，为贯彻落实新时代党的建设总要求和新时代党的组织路线，全面承接广东电网公司工作部署所建立的特色品牌，它把党建与业务"深度融合"作为党建工作的主线，充分发挥了党组织和党员的作用，切实提升了党建推动企业改革发展的能力。

1. **推动政治建设与改革发展深度融合**

佛山供电局充分发挥了党委"把方向、管大局、保落实"的领导作用，促进党的领导融入企业治理各个环节。首先，佛山供电局始终坚持用科学理论指导实践，把学习贯彻习近平新时代中国特色社会主义思想作为理论学习中心组学习、党员干部教育培训、民主生活会、组织生活会、党支部学习首要内容，持续推进学习贯彻往深里走、实里走、心里走，不折不扣贯彻上级决策部署。其次，坚持党对国有企业的领导是重大政治原则，进一步健全决策机制，制定党委会议事规则及配套制度，明确党委前置研究重大问题的主要内容和决策程序，推动企业决策科学化、规范化，并坚持党建工作与业务工作同研究、同部署、同推进、同落实，通过建立党建工作领导小组例会机制和党建工作例会机制，加强对全局党的建设以及各业务领域党建工作的部署和过程管控。最后，佛山供电局还制定了《佛山供电局领导班子成员落实全面从严治党责任清单及到位标准》，以工作清单形式明确领导班子成员"一岗双责"工作要求，进一步压实工作责任。同时，推行实施"委员领题"，聚焦生产经营重点任务及工作短板，分层分级开展重大课题攻坚，由局党委委员领题牵头，各部门、各单位主要负责人深度参与，形成了全局层面"十大攻坚课题"，着力破解企业改革发展中的重点难点问题。

2. 推动组织建设与生产经营深度融合

佛山供电局通过不断扩大党的组织和党的工作覆盖面，从而推动党的组织和队伍嵌入企业生产经营中。首先，积极发挥基层党组织的战斗堡垒作用。通过推进"支部建在项目上"，在基建项目等业务前沿成立临时党支部或组建党员突击队等举措，进一步扩大党组织的覆盖面，构筑坚强堡垒。同时，强化党支部标准化、规范化建设，全面落实《中国共产党支部工作条例（试行）》，建立标杆党支部评价体系，开展党支部达标、标杆评选，分层次、分领域选树一批先进支部典型，排查和整顿后进支部，提升党支部建设质量。其次，充分发挥领导干部的示范表率作用。通过强化党员领导干部担当有为，并对基层联系点党的建设、重点任务、关键指标、短板提升、纪律作风等落实包干责任，促使领导干部深入基层及时掌握队伍情况及工作情况，更有针对性地指导基层开展工作。此外，佛山供电局还建立了"月协调、季总结、年评价"过程管控机制，加强收集问题的闭环管理，集中力量解决基层存在的"疑难杂症"。最后，发挥党员队伍的先锋模范作用。佛山供电局大力践行"人民电业为人民"企业宗旨，在全局策划组建了 31 支共产党员服务队，按照统一建设管理、统一工作标准、统一品牌形象、统一活动阵地原则推进党员服务队标准化建设、规范化管理；并聚焦群众用电热点、难点问题，积极探索实施客户用电资产表后服务，努力打通服务群众最后 100 米。此外，佛山供电局还聚焦重大工作任务，成立了一支专家共产党员服务队，全力支持和服务粤港澳大湾区建设。

3. 推动思想建设与宣传文化深度融合

佛山供电局通过推动党建与业务在思想认识上深度融合，努力构筑思想文化引领新高地。首先是加强意识形态管控。一方面，压紧压实意识形态责任，严格落实意识形态工作责任制，进一步规范局各二级党委意识形态工作；另一方面，积极推进"同心聚力"密切联系群众工作，通过综合运用谈心谈话、员工辅导、探访慰问、跟班作业、书记家访等方式，及时了解员工思想动态，每季度分析、研判员工思想状态，建立重点关注问题、重点关注人员库，及时查找和解决苗头性和倾向性问题。其次是加强思想政治引导。加强理想信念教育，扎实推进"不忘初心、牢记使命"主题教育，注重抓好学习教育，推进"一支部一阵地，一阵地一书屋（书架）"建设，依托党建阵地开展形式丰富的学习活动，引导广大党员干部读原著、学原文、悟原理。同时，加强党性锤炼，将党员教育培训纳入全局"精英、群英、雏鹰"培训。在干部员工轮训班及各单位个性化培训中，鼓励各单位、各班站所开展形式多样的教育培训，提升员工政治素养，并在干部培训中设置党史国史、党性修养、企业文化等课程，全面提升干部思想政治工作水平。最后是加强企业价值观传播。佛山供电局全方位宣贯《南方电网企业文化理念》，组建宣讲团"进机关单位、进供电所、进班站"宣贯解读企业文化理念。持续开展典型人物梯队化培育，定期推送《平凡之路》典型人物专题宣传，建设"荣誉殿堂"，以"佛电榜样"传播身边的正能量，着力提升典型影响力。通过持续优化"同心同行 Do Best"行为准则体系，充分融入班组文化建设，着力培养一批基层班组文化的传播者和实践者，推动企业价值观融入管理、切入业务、植入行为，形成更大合力。

4. 推动从严治党与从严治企深度融合

佛山供电局通过推进全面从严治党向基层延伸，为党建与业务深度融合提供坚强保障。首先是抓好纪律作风建设。一方面，加强作风纪律教育，面向基层班站所开展"同心同行 永葆清廉"作风与纪律教育宣讲，创作《扫雷人生》《抉择》等纪律教育微电影，增强基层员工的纪律和规矩意识，并制定《佛山供电局承接落实网、省公司加强机关作风建设要求工作措施表》，落实加强机关作风建设具体举措，加强监督检查，定期通报发现问题，从严动真深化作风建设。另一方面，通过制定并执行《佛山供电局员工纪律管理五条铁律》，强化员工纪律管理，实现明纪在前，预防在先。其次是抓好监督执纪问责。通过推进政治巡察工作，落实五年巡察规划，开展机动式巡察、常规巡察以及整改"回头看"工作，做好党内监督最后"一公里"。坚持有责必究、有责必问，紧盯权力集中、资金密集、资源富集的领域，严肃查处"四类"重点问题，强化"一岗双责"责任追究，坚持惩治腐败零容忍，做到减存量、遏增量。最后是抓好党建责任制考核，优化党的建设考核体系。通过制定年度党建工作责任制考核方案，突显党建引领作用，并将党建与业务深度融合作为考核评价重要内容，科学设置综合考评指标，把生产经营指标类、任务类工作情况纳入到考核体系，此外，佛山供电局还将党建工作责任制考核结果作为各单位组织绩效评定的前置条件，明确党建责任制考核得分低于 90 分的单位组织绩效不能评为优秀等级，切实以企业改革发展成果检验党的工作和战斗力，充分发挥好考核"指挥棒"作用，高度实现党建责任制考核与经营业绩考核同频共振。

5. "四个融合"工作成效

（1）组织建设更有合力

佛山供电局党委把促进生产经营作为基层党组织提升组织力、强化政治功能的主要抓手，在基层推行了"一局一党委""一所一支部"，在机关推行"一部门一支部"，进一步推广"支部建在站上""支部进项目"，党组织覆盖率在广东电网公司各地市供电局中率先达到100%，党组织的组织力显著增强。2018年，佛山供电局共开展"大学习、大讨论"，制定深入学习宣传贯彻党的十九大精神工作措施共68项，重点突出党建统领作用。各级党组织通过聚焦生产经营重点、难点问题，引导党员和群众心往一处想、智往一处谋、劲往一处使，凝聚党员群众力量攻坚克难，形成上下拧成一股绳、齐心协力干事创业的工作格局。近年来，局各级党组织先后获得"中央企业思想政治工作先进单位""南方电网公司先进基层党组织"等多项省部级及以上荣誉，党组织的创造力、凝聚力、战斗力显著增强。

（2）队伍建设更有活力

佛山供电局党委注重在推动党建与业务深度融合中加强党员队伍建设，坚持党管干部原则，加大对年轻干部的培养。为了进一步优化干部梯队结构，2018年，佛山供电局共举办"三英"培训班100期，开展各类人才评价72期。截至目前，全局3357名在岗党员中，本科及以上学历占比40%，中级及以上技术职称占比46%，高级技能人才占比60%，建设了一支高素质党员队伍，全局人均素质当量达到1.09，位居全省前列。同时，局党委注重在生产经营工作中加强党员党性锤炼，通过党员示范岗、党员责任区、党员服务队、党员突击队等载体，为党员搭台子、压担子，党员在带头开展工作的过程中锤炼作风、提升能力，进一步坚定理想信念，强化宗旨意识和使命担当，先锋模范作用进一步发挥，涌现出一批批先进典型代表和先进事迹，带动更多党员和群众在企业改革发展中贡献力量，从而更好地促进党建与业务深度融合。

（3）服务群众更有张力

一方面，佛山供电局党员队伍对内服务更加暖心。通过开展"三同五包"工作，党员领导干部对基层联系点的指导重心下移、工作前置，增强了服务基层、服务员工意识，拉近了局领导、党员领导干部与基层一线员工的距离，党员领导干部面对面倾听基层员工的心声、收集员工诉求，党群关系、干群关系更加紧密，达到了"凝聚人心、攻坚克难"的效果。另一方面，对外服务更加贴心。局党委将党员服务队建设纳入局优化营商环境十大电力服务新举措重要内容，通过推进党员服务队建设进一步拓宽供电服务渠道，提升供电服务质量。截至目前，全局各共产党员服务队共开展各类服务 43 800 余次，服务困难群众 2350 余户，开展客户表后资产服务 1830 余次，用实际行动为群众办实事、解难题、做好事，服务队有关事迹先后被人民网、《南方》杂志、信息时报、佛山日报、佛山电视台等多家主流媒体进行深度宣传报道，赢得了良好的社会口碑。

（4）企业发展更有动力

佛山供电局党委坚持党建引领改革发展，推动党建融入业务，充分发挥了各级党组织和广大党员在生产经营中的带动作用，为企业高质量发展注入强大动力，取得明显成效。近年来，佛山供电局树立了"四抓一创"工作思路，明确提出"三年三提质"发展路径，科学构建"四位一体"指标体系，全面提升企业管理水平，在"两册"应用、供电可靠性管理、安风体系建设、营配信息集成等方面取得重大突破，各项关键衡量指标实现质的飞跃，并先后获得了"全国五一劳动奖状""全国安全文化建设示范单位"等多项全国性荣誉，供电可靠性连续 8 年位居全国前 10 名，供电服务连续 10 年位居全市公共服务满意度第一名。

（二）构建国有企业党的建设标杆评价体系

佛山供电局贯彻落实新时代党的建设总要求，通过构建国有企业党的建设标杆评价体系，着力打造了国有企业党的建设标杆，以一流党建引领和保障一流企业建设。该标杆评价体系以"正确导向""科学设计"及"注重实效"为构建原则，从多维度、多层级搭建了评价模型，分别从基层党委、党支部和党员三个层面设计评价体系，并在基层党委和党支部层面设置"达标"和"创标"两个维度，在党员层面设置"合格"和优秀两个维度，每个维度下设一级、二级和三级评价指标，并通过明确评价指标、设置指标权重、明确评价条件等步骤，进行层层细分，做到定性与定量相结合，为各级党组织创建标杆提供了可量化的标准和指引。该标杆评价体系的构建实现了党的建设质量的有效评价，切实提升了基层党建的工作水平，在佛山供电局取得了显著的成效，实现了党建工作与生产经营的深度融合，具体评价体系相关内容详见第十二章课题案例之"全面提升新时代党的建设质量，创建国有企业党的建设标杆"。

五、人才队伍建设

无论企业是刚起步还是已经打拼多年，如何获得和留住有才华的优秀员工都是企业需要持续思考的问题。因此,对企业员工进行合理的吸引、保留、激励和开发,会对组织绩效以及组织战略的实现产生积极、重要的作用。世界一流企业的人力资源管理活动需与企业战略匹配,一方面,人力资源管理战略要与外部环境、组织战略保持一致;另一方面,人力资源管理职能内部保持一致。佛山供电局在创建世界一流电网企业的道路上,始终以"企业第一资源,发展竞争之本"作为人才理念,优化人才成长环境,完善人才工作服务体系,形成横向协同、纵向联动的人才工作格局,建设矢志爱国奉献、勇于创新创造的人才队伍。此外,佛山供电局还通过推动人才队伍发展改革创新,全力打造了一支政治可靠、业务精湛、甘于奉献的优秀人才队伍,为创建世界一流企业提供了坚强的人才保证和广泛的智力支持。

(一)人才发展工作机制

在人才的培养开发上,佛山供电局始终坚持"党管人才"原则,树立了科学的人才观,通过完善选拔任用、学习发展、考核监督三大管理机制,建设高素质的人才队伍。

1. 选拔任用机制

人才的选拔任用对于一个企业来说是十分重要的,首先,合适的、优秀的人才是确保组织战略目标实现的最根本保障;其次,弥补决策失误的代价极高,虽然可以采取适当的方式后期弥补,但"亡羊补牢"的做法会导致组织产生额外的成本。因此,要敢于用人,善于用人。在干部的选拔任用方面,一是完善动议机制。二是优化考察机制。在干部选拔任用时,充分发挥局党委集体把关作用,党委重点把好政治关、品行关;行政班子把好能力关;纪委把好廉洁关。并通过不断完善纪检人员独立考察谈话、任前廉规考试、个人有关事项报告查阅等方式方法,深化组织考察评价。三是坚持常态化竞争上岗机制。坚持常态化开展干部岗位竞争上岗,把组织选拔和竞争上岗有机结合起来,从实际需要出发,合理控制竞争上岗的职数和范围,并不断优化竞争上岗程序和方法,完善竞岗资格条件、评价方式和评价内容,确保选拔出来的干部政治坚定、实绩突出、群众认可。在技术技能人才的选拔任用方面,一是完善岗位管理体系。依据岗位任职资格条件,绘制专业技术和技能岗位的"岗位晋升地图",明确专业技术类和技能类员工职业发展通道,为员工开展职业生涯规划提供正确的指引。二是坚持"空缺职数竞聘上岗"机制。以"分专业、分单位"为原则,确定助理技术技能专家的职数,并在定编的基础上根据空缺职数开展专家选聘,实现专家能上能下，畅通优秀技术技能人才走上专家岗位的通道。

2. 学习发展机制

树立有效的学习与发展机制，有利于帮助企业员工达成良好的工作绩效，从而持续地为组织做出积极的贡献，有助于培育学习型组织。学习型组织指的是组织成员总是在不断地学习新东西，并把他们所学到的新知识持续不断地运用到组织所提供的产品和服务质量的改善中去的组织。在国资委确立的13项世界一流企业的共性要素中就有一项定义为"重视领导力建设，建立起学习型组织"，因此，佛山供电局鼓励和支持企业中所有员工持续学习，并制订了完善的培训计划，吸引和留住优秀人才。一是实施"雏英启航"培训计划，通过着力培养新入企员工，优化新员工培养模式和标准。同时，加强局层面统筹培训力度，建立新员工定期集训计划和主网岗位跟班锻炼机制，按能力评价结果定岗定级，帮助新员工尽快成长。二是实施"群英续航"培训计划，通过着力培养专技及技能岗位员工，梳理并建立各岗位的核心技术技能清单，实现核心技术技能清单课程、师资的全方位匹配。同时，统筹兼顾"通才"和"专才"的培养，坚持岗位胜任能力评价和练兵比武常态机制，通过建立通用培训模式，形成技术技能员工年度轮训机制，持续提升专技和技能岗位员工的执行力和专业能力。三是实施"精英领航"培训计划，着力培养管理岗位人员。通过构建符合干部胜任力素质模型的培训模式和课程体系，组织开展各级干部分层分类的培训，提升管理人员的战略思维和领导能力。此外，"三英"培训计划还会结合"激励积分卡"的积分情况，对表现优异的新员工授予荣誉称号。

3. 考核监督机制

佛山供电局考核监督机制的建立是为了确保企业员工的工作活动和产出与组织目标保持一致，它既有利于领导层和员工就如何实现组织目标达成共识，也有利于通过管理手段来提高组织成功的可能性。

（1）加强综合考核

首先，持续优化考核方式方法，实施更加科学的干部人才年度考核、试用期考核、任期考核。其次，是坚持岗位胜任能力评价常态机制，通过实行任期制，建立岗位胜任能力复评机制，引导人才自觉提升岗位胜任能力。最后是强化专家任期考核，通过促进专家在任期内提升业绩，发挥专家作用。

（2）加强日常管理

一方面，各级领导班子要加强对本单位干部人才的管理，并对所属的干部人才负有提名、监督、提出奖惩建议的责任，对于因身体、工作态度、工作能力等原因，无法正常履行工作职责的干部人才，所属领导班子应及时向局党委或人力资源部提出调岗、退出岗位的建议。另一方面，各单位日常管理的干部有受到警告及以上处分的，所在单位当年考核不得评为"优秀"等级。

（3）加强干部监督

加强对干部正确履职、遵纪守法的检查和监督，搭建干部监督联动机制，加强人事与监审、党建的信息互通，用好提醒、函询、诫勉等措施，对干部苗头性、倾向性问题，早发现、早提醒、早纠正。此外，还要加强干部任职回避和工作回避管理，加强干部企业、社会团体兼职管理等，并完善干部谈心谈话机制，对各级干部每年至少谈话一次，及时掌握干部的工作、思想、学习、生活情况。

（二）人才队伍建设

佛山供电局始终坚持"人才是第一资源"的理念，着力加强管理人才、技术技能人才、后备人才三支队伍建设。

1. 管理人才队伍建设

在党务管理人才队伍建设方面，始终以选优配强专职党支部书记、选优配强纪检监察干部队伍为目标，严格按照标准进行干部的提名、考察和任用工作。并通过严格专职党组织书记的职称要求来提升专职党组织书记履职能力。一方面，建立专职党组织书记特别是基层党支部书记的岗位胜任能力标准，组织好培训和学习，促进党支部书记履职能力进一步提升；另一方面，加大党务干部与经营干部的交流力度，通过加强"双向交流"，切实增强党务干部队伍活力。

在经营管理人才队伍建设方面，佛山供电局按照好干部标准，选好用好各年龄段的干部。一方面，通过优化领导班子配置、加强交流轮岗等方式，完善各级领导梯队，促进干部之间跨专业、跨区域的交流，并允许干部有机会选择自己的职业发展方向，从而保持干部队伍活力。另一方面，佛山供电局还通过有计划地组织工作经历单一的干部多岗位锻炼，提升干部专业化水平；通过完善挂职锻炼机制，为干部提供挂职锻炼和学习平台，加快干部成长；通过实施干部学历提升计划，着力提升干部队伍知识化水平。

2. 技术技能人才队伍建设

（1）推进技能拓展，培养通才型人才

首先是优化高级作业员和班组长的岗评标准，即在现有基础上，优化高级作业员和班组长的岗位胜任能力评价标准，并根据实际工作需要，研究增加相关专业的技能要求。其次是提升高级作业员和班组长岗位持证要求，根据班组的工作实际，在相关岗位实施持双证的上岗持证要求。最后是建立技能岗位员工跨专业学习锻炼或轮岗机制，由用人单位根据员工的多技能发展要求，组织技能岗位员工开展相关班组间学习锻炼或轮岗，并通过实际工作多专业的历练，促进员工成长为通才型人才。

（2）推进各专业领域的专才培养，为基层单位培养技术技能骨干

根据各专业的人才需求情况，在各区局和二级机构培养一批技术技能精湛、能融会相关专业领域业务知识的专才，为局的各专业领域业务基础的夯实发挥支柱作用，并为技术技能专家队伍储备人才。首先是建立专才选拔机制，通过基层单位推荐，相关业务部门考核确认的方式挑选专才培养对象，为基层单位培养技术技能骨干。其次是完善专才培养的课程体系和培养标准，优化专才的培养、评价和退出机制，并建立各专业专才的培训课程体系和师资团队，提升专才的培养效果。在培养期满后，对专才培养对象进行评价和考核，通过者成为专才，并对学习过程中培养对象的情况进行动态跟踪，畅通退出渠道。再者，以专才带动技术技能骨干的培养，通过引导各单位以专才培养为契机，带动本单位技术技能人才的发展和培养。最后是建立优秀专才纳入专家后备培养机制，对于符合专家后备条件的专家，纳入专家后备进行管理，从而推动优秀人才的持续成长。

（3）充分发挥技术技能专家的引领作用，带动一线员工队伍技术技能提升

通过完善专家工作室的运作，将自身打造成推进专家团队建设和专家开展科研创新、技术攻关、人才培养的工作平台。首先，加强专家的团队管理，通过分专业成立专家工作室，并纳入相应的专家后备和专才培养对象，从而增强专家队伍的凝聚力，发挥专家的团队作用和合作力量。其次，探索建立跨单位专家团队开展科研创新的机制，滚动更新专家科研创新项目库和职创项目库，充分发挥专家在创新方面的引领作用。接着，落实专家团队开展技术攻关、解决日常技术问题等机制，并通过搭建问题动态收集平台，及时收集各单位无法自行解决的技术问题，由专家团队跟进解决，充分发挥专家在夯实日常运营基础方面的作用。最后，推进专家兼任培训师计划，开展专家"师带徒"工作，通过内部人才交流平台进行双向选择，从而充分发挥专家的人才培养作用。同时，强化专家的考核管理，通过坚持"双重考核"的年度考核模式、技术技能专家代表季度座谈会机制等模式和渠道，发挥专家的参谋作用，营造"尊重技术技能人才"的氛围。

(4) 加强技术人才培训，建立通用培训模式

通过建立"准军事化训练＋核心技术技能＋职业素养"的通用培训模式，形成了技术技能岗位员工年度轮训机制。一方面，梳理并建立各岗位的核心技术技能清单，实现核心技术技能清单课程、师资的全方位匹配，促进员工技术技能的持续提升。另一方面，加大对专家参加培训的支持力度，建立专家培训经费单列管理机制，并依托广东电网公司的外部师资资源，定期选派专家参加广东电网公司的管理大讲堂和前沿技术培训，从而深化与上级单位的人才交流，提升专家培训的针对性和实效性。

3. 后备人才队伍建设

（1）建立分层级的后备人才队伍

佛山供电局加强了各级后备干部队伍的建设，并定期进行集中补充和调整。对于南方电网公司级专家后备人才和广东电网公司级专家后备人才，选拔了相应的技术及技能专家后备人才，并定期进行集中补充和调整。

（2）强化后备人才培养和使用

对于后备干部，佛山供电局坚持"重在培养，同等使用"的原则，通过集中培训、交流轮岗、挂职锻炼的方式，加强后备干部的培养和使用。对于后备专家，首先是将助理级专家后备人才纳入专家工作室，通过与在聘专家"1＋1"的结对模式，深度参与科研创新、技术攻关、人才培养等工作，促进专家后备的能力提升。其次是着力加大对广东电网公司级专家后备的支持力度，在科研项目、技术攻关等方面给予全面支持，实现业绩的持续积累，助力其向高等级专家发展。最后是加大对专家参加培训的支持力度，通过建立专家培训经费单列管理机制，对于专家购书和参加培训所需经费可单列申报和开支。

同时，佛山供电局还完善了后备人才退出机制，通过对后备人才进行动态跟踪，密切掌握其学习、考核、奖惩等情况，从而完善后备人才退出机制。

（三）人才发展保障体系

佛山供电局以服务人才队伍发展为根本出发点，加大改革创新力度，打造了职业发展、全方位激励、培训平台支持三大保障体系。

1. 职业发展保障

（1）优化人才发展通道

对于干部，进一步畅通发展通道，优化选拔资格条件，明确干部学历职称要求，强调基层经历要求、工作履历要求，引导干部员工扎根岗位，扎扎实实做好本职工作；对于技术技能员工，在完善培养和发展通道的同时，建立起员工成长各环节的人才区分、培养、选拔和发展激励机制，帮助员工在技术技能通道上得到持续发展。同时，适应企业发展需求，关注培养关键专业的高级技术技能人才，尤其是目前紧缺的配网自动化人才、技经人才等；对于一般员工，坚持能力与经验并重的原则，优化各岗位在教育背景、职业资质、工作经验、岗位胜任能力四个方面的任职资格条件，并建立清晰的岗位发展地图，鼓励引导员工在技术技能岗位历练成长。此外，还打通干部与专家的发展通道，对于符合条件并通过考评的科级干部及专家，经组织考察，可转聘至相应的岗位。

（2）建立"能下、能出"机制

对于专家岗位，要建立"能出"机制。首先是对空缺职位采取竞聘上岗的方式，通过每年开展技术技能专家选聘，在定编的基础上根据空缺职数，综合考虑人才队伍结构和专家队伍现状，开展专家选聘。其次是坚持从严选聘、宁缺毋滥，严格按照各项选聘程序来选拔专家，尤其是在选聘高等级助理技术专家时，引入外部专家评委，确保选聘的客观性和公正性。最后是坚持同等条件择优聘任的原则对于任期考核未达优秀而无法直接续聘的专家，面向全体员工进行公开竞聘。"能上能下"的专家流动机制，有利于更优秀的技术技能人才走上专家岗位。

对于员工，建立"能下"机制。佛山供电局通过强化用工单位的主体责任，建立了有效的培训转岗机制，引导用工单位将未能胜任岗位工作的员工包括态度不好、能力不够、业绩不佳的员工强制性退出岗位，经过离岗培训或集中学习后重新到内部人才市场应聘岗位，激发员工队伍活力，防止人力资本沉淀。首先是结合岗位任期建立岗位胜任能力复评机制，根据复评结果相应调整岗位胜任能力等级和岗位岗级，引导员工自觉提升岗位胜任能力。其次是完善任期制管理，对岗位人员实行任期制的动态管理，岗位聘任期满后，所有岗位人员由局统一组织开展聘任期满考核和岗位胜任能力评价，并根据考核和评价结果开展组竞聘工作。再者，建立基于聘任期满考核和绩效考核的岗位退出机制，对于员工岗位聘任期内年度绩效考核结果未达到规定要求的，聘任期满退出现岗位。经培训后考核合格的员工可在内部人才市场应聘岗位及上岗。最后是完善岗位接班人机制，在职能部门专业技术岗位接班人机制的基础上，建立二级机构及区局专业技术岗位接班人机制，促进专业技术类的员工岗位能进能出。

（3）建立人才信息档案库

一方面，建立干部信息档案库。按照"性格类型、能力素质、绩效信息、监督信息、研判材料"五个维度，按"一人一档"原则建立起干部信息档案。在干部选拔任用方面，在组织选拔、竞争上岗、干部交流等工作中，信息档案库可以及时为领导决策提供更多参考依据。在干部培养方面，通过对干部个人信息的分析，可以分析干部与岗位的匹配状况，分析干部素质能力的优势和劣势，有针对性地制订干部培养计划。另一方面，建立技术技能人才档案库。为专才、专家后备和专家分别建立档案库，记录"专业特长、成果信息、绩效信息"三个维度的个人信息档案，其中成果信息主要包括了技术技能人才在科研创新、技术攻关和人才培养三方面的成果。将技术技能人才的专业特长和成果信息予以公布，为"师带徒"实现双向选择提供依据，为各类人才共同参与科研创新和技术攻关提供信息。

2. 全方位激励保障

佛山供电局按照"权利与义务相统一，激励与监督约束并重"的原则，优化物质激励和精神激励相兼顾、短期激励和长期激励相结合、正向激励和负向激励相结合的激励约束机制。

（1）充分发挥薪酬激励有效性

佛山供电局通过建立以绩效为导向，各用工单位"独立管理、自主分配"的薪酬激励模式，完善奖励设置，加大关键核心人才激励力度，提升薪酬激励有效性，优化完善员工绩效管理，从而充分激发员工的工作积极性和创造性，逐步建立适应和支持企业持续创新发展的薪酬激励体系。首先是优化完善薪酬激励，通过探索优化薪酬结构，进一步完善奖励设置，加大对核心骨干人才的激励力度，加大收入分配向一线倾斜，不断扩大中等收入人群，实现企业改革发展成果的共享。同时，赋予各单位更灵活的激励自主权，指导各单位制定以绩效为导向的薪酬分配方案，探索创新薪酬分配方式，充分发挥薪酬激励作用。其次是优化完善绩效管理。以落实岗位责任制为核心，继续优化完善班组基于工作量的绩效考核模式，丰富各类绩效管理工具，充分发挥直线经理作用，引导员工提升绩效，优化完善绩效管理体系，拓展员工绩效考核结果应用，实现"业绩升、工资升、激励增，业绩降、工资降、激励减"，既给予绩优人员充分的正向激励，又给予绩效不佳人员相应的负向激励，充分发挥绩效考核的"指挥棒"作用，逐步形成具有佛山供电局特色的绩效文化。最后是优化完善员工自我提升激励，通过对高端技术技能人才、通用型人才以及学习提升发放相应奖励，丰富对员工的物质激励。

（2）丰富非物质精神激励

佛山供电局以促进企业和谐发展和服务员工持续成长为出发点，加强人文关怀激励和职业发展机会激励，关注员工个性化激励需求，通过建立健全多角度、多层次、多向性的激励措施，推行员工自主激励，满足员工深层次需求，从而激发员工的创造力和积极性，促进员工与企业共同成长。首先是探索实施个性化激励。佛山供电局倡导和培育以人为本的员工关怀文化，建立"激励积分卡＋激励菜单"的个性化激励模式，对于业绩优秀、表扬立功、荣誉嘉奖以及在本专业、本岗位做出贡献的员工可获得业绩积分并自主选择兑换成相应的激励项目，通过赋予员工激励项目选择权，提升激励的有效性。同时，推行特享假期激励、年休假激励和专用停车区激励等新颖的激励手段，丰富对员工的个性化激励内容，逐步形成较为完善的员工个性化激励机制。其次是传递企业关注和认可。佛山供电局建立并完善了员工家属感谢信制度，让优秀员工家属共享员工成就喜悦。同时，佛山供电局还通过举办重要会议、员工座谈等活动，充分听取员工对个人发展和对企业发展的建议，提升员工"主人翁"意识。这一系列丰富有效的激励措施，充分传递了企业对员工贡献的认可，激发了员工的成就感、荣誉感和归属感。最后是充实职业发展激励体系。佛山供电局优化了岗位的分类管理，并根据岗位实际，综合考虑对内和对外因素，科学界定了岗位名称，从而更好地体现岗位工作内容，让员工有更大的岗位使命感。为特别优秀员工的进一步发展创造优先机会和条件，如可主动申请提出挂职锻炼机会，促进个人职业发展；在参加岗位公开竞聘时，对过去数年内年度绩效结果达到规定条件的员工，笔试成绩予以加分；为优秀员工提供更多学习培训机会，建立起较为成熟全面的员工发展激励模式。

3. 培训平台支持保障

佛山供电局大力推进"佛电学院"建设，从基地、课程、师资以及学习平台等入手，坚持作风建设、能力培养和文化传播并重。

（1）推进培训基地改造升级

一方面，佛山供电局通过综合考虑资源配置效率和方便使用两大要素，统筹推进各级实体培训平台建设，形成系统的培训基地体系，从而实现培训设施与培训需求的就近优化匹配。另一方面，佛山供电局建立了培训基地的统筹管理机制，提高基地的培训服务水平和后勤保障水平，实现了基地资源的全局共享，提升基地设施的使用效率。

（2）完善移动学习平台

一方面，佛山供电局在应用南方电网公司培评系统的同时，围绕业务需求和员工需求,推广运用基于手机移动端的学习平台。另一方面,通过有效的运营管理,给予员工更好的使用体验,以激发员工的使用热情,吸引员工主动应用。

(3) 建立健全管理机制

首先,佛山供电局通过优化培训的全过程有效管理机制,实现了培训管理的标准化,进一步提升了培训管理水平。其次,佛山供电局还建立跨平台课程师资共享机制,并与相关大专院校、行业内外企业大学等建立合作伙伴关系,共享基地、课程和师资等资源。最后是探索学习资源的知识管理机制,佛山供电局将"佛电学院"运作过程中的课程课件、问题答疑、员工分享等学习资源形成了有效的知识资产,并在全局进行有效共享,使每一个有需要的员工都能方便查询和使用相应的学习资源,帮助员工开展自主学习。

第五篇

创建世界一流电网企业建设成效

佛山供电局按照南方电网公司和广东电网公司的部署,立足新时代、把握新形势,大力推动各项改革措施的落地。在结合企业自身实际的同时,准确把握了创建世界一流电网企业的关键,把党的十九大精神落实到了推动公司改革发展的具体实践中。佛山供电局通过制定"三年三提质"总体框架、"四位一体"指标评价体系、推动组织结构变革、构建运营管理平台、优化营商环境等举措,打造了一条独特的"佛山之路",并且在这条道路上,始终紧扣回应新时代城市发展和居民生活对电力更高水平的需要这一时代命题,助力南方电网公司建设具有全球竞争力的世界一流企业。

在上级公司的领导下,佛山供电局始终坚持不懈地沿着"创一流"的道路行走,积累了一些经验,取得了初步的成效,为下一阶段改革奠定了基础。比"万事开头难"更难的是"百尺竿头,更进一步",因此,佛山供电局将乘势而上,全力以赴,努力提升企业关键价值,踏实走好决战"世界一流"的每一步。此外,本篇还精选了佛山供电局在"创一流"道路上的部分典型课题案例,通过展示佛山供电局创建世界一流电网企业成效,为广大兄弟单位提供可借鉴、可推广的经验。我们始终相信,只要以"不达目标不罢休"的决心和"咬定青山不放松"的韧劲,扎扎实实做好各项工作,建设世界一流电网企业的梦想就一定能早日实现。

第十一章 实施成效

创建世界一流电网企业任务的推进与深入,不仅提升了佛山供电局的关键价值,更促进了佛山供电局管理水平的提升,增强了企业竞争力,使企业能够为社会、为客户提供更加稳定、高效、便捷的供电服务,在满足社会经济发展和群众对美好生活电力需求的同时,实现了企业的高效增值。创建世界一流电网企业不仅对于企业的发展有重大意义,对于国家乃至整个社会的进步都具有促进作用。

一、关键价值提升

价值链分析最初是由美国哈佛商学院教授、战略竞争之父迈克尔·波特(Michael E. Porter)提出的,他认为企业的每个活动都有可能对最终的产品和服务产生增值行为,但并不是每个环节都能创造价值,只有那些真正创造价值的经营活动才是企业的核心竞争力。这一分析能够很好地帮助企业寻求竞争方法。在价值链视角下的精益管理思想,就是从顾客的需求出发,尽可能地使企业的生产活动只保留能够创造价值的环节,排除掉不产生价值的浪费部分,并使之有效运转起来。在关键价值方面,佛山供电局经过近几年的快速发展,实现了电网发展、客户服务、社会责任三个方面价值的全面提升。

(一)电网发展价值

在电网发展方面,佛山供电局提出了"以供电可靠性为抓手,适应佛山建成中国制造业一线城市和高品质现代化国际化大城市电网发展"的目标。在供电可靠性管理中导入先进管理理念,构建停电时间及客户投诉"双轮驱动"的供电可靠性管理模式,着力打造安全、可靠、绿色、高效的智能电网企业。通过2年多的努力,佛山供电局电网发展成果突出。首先,提高了供电可靠性,2017年、2018年全口径供电可靠性指标(未剔除重大事件)位于全国39个主要城市之首,连续8年可靠性排名全国前10名。建立全电压等级、全业务、产学研一体的不停电作业体系,成立广东立胜电力技术有限公司专业化不停电作业公司,扩大不停电作业范围和比例。打造高明不停电作业示范区,实现"设备停电检修用户不停电",全区低压用户平均停电时间0.43小时,同比下降

72.5%。其次，智能配网管理体系的建设进展顺利，佛山供电局率先建设智能配网可视化平台，实现了综合能源可视化管控，打造全网首个基于南网云平台的智能配电房，并在博鳌亚洲论坛展示；在省内推广配网主站自愈功能，推动配网非故障区域复电时间由"小时级"向"分钟级"迈进，平均故障隔离并恢复非故障区域供电时间在3.5分钟以内；打造广东金融高新区智能电网示范区，依托先进高效智能化技术，实现示范区客户平均停电时间下降至1.01分钟，可靠性达世界顶尖水平。

（二）客户服务价值

佛山供电局推进营销模式和人才队伍的不断转型升级，为提升客户满意度，深度融合配网调度和服务调度业务，打造以客户为中心的营商环境标杆，建设"低压服务快速响应可视化平台""施工单位抢单和客户服务评价平台"。通过推行"客户经理+设备主人"网格化服务模式，持续提升服务效率，大幅减少客户停电时间，提高客户的满意度。经过佛山供电局的不断努力，客户服务方面的价值提升有了一些突出的成果，首先，业务办理更加便捷。中低压办电流程精简为两三个环节，报装资料大幅精简，低压非居民用时4.27天、中压35.28天。其次，降低了客户接电成本。通过推行大湾区200千伏安及以下小微企业（工商）客户低压供电，实现客户接电"零投资"，同时落实业扩配套延伸政策，累计为客户节省48.18亿元，并助力5G网络建设提速增效，完成"直供电"改造试点381宗。再者，持续压减接电办理时间，推动政府将用户接电工程审批纳入政府工程审批平台，改串行审批为并联审批，将电力外线审批时限缩短至5个工作日。此外，佛山供电局还优化了报装流程，截至11月30日，中压业扩报装平均用时35.28天，同比下降39.96%；低压业扩非居民平均用时4.27天，同比下降31.24%。同时，佛山供电局推进落实助力佛山5G用电报装建设，累计完成了5292个5G基站的"直供电"改造，无须再经转供电环节，实现基站用电量单独结算，预计每年为客户省下近亿元电费。最后是落实了客户"一次都不跑"工作。通过将供电服务深度融入政府行政服务体系，实施"水电气电视"业务联办，推广南网统一服务平台，佛山供电局互联网业务比例达到了99.15%。

（三）社会责任价值

佛山供电局通过推动综合能源服务、电替代等举措实现了节约资源、环境友好、可持续发展社会责任价值。一方面，佛山供电局大力支持分布式光伏发电发展，促进佛山市能源转型和变革。首先，推进分布式光伏发电，联合新能源行业协会共同出台居民光伏行业规范，推动佛山市居民光伏服务公约出台，保障居民光伏行业健康有序发展。其次，简化分布式光伏发电服务流程，加快居民光伏并网效率，推行居民光伏代开发票，推进光伏结算表单"四合一"。再者，通过建设绿色电网，推动电网建设向绿色方向发展，施行电网绿色建设标准，建设低能耗、低污染、低排放的绿色电网（图11-1）。另一方面，佛山供电局还支持电动车发展，大力推进充电桩建设和运营，发展光伏充电桩，增加电动汽车充电便利性，尤其公交充电设施建设取得较大进展，禅城区郊边公交充电站正式投入运行，并获得三水区公交站场充电桩建设的建设权。2019年建成充电桩超过600个，覆盖高速路、城市公共区域、居民小区、系统内部办公场所等领域，初步形成分布密度大、辐射范围广的充电服务网。最后，佛山供电局通过践行绿色运营，不断提升降损能力和技术水平，妥善处理废弃物，深化绿色办公，降低运营能耗和对环境的影响。

图11-1　佛山首座绿色变电站——110千伏瑞颜变电站

二、管理软实力提升

（一）规划能力的提升

在当前新形势背景下，佛山供电局强化自身战略研究和规划的能力，结合SWOT实际情况分析，明确了战略制定的关键因素，规范了战略制定流程。佛山供电局持续保持目标不变、方向不偏、干劲不减，善于从变化的形势中把握发展机遇，把发展路径、工作思路与工作部署融为一体，构建了科学的"四位一体"指标评价体系，从党建、经营、电网、服务四个维度，为"创一流"工作提供强有力的指引和支撑。近几年来，战略规划能力的提升也为企业创造了突出成果，佛山供电局全面承接了广东电网公司35个领先标志，统筹推进15项行动，55项重点任务，全力打造35个标志项目，高效支撑广东电网公司领先标志、重点任务的落地实施。

（二）实施能力的提升

佛山供电局针对重点、难点问题，始终坚持以问题为导向，审视改革实践中存在的问题，通过推进先进管理系统应用，提升管理信息化水平，将提出的策略脚踏实地地应用于实践中，切实解决实际问题。以线损管理为例，佛山供电局针对此薄弱环节，结合线损动态监控，建立省地管控、分类处置的线损管控模式，持续攻坚克难，将所提出的线损管理举措落地实施，为企业实现真正的降本增效。截至2019年11月30日，佛山供电局累计查处窃电101宗，累计追补电量99.48万千瓦时；处理计量故障542宗，累计追补电量787.6万千瓦时。2019年1月—2019年10月，全局累计综合线损率（同期）2.96%，提前完成年度目标，同比下降0.13%，减少线损电量7415万千瓦时，增加企业营收5155万元。

（三）创新能力的提升

佛山供电局借助"创新孵化平台"和"E创家"，集中建设全局创新空间，研究攻关重大课题、重大难题、基础性课题，精准解决了在企业生产经营中发现的问题，探索了一条基层供电局技术和管理的创新之路。通过不断探索与持续改进，佛山供电局有效促进了各项管理创新成果的产生和与发展。两年多来，佛山供电局先后获得了国家级企业管理现代化创新成果一等奖、广东省企业管理现代化创新成果一等奖、南粤之星金钻奖QC成果、全国信得过班组等多项大奖，"大众创新"氛围浓厚。

第十二章 课题案例

佛山供电局在"创一流"之路上不断探索，积累了宝贵的经验。本章选取了部分课题案例，内容涵盖党政建设、业务优化、线损管理、配网规划、资产管理、智能电网、机器代人、基层减负等8个方面，是实现"成为世界一流电网企业"战略目标的直接支撑。在每个课题的研究中，佛山供电局都组建了以中青年业务骨干为主的攻关团队，团队成员均具有强烈的问题意识和攻坚克难的责任担当，通过发现问题、分析问题、解决问题完成课题建设，并将其转换成了适用、实用、好用的成果进行推广。这些课题具有全局性、战略性和前瞻性，能够为企业自身发展带来新思考、新思维，有利于推动企业从经验管理向科学管理转变，从而将日常的运营管理转向战略型管理。佛山供电局充分认识到，课题攻关是突破企业发展困境的有力武器，是创新提升的有效手段，也是培养人才的有效载体。通过把课题机制的建设作为立足点，以提升业务技能为切入点，把将理论运用到实践中作为关键点，持续推动课题攻关、改革创新，从实践中来，到实践中去。佛山供电局边调研边应用，边实战边总结，在研究成果转化上起到了立竿见影的效果，将各项研究成果转变为工作成果、制度成果，助力企业高质量发展。

一、案例1：全面提升新时代党的建设质量，创建国有企业党的建设标杆（本课题由佛山供电局党建工作部牵头研究）

（一）研究背景

1. 贯彻落实党中央决策部署的客观要求

习近平同志在党的十九大报告中提出"不断提高党的建设质量"的重要论断，体现了以习近平同志为核心的党中央加强党的建设的鲜明态度、坚定决心和使命担当。国企党建作为党的建设的重要组成部分，习近平总书记高度重视国有企业党的建设，在国有企业党的建设工作会议等场合，深刻阐述了国有企业党的建设的重大意义、加强党的建设的主要任务和基本要求、科学路径。全面提高党的建设质量，是新时代党的建设总要求提出的重大课题，也是国有企业各级党组织贯彻落实习近平新时代中国特色社会主义思想的重要体现。

2. 贯彻落实公司工作部署的必要举措

南方电网公司和广东电网公司高度重视党的建设工作，南方电网公司党组指出，不断提高党的建设质量，既是公司高质量发展的应有之义、重要方面，更是实现公司高质量发展的根本保证、独特优势。广东电网公司党委出台《广东电网有限责任公司创建国有企业党的建设标杆实施方案（2019年版）》，明确不断提高党的建设质量，着力打造国有企业党的建设标杆的工作目标。佛山供电局作为南方电网公司和广东电网公司基层供电局排头兵，提高党的建设质量，创建国有企业党的建设标杆既是贯彻落实南方电网公司党组、广东电网公司党委重大决策的客观要求，也是推动企业实现高质量发展的必然需要和根本保证。

3. 破解当前党建工作难题的迫切需要

党的十八大以来，在南方电网公司党组、广东电网公司党委领导下，佛山供电局党委深入学习贯彻习近平新时代中国特色社会主义思想，坚持党要管党、全面从严治党，坚决贯彻执行上级决策部署，各级党组织和党员作用发挥明显，党的建设工作扎实推进且富有成效。但面对新形势新要求，局党建工作还有许多不足，党的建设质量和成效与新时代党的建设总要求还有一定差距，例如存在党建主责主业意识不够强、党的建设标准化程度不够高、党的建设质量评价体系不够系统、党的建设品牌意识不够强等问题。这些问题影响了党建工作质量的提升，亟需采取有效的措施和方法进行解决。

（二）研究范围

1. 现状及分析

佛山供电局党委全面承接南方电网公司和广东电网公司党建工作部署，结合工作实际，积极探索提高党的建设质量，创建国有企业党的建设标杆的有效路径，在党建工作责任制考核、党员干部担当作为、党员发挥作用方面形成了一些好的做法和经验。但随着党建工作在各单位深入实践，也逐渐暴露出一些如下问题：

一是党的建设质量评价体系的系统性和科学性需要提高。目前虽然在党建考核、检查中应用各种评分细则，但缺少一套系统的、全面的评价标准来衡量各级党组织党的建设质量，主要体现在两个方面：一方面，考核评价的导向还不够明显。考核内容和指标设计偏重于党建业务本身，存在"就党建考党建"问题，党建工作绩效考评的价值导向作用不明显。另一方面，考核评价的指标还不够聚焦。在考核内容设计上，作用发挥方面定性多定量少，党建业务方面考核数量的多、考核效果的少，没有多维度、多方式进行量化，造成考核结果难以科学评价。

二是党的建设质量考评方式需要丰富。当前的考评方式方法过于单一，一般采用"听汇报、查资料、搞座谈"的方式，易产生考评工作只要把备查资料做得好就可以过关的情况，且考核缺乏过程管控的手段和结果，信息化支撑不足。现行考评过多考核事后结果，对事前计划、事中推进的动态考核办法不多，容易导致基层产生"平时放一放、考核补一补"现象。

三是创建党的建设标杆的路径需要结合实际进行优化提升。部分基层党组织开展党建工作常常局限于模版照搬，缺乏有效的工作路径和抓手，党建与生产经营融合的力度还需要进一步提升，党建工作方面尚未形成一系列具备更大影响力、更强带动性的佛山经验。

2. 研究内容

本课题研究的重点是"党的建设"，主要是按照新时代党的建设总要求，涵盖加强党的全面领导和党的政治建设、组织建设、思想建设、纪律建设、作风建设，制度建设和反腐败斗争等方面；研究的对象包括基层党委、党支部、党员三个层面；研究的时间维度为"新时代"，即党的十八大以来佛山供电局处在新的历史方位和重要时期。本课题聚焦"质量"和"标杆"两个关键词，通过构建国有企业党的建设标杆评价体系，形成一套客观公正、科学有效的衡量国有企业党的建设质量的评价标准，建立国有企业党的建设标杆评价管理机制，明确全面提高党的建设质量的路径和方法，加快建成国有企业党的建设标杆。

（三）成果内涵和做法

1. 构建国有企业党的建设标杆评价体系（图 12 - 1）

（1）构建原则

一是坚持正确导向原则。总体上紧扣"党要管党、全面从严治党"这个主

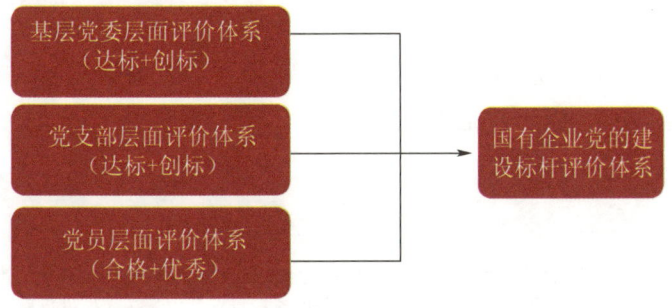

图 12 - 1　国有企业党的建设标杆评价体系框架

题,用习近平新时代中国特色社会主义思想为指导,抓住"以企业改革发展成果检验党组织的工作和战斗力"这个关键,注重发挥党组织和党员作用,推动政治优势和组织优势转化,体现党建工作的价值创造导向。

二是坚持科学设计原则。遵循党建工作的普遍规律,始终把握围绕中心、服务大局,促进企业改革发展这一主线,注重考评体系的整体统一性,有机融合改革发展生产经营及党建各业务线条评价重点,做到定性与定量相结合、以量化为主、综合评价;做到客观公正、简便易行。

三是坚持注重实效原则。着眼于企业实际,以问题为导向,聚焦重点、抓住关键,提出举措,切实增强考评体系的针对性、可行性和有效性,为上级党组织对下级党组织(党员)提供科学有效的考核依据,为基层党组织(党员)创建标杆提供标准和指引。

(2)搭建多维度体系模型

首先是评价对象。根据党组织及党员分级管理原则,国有企业党的建设标杆评价体系分为基层党委层面、党支部层面、党员层面3个层面。

其次是评价维度。基层党委层面、党支部层面的评价维度分为"达标"和"创标"2个维度,"达标"评价维度主要涵盖规定动作、到位标准以及否决项等内容,体现基层党委建设、党支部建设的基本要求;"创标"评价维度主要突出党组织发挥作用情况,体现基层党委建设、党支部建设的先进性。党员层面的评价体系分为"合格"和"优秀"2个维度,"合格"评价维度主要涵盖党员的基本义务及要求,体现合格党员的标准;"优秀"评价维度主要突出党员发挥作用情况,体现党员的先进性。

(3)构建多维量化评价指标

①党委层面评价指标。

首先是明确评价指标。"达标"评价维度包含"政治建设""思想建设""组织建设""作风建设""纪律建设""保持反腐败高压态势"6个一级评价指标①及否决项。6个一级评价指标相应分解为19个二级评价指标,否决项包括"党建党廉""安全生产""合规经营"3个二级评价指标。"创标"维度包含

---

① 设置依据:《中国共产党章程》中关于"新时代党的建设总要求"明确:"全面推进党的政治建设、思想建设、组织建设、作风建设、纪律建设,把制度建设贯穿其中,深入推进反腐败斗争,不断提高党的建设质量"。

"把方向""管大局""保落实"3个一级指标①,相应分解为"政治领导力""发展推动力""社会号召力""组织战斗力""群众凝聚力"5个二级评价指标②。

其次是设置指标权重。"达标""创标"评价维度总分均为100分。"达标"评价维度中19个二级评价指标分数设置为5分/项或6分/项;"创标"评价维度中5个二级评价指标分数设置20分、15分、10分三个等级。评价总分为100分,评价总分 = "达标"维度评价得分×80% + "创标"维度评价得分×20%。国有企业党的建设标杆(基层党委层面)评价体系框架如图12-2所示。

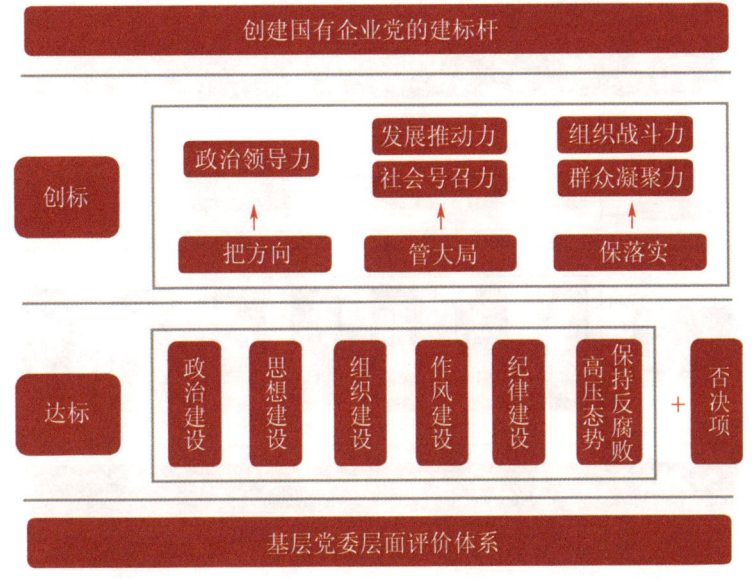

图12-2 国有企业党的建设标杆(基层党委层面)评价体系框架

②党支部层面评价指标。

首先是明确评价指标。"达标"评价维度包含党支部"政治建设""思想建设""组织建设""作风建设""纪律建设""群团工作"6个一级评价指标及否决项,6个一级评价指标相应分解为8个二级指标和23个三级指标,主要考核

---

① 设置依据:《中国共产党章程》明确"国有企业党委(党组)发挥领导核心作用,把方向、管大局、保落实,依照规定讨论和决定企业重大事项"。

② 设置依据:习近平总书记在全国组织工作会议上强调"必须更加注重党的组织体系建设,不断增强党的政治领导力、思想引领力、群众组织力、社会号召力,把党员组织起来,把人才凝聚起来,把群众动员起来,为实现党的十九大提出的宏伟目标团结奋斗"。

党支部规范化建设程度,并设置5类"否决项",明确了党支部建设中不能越过的红线底线。"创标"评价维度以"四感"体现党支部先进性,设置"使命感""认同感""归属感""成就感"四项一级指标①,设置6项具体内容,突出党支部是团结群众的核心、教育党员的学校、攻坚克难的堡垒。

其次是设置指标权重。"达标""创标"评价维度总分均为100分。"达标"评价维度中23个三级评价指标分数根据工作重要程度取值在2～10分之间;"创标"评价维度中4个一级评价指标分数均设置为25分。评价总分为100分,评价总分="达标"维度评价得分80%+"创标"维度评价得分20%。国有企业党的建设标杆(党支部层面)评价体系框架如图12-3所示。

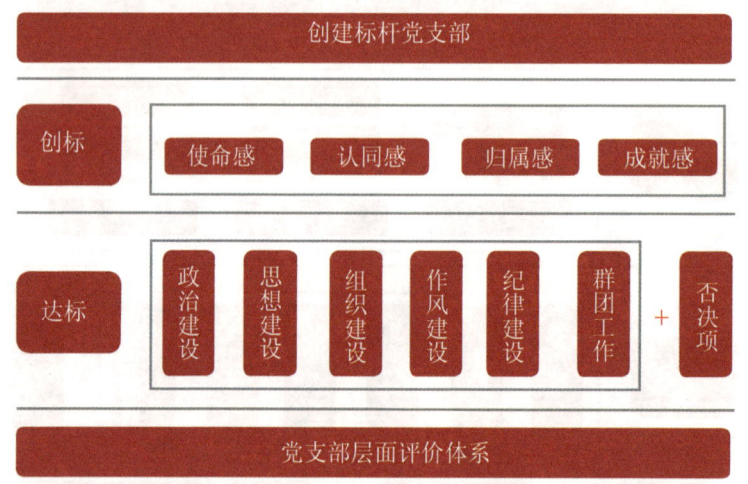

图12-3 国有企业党的建设标杆(党支部层面)评价体系框架

③党员层面评价指标。

首先是明确评价指标。"合格"评价维度包含"政治表现合格""执行纪律合格""品德表现合格""发挥作用合格""先进性测评合格"5个一级评价指标②和9个否决事项,5个一级评价指标相应分解为10个二级评价指标。"优

---

① 设置依据:根据《中国共产党支部工作条例(试行)》中关于党支部"三个党员、四个群众"的职责,结合支部服务企业改革发展以及凝聚职工群众的重点任务,为突出发挥支部战斗堡垒作用,设置了"创标"评价维度中的指标内容。

② 设置依据:党中央印发《关于推进"两学一做"学习教育常态化制度化的意见》,明确了新时代对党员的基本要求。该意见指出,推进"两学一做"学习教育常态化制度化,要引导党员做到"四个合格",即各级党组织要教育引导广大党员按照"四讲四有"标准,做到政治合格、执行纪律合格、品德合格、发挥作用合格。

秀"评价维度包含"发挥先锋模范作用突出"1个一级指标，相应分解为"业绩好""作风好""形象好"3个二级评价指标。

其次是设置指标权重。"合格""优秀"评价维度总分均为100分。"合格"维度中"先进性测评合格"占30分，引用党员先进性测评得分，党员先进性测评分数＝支部评价得分×35％＋党员互评得分×30％＋群众评价得分×35％。评价总分为100分，评价总分＝"合格"维度评价得分*80％＋"优秀"维度评价得分*20％。国有企业党的建设标杆（党员层面）评价体系框架如图12－4所示。

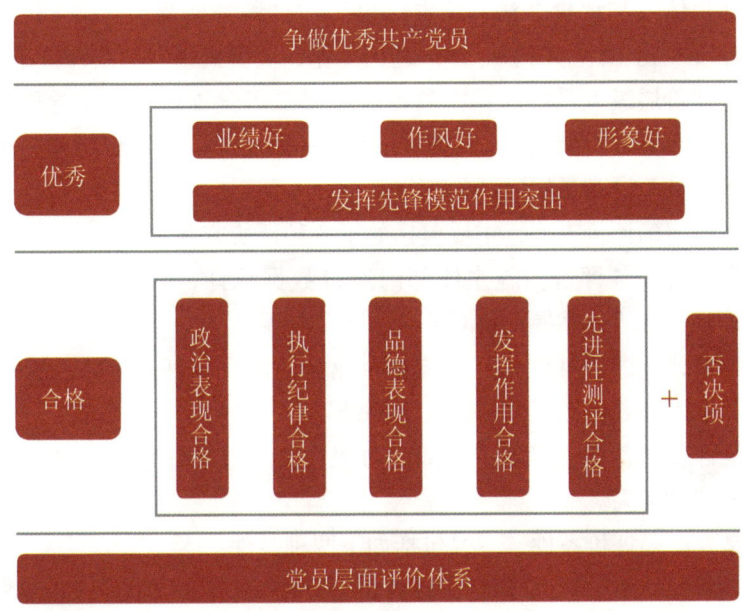

图12－4　国有企业党的建设标杆（党员层面）评价体系框架

2. 建立国有企业党的建设标杆管理机制

全面提升新时代党的建设质量，创建国有企业党的建设标杆是一项系统的工程，需要一个持续的过程。国有企业党建的建设标杆评价体系的搭建，明确了创建标杆的具体标准和工作指引。如何进一步应用评价体系，促进党的建设质量提升，需要建立一套国有企业党建的建设标杆管理机制，实现创建标杆的全过程管控。佛山供电局结合工作实际，引入精益管理中的标杆管理工具——"标杆环"，从立标、对标、达标、创标4个环节推动评价体系落实落地，持续改进，为创建国有企业党的建设标杆提供有效实施路径。同时，本课题选取了2个二级党委、5个基层党支部、30名党员代表开展试点工作。佛山供电局结合试点情况及试点经验，对建立国有企业党的建设标杆管理体系进行了有益探索和实践。

（1）规范立标，形成评价办法

立标环节，主要是以《国有企业党的建设标杆评价体系》为评价标准，建立与之配套的评价办法和评价模式。

首先是要明确评价实施主体，主要包括如下两个主体：

①明确实施主体责任。党委层面履行管党治党主体责任，领导党的建设标杆评价工作，审定评价结果。党建部统筹协调党的建设标杆评价工作，牵头制定和完善评价体系和评价办法，负责评价工作过程管理及评价结果的分析、整理工作。评价实施主体部门参与评价过程工作，负责提出专业线评价结果。

②明确评价层级关系。局党委负责对所属二级党委开展基层党委层面评价工作，二级党委负责对所属党（总）支部开展党支部层面评价工作，党支部负责对所管理党员开展党员层面评价工作。

其次是要明确评价方式，主要包括如下3种评价方式：

①日常评价。各评价实施主体部门通过数据统计、任务督办、工作报表、工作例会等具体方式，掌握评价对象日常工作情况。

②自查自评。评价对象对照《国有企业党的建设标杆评价体系》中相应的评价标准，全面开展自评工作，形成自评结果。

③现场评价。各评价实施主体部门对照评价体系对评价对象开展现场评价工作，形成评价结果。

最后是要明确评价条件，主要包括如下两种条件：

①"达标"（"合格"）评价维度评价得分在90分及以上的评价对象，才具备参评"创标"（"优秀"）评价维度的资格条件；评价对象在"达标"（"合格"）维度中触及"否决事项"任何一条的，不能参与"创标"（"优秀"）评价维度评分。

②评价总得分大于等于90分的评价对象，具备评为标杆党组织（党员）的条件。

（2）动态对标，开展自查自纠

对标环节，主要是由评价对象对照《国有企业党的建设标杆评价体系》中相应的评价标准，采用PDCA闭环管理方法，全面摸清自身情况，巩固和提升好的经验做法，找出问题和差距，进行分析并制定优化改进措施，努力达到标杆标准的过程和路径。对标过程主要包括四个环节：

一是全面检视剖析。评价对象逐项对照评价标准进行自查自评，通过列出满分项和扣分项，找出自身存在的优势和劣势，并进行对照分析，形成"成效—问题—风险"清单。

二是制定改进方案。针对已取得的成效，提炼经验做法，持续巩固深化；针对查摆出来的问题和不足，有针对性地制定改进措施，明确责任人和完成时限；针对存在的风险，做好预防管控，避免出现类似问题。

三是落实改进措施。逐项落实改进措施，对于工作周期较短的改进措施，及时进行闭环；对于工作周期较长的改进措施，定期跟踪落实情况，持续推进整改；对于一些自身无法解决的问题，积极向上级争取资源和条件进行改进。

四是评估改进效果。定期对改进情况进行"回头看"，重新对照评价标准进行自查自评，总结分析整改效果，对于有效的做法持续巩固，对于效果不明显的措施及时优化改进，务求在自查自纠过程中有变化、有进步。

(3) 从严达标，开展系统评价

各评价实施主体部门根据评价办法，严格按照评价标准对评价对象进行全方位、多维度的评价。系统评价涉及评价对象、评价指标、评价标准等多个方面，其评价过程主要包括如下4个环节：

一是日常评价。各评价实施主体部门根据评价对象日常工作表现，对评价指标实施状态监控。

二是现场调研。各评价实施主体部门组成评价小组，通过现场查看、调阅台账记录、走访党员群众等了解工作情况，形成对评价对象的初步评价意见。

三是开展测评。根据评价标准，分三类对象开展测评。对于评价对象为党委的单位，开展党建工作满意度测评，通过制订并发放测评问卷的形式，统计形成党建工作满意率。对于评价对象为党支部的单位，开展支部工作群众满意度测评，通过制定并发放测评问卷的形式，统计形成支部工作群众满意率。对于测评对象为党员的个体，开展党员先进性测评，通过支部评价、党员互评、群众评价的方式，统计形成先进性测评结果。

四是形成评价结果。结合各环节评价意见，综合研判评价对象的自身建设情况和发挥作用情况，形成评价结果。对于党组织（党委/党支部）的评价结果，分为不达标、达标、标杆3个等级，对于党员的评价结果，分为不合格、合格、优秀3个等级。

(4) 科学创标，注重结果运用

评价结果运用是整个标杆管理机制中的关键一环，通过分类分层运用评价结果,按照"激励先进、鞭策后进"的思路以及"抓两头带中间"的工作方法,帮助评价对象更有针对性地进行改进和提高,为评价对象全面进步、争创标杆提供有效路径。评价结果对各实施主体都具有重要价值,其主要可以运用在如下几个方面:

一是纳入绩效。评价结果与党建责任制考核有机衔接、相互印证,并与组织绩效考核和个人绩效考核直接挂钩,被评为不达标的党组织,所在单位的组织绩效不能评为优秀;被评为不合格的党员,个人年度绩效不能评"B+"及以上等级。

二是督查整改。对于评为不达标的党组织,对其负责人开展约谈提醒,对于评为不合格的党员,开展谈心谈话,并视情况启动不合格党员处理程序。对于评价中发现的问题与不足,评价组及时反馈到评价对象,评价对象建立问题整改清单,限期完成整改。对于限期整改不到位的评价对象,评价组对其进行约谈提醒,并视情况进行问责。

三是促进提升。对于评为标杆的党组织,开展宣传报道,组织交流对标活动,推广其先进经验做法。对于评为优秀的党员个人,建立优秀党员库,作为评先评优、表扬立功、选树典型的重要依据。加大对先进典型的选树力度,积极发挥示范带动作用,形成"先进带后进、齐头并进"的工作氛围。

(四) 实施成效

1. 实现党的建设质量有效评价

创建国有企业党的建设标杆首先需要明确党的建设标杆的标准,目前系统内外尚未形成一套科学、系统、权威的评价标准。佛山供电局基于现状问题,广泛查阅党中央、国资委以及系统内外关于党的建设工作要求、相关制度、规定细则等文献资料,深入基层实地调研和深度访谈,并对标行业内外先进党组织的经验做法,系统总结分析目前关于党的建设的各种考核办法,创造性提出评价党的建设质量需要从党委、党支部、党员三个层面着手,将国有企业党的建设标杆评价体系分解为基层党委、党支部、党员三个层面的评价体系,采用"达标"("合格")、"创标"("优秀")两个维度,精准设置定量、定性评价指标,形成以"五力四感三好"[①]为核心的国有企业党的建设标杆评价体系,为科

---

① 五力四感三好:党委层面评价体系以"政治领导力""发展推动力""社会号召力""组织战斗力""群众凝聚力"五个"力"为评价要点;党支部层面评价体系以"使命感""认同感""归属感""成就感"四个"感"为评价要点;党员层面评价体系以"业绩好""作风好""形象好"三个"好"为评价要点。

学、全面衡量国有企业党的建设质量提供了有益探索，也为上级党组织客观、全面评价所属各级党组织、党员自身建设情况和作用发挥情况提供了有效参考。

2. 提升基层党建工作水平

本课题建立的国有企业党的建设标杆评价体系和管理机制，为创建国有企业党的建设标杆提供明确路径。基层党委、党支部评价层面的"达标"评价维度分别明确了党组织必须要完成的规定动作，是推进党组织标准化、规范化建设的有效遵循；党员评价层面的"合格"维度明确了一名合格党员的基本要求。参评对象只有"达标"（"合格"）评价维度的得分在 90 分及以上，并无触及"否决项"，才能够参与"创标"（"优秀"）评价维度的评选，进一步引导基层党组织将工作重心下沉到党建基础工作上。同时，基层党委、党支部、党员三个层面的评价体系均以清单形式明确评价标准及要求，为基层党务工作者推进党建工作提供了具体清晰的指引，鼓励基层党建工作者在扎实做好基础工作的基础上，积极发挥党组织和党员作用，创建党的建设标杆。该评价体系同时考虑日后应用到党建责任制考核、两优一先评选等，形成一套统一的党建考评体系和工作标准，有利于提高党建工作规范化水平，为各级党组织提供更清晰指引。

3. 加强党建系统化集成管理

本课题建立的"三个层面"评价体系（即国有企业党的建设标杆党委层面评价体系、党支部层面评价体系、党员层面评价体系）和"四个环节"管理机制（即规范立标、动态对标、从严达标、科学创标），是全面提升党的建设质量的具体实践，也是创建国有企业党的建设标杆的有效举措。国有企业党的建设标杆评价体系和管理机制的建立，充分整合了党建工作的"点资源""线资源""面资源"，使党建工作相互关联的各构成要素之间的作用得到协调，推动了党建各业务部门的合作，提高了资源利用效率。同时，通过全面实施评价过程，推动形成"发现—分析—整改—回顾—提升—再发现—再分析—再整改—再回顾—再提升"的 PDCA 正向循环过程，促使每个党建工作控制点具有管理受控和持续改进的双重属性。从结果导向变成过程导向，从事后检查变成事前监督，极大地增强了党建工作的规范性、科学性、系统性，有效地提升了基层党组织的组织力。

4. 推进党建与业务深度融合

国有企业党的建设标杆评价体系和管理机制的建立，打破了以往党建工作务虚多、主观多、方法旧的局面，评价体系的可量化、评价方法的多样化以及评价结果与绩效管理的深度融合,让基层党组织书记对党建工作内容的认识由模糊转向清晰,明确开展党建工作的核心就是促进企业核心竞争力提升,增强了党组织书记的政治担当和党建主业意识,让各级党组织将工作重点转向"两个作用"(党组织作用和党员作用)的发挥,积极探索推动党建与业务深度融合的路径和载体。局党委层面注重把实施"党建标杆管理"与促进企业生产经营结合起来,形成了《佛山供电局党委关于全面提高党的建设质量,创建国有企业党的建设标杆的意见》,明确提出"政治建设与改革发展深度融合""组织建设与生产经营深度融合""思想建设与宣传文化深度融合""队伍建设与持续发展深度融合""从严治党与从严治企深度融合"和"党建责任制与经营业绩考核深度融合"等六个方面深度融合的具体举措,不断搭建完善"委员领题"、党员领导干部"三同五包"、共产党员服务队等党建工作平台,有效推动党建与业务全面融合、深度融合,为企业高质量发展注入了强大动力。

二、案例2:持续完善"四个统一",全面适应改革发展(本课题由佛山供电局计划发展部牵头研究)

(一)研究背景

党的十九大指出,中国特色社会主义进入新时代,我国经济发展由高速增长阶段转向高质量发展阶段,社会主要矛盾转化为人民日益增长的美好生活需要和不平衡不充分的发展之间的矛盾。广东电网公司以习近平新时代中国特色社会主义思想为指导,把握我国主要社会主要矛盾的转化,立足广东经济社会发展大局,深刻认识面临的新机遇新挑战,推进"统一规划、统一建设、统一运维、统一服务"(简称"四个统一")。2018年2月,广东电网公司出台了"四个统一"总体实施方案和"1+4"的制度体系,确定了整体改革实施框架。同年5月,佛山供电局在全省率先完成了"规划、建设、运维、服务"四个领域的业务优化和机构调整工作。"四个统一"调整以后,由于内外部环境的不断变化,基层业务运转尚未发挥出整体最优效应,需要针对当前形势、任务进行优化完善。

1. 改革发展的重要性

改革对于企业,国家乃至社会发展都具有重大意义。2018年,习近平总书记在博鳌亚洲论坛2018年年会开幕式上曾指出"'苟利于民,不必法古;苟周于事,不必循俗'。变革创新是推动人类社会向前发展的根本动力。谁排斥变革，谁拒绝创新，谁就会落后于时代，谁就会被历史淘汰。"可见改革和创新对社会发展的重要意义，改革和创新对企业的意义同理之。2019年，南方电网公司党组书记、董事长孟振平在公司工作会议上指出"公司因改革而生，因改革而兴，改革是公司与生俱来的基因，是实现高质量发展，建设世界一流企业的关键一招"。

粤港澳大湾区建设对佛山电网提出新的发展要求。南方电网公司党组书记、董事长孟振平指出"一流的湾区需要一流的能源保障，作为地处粤港澳大湾区的国有重要骨干企业，南方电网公司将全力服务、全面融入粤港澳大湾区建设重大战略，致力于构建清洁低碳、安全高效的能源保障体系，为把粤港澳大湾区建设成为国际一流湾区做出应有的贡献。"粤港澳大湾区建设对佛山电网建设提出新的要求，智能电网技术快速发展，迫切需要提高电网规划质量，加快电网建设。

2. 改革发展的必要性

改革是企业发展的关键一步。广东电网公司党委书记、董事长廖建平在公司2019年年中工作座谈会上，强调"我们要深入领会改革要求，落实全网一盘棋的要求，做好承接和支撑，在改革转型中培育企业发展的强大内生动力"。佛山供电局党委书记、执行董事李福来在局2019年集体调研会议上提出"抓改革、转动能，加快企业转型升级步伐"。可见，"改革"是一个企业发展的关键，唯有"用好深化改革这个法宝"，才能有效助力企业走高质量发展之路。

改革是企业进步的必要要求。2018年2月至6月，广东电网公司和佛山供电局相继印发了"四个统一"工作方案，对"四个统一"改革工作提出了明确要求。在"四个统一"实施过程中，暴露了部分问题，基层业务运转尚未发挥出整体最优效应。基于内外部发展形势深刻变化，且"四个统一"运转初期存在的问题，优化调整工作势在必行。

（二）研究范围

1. 现状及分析

2018年5月，佛山供电局完成了"规划、建设、运维、服务"四个领域的业务优化和机构调整工作，各专业领域的运转模式如下：

一是完成电网统一规划。成立电网规划中心，作为电网规划的技术支撑机构。通过电网规划高度集中，实现资本性投资及成本性投入资源相统筹，一两次专业相协同，以变电站、线路、台区为单位，建立统一的问题库及规划项目库，统筹立项，建立"以我为主"的规划体系。

二是完成项目统一建设。成立项目管理中心，以项目管理中心、区供电局综合业主项目部为执行主体，整合同一变电站、同一线路、同一台区工程项目，通过统一招标及实施，统筹开展基建、生产及营销类项目的建设。

三是完成客户统一运维和统一服务。按照广东电网公司"中压专业化、低压综合化"总体思路原则，以客户为中心，以快速响应客户需求为目标，建立"客户经理+设备主人"网格化服务模式，实现"营配一体化"前端融合。

"四个统一"调整后，指标整体趋势向好，虽然2018年综合标杆一流评价继续保持世界一流水平，但改革推进和实施过程中仍存在问题，比如制度打架、数据打架情况依然部分存在；部分业务运转不顺畅；基层单位和员工普遍反映工作强度高、压力大，无效工作多，效率不高。为了真正掌握"四个统一"运转现状情况，深挖和解剖"四个统一"业务运转现存问题，在2019年1月8日至15日组织开展基层问卷调查及现场访谈等工作，发现"四个统一"推进过程中主要存在业务职责界面不清晰、专业协同不足和人力资源素质不匹配的问题，总体问题主要包括如下几个方面：

首先是业务职责界面不清晰。规划领域，业务重心落在供电所，简单地按照自下而上的需求进行规划，缺少统筹协调和质量把关；建设领域，区局综合业主项目部与供电所职责界面不清晰，项目前期工作与实施过程青赔（青苗赔偿）、站址协调不够紧密；运维领域，低压运维职能管理界面跟省公司要求不一致，影响工作效率及质量；服务领域，营配综合班在多业务线条管理下，管理主体责任不清晰，部分供电所指标出现下滑。

其次是专业协同不足。各专业横向沟通协调不顺畅，各领域在基层落地均集中在供电所，前端融合不足。例如，营配综合班业务量大、指标多，难以兼顾不同专业的工作要求；由于报建时间长、项目前期工作不到位等因素，项目建设工程进度滞后；配网急修值班模式不统一，抢修风险及服务质量较难控制等。

最后是人力资源素质不匹配。规划领域，专业技术性强，涉及专业面广，电网规划中心、区局和供电所规划人员配置未能满足规划所需水平；建设领域，供电所层面没有统筹开展基建、计划性维修、营销技改工程业务的班组或业务员，基层建设业务无法落地；运维和服务领域，一专多能综合素质的班组人员相对较少，主动拓展业务面的意识不强，较难适应中低压运维和客户服务深度融合模式。

综上，在一定程度上反映上一阶段"四个统一"调整思路与业务工作缺乏深度融合，改革工作亟需巩固、完善。

2. 研究内容

本课题研究的重点是围绕现状问题，对"四个统一"顶层设计和工作要点的全面梳理和系统完善，确保改革的系统性、认识的统一性和方向的正确性。研究的具体内容包括：一是区局"四个统一"各业务运转的现状及问题分析，着力解决现存问题；二是研究并论证"规划、建设、运维、服务、人资"业务实施优化方案的系统性及可操作性；三是完善"四个统一"配套机制；四是持续完善管理创新的自我驱动机制。其中，本课题研究的难点主要包括：一是明确优化方向后，各专业领域的优化方案如何有效落地；二是构建相对统一的组织架构及人力资源配置。本课题研究的创新点主要包括：一是搭建课题研究平台，建立专业化团队，实现多专业线条协同；二是运用沙盘推演或实际工作模拟论证业务流程的系统性及可操作性；三是对实施优化方案三次下发征求意见，基层单位三次反馈意见，形成三个循环，确保持续完善提升（下面简称为"三上三下"）。

（三）成果内涵和做法

1. 完善"四个统一"优化的目标

一是要厚植精益管理理念，以改革创新推动企业发展。"四个统一"是一次以精益管理为导向的改革，朝着效益最大化的方向，统筹全局资源，将"消除浪费、创造价值、持续改善、精益求精"的精益理念融入日常工作，打破专业条块分割的管理壁垒，消除价值链各环节的损耗浪费，提升企业核心竞争力，争当南方电网公司和广东电网公司的排头兵，创建世界一流电网企业。

二是要优化核心资源调配方式，实现专业集约管控、资源高效利用及需求快速响应，切实减轻基层班组负担。以局整体效益和业务全程效率最优为目标，实行穿透式管理，重塑业务流程及资源调配方式，把规划、建设进行集约化管理，运维、服务实施差异化管理，在更大范围内调动资源、分配资源，高效快速响应各方需求，实现客户服务专业化、资源调配精细化、过程管控透明化、业务支撑一体化，落实基层减负。

三是要健全以客户为中心的精细服务体系，满足人民追求美好生活的电力需要。落实人民电业为人民的企业宗旨，准确把握社会主要矛盾的变化，围绕客户关注点进行内部革新，以提高客户服务水平作为工作的出发点和落脚点，充分体现以客户为中心的企业价值观,理顺业务流程,优化组织架构,强化技术支撑,不断提高供电服务水平,改善客户用电体验,持续提升客户满意度、信任度、忠诚度。

2. 具体做法

(1) 研究思路

面对新形势、新要求,坚守安全生产底线,坚持以问题为导向,审视改革实践中存在的问题,优化整合"规划、建设、运维、服务"四个领域业务,完善制度流程、技术标准、组织架构与人力资源配置、技术平台等支撑体系,切实解决实际问题,减轻一线班组负担。

具体研究思路包括:①要坚守安全生产底线。牢固树立安全发展理念,确保安全生产始终是不能逾越的底线,是一切工作的前提和基础。各项改革举措必须以是否有利于安全生产为判断标准,处理好安全与效率、安全与服务的关系。②要坚持三项基本原则。一是基于人力资源现状,优化前端融合运作模式;二是坚持统一的方向,形成相对统一的组织架构和岗位设置;三是适应上下级管理需求,横向协同、纵向贯通,做好专业分工。③要坚持统筹资源与落实专业管理责任。理清业务职责界面,落实专业管理责任。推进各专业业务的规范化管理,提高内部运作效率,强化专业协同,将业务的专业管理和协同运作有机统一起来。④要坚持切实为基层减负。落实"让管理更加直接到位,让制度更加简单管用,让风险更加可控在控,让工作更加务实有效,让广大员工有时间、有精力干好本职工作"工作要求,在现有人力资源总量深度挖潜,依靠管理提升和利用信息化、智能化手段,提高现场工作效率和工作质量,简化优化业务流程和现场作业表单,切实解决实际问题,减轻一线班组负担。

(2) 研究方法

本课题遵循针对性、实效性、超前性原则,主要研究方法如下:一是观察法和调查研究法:查看"规划、建设、运维、服务"专业领域的管理制度及指标情况,并通过对局直属有关机构和部门以开展问卷调查、现场访谈等形式,了解"四个统一"调整后业务的运转情况及存在问题,深入分析问题产生原因,确立各专业领域优化调整需求。二是对标分析法:对标广东电网系统内19个地市局,交流分析本局在"四个统一"运转存在的问题,并充分学习借鉴和吸收先进标杆的实践经验。三是行动研究法:对实施优化方案以"三上三下"方式向各相关单位广泛征求意见。"三上三下"过程中,各职能部门通过专业讨论或深入调研等方式,对相关反馈意见进行了逐项答复及完善修改方案。四是模拟推演法和案例分析法：运用沙盘推演或实际工作模拟，校验"规划、建设、运维、服务、人资"专业领域实施优化方案的业务流程，确保实现专业前端协同融合，业务纵向贯通。五是经验总结法：课题研究组成员对课题进行阶段性的成果总结及通过讨论或深入调研等方式，衡量成果带来的效益。六是专家会议法：对疑难问题进行深入研究，请专家进行评议和指导。七是实证研究法：全局运转"四个统一"实施优化方案，检验研究成果。

3. 工作开展情况

（1）深入基层，找准痛点

深入基层才能找准"四个统一"痛点。只有倾听基层心声，真实掌握目前"四个统一"现状，找准痛点，才能因地制宜地制定有效策略。其具体实施过程主要包括如下三步：

一是多次组织开展基层座谈会，深入一线班组与基层员工面对面座谈。二是实行党员领导干部"三同五包"工作机制，与基层员工同学习、同工作、同研讨。三是以相关专业各岗位层级员工为研究对象，有针对性地编制了调查问卷，并通过网络平台及集中座谈方式，开展了问卷调查，并对结果进行分析。

（2）对症下药，明确问题

明确了优化方向才能对症下药，其所实施的策略才能呈现成效。针对存在的问题，从"规划、建设、运维、服务"四维度研究对策，明确优化方向。其具体过程主要包括四个方面：一是规划方面，建立健全"以我为主"的自主规划体系，规划中心分阶段全面承接各区中低压配电网规划业务，编制具体的配电网规划方案，指导区局、供电所开展相关项目属地工作。二是建设方面，梳理市、区、供电所层级的项目管理职责，加强供电所属地建设管理，推进项目实施专业化，实现"建管分离"。三是运维及服务方面，因地制宜实施差异化管理，切实提升配网运维效率、质量及客户需求响应，改善客户用电体验。四是对标广东电网系统内 19 个地市局，交流分析局"四个统一"的优化思路，确认优化方向正确性。

（3）多举并措，确定方案

通过一系列实证研究，多种举措和方法，来论证和检验"四个统一"方案，确保优化实施方案的合理性、系统性及可操作性，保证结果的有效性。其具体实施方法主要包括三个：一是运用沙盘推演或实际业务工作案例模拟，进一步优化业务流程，实现专业横向协同、业务纵向贯通，优化实施方案切实有效。二是实施优化方案以"三上三下"的形式向各相关单位广泛征求优化实施方案的修改意见，增强方案操作性。共收到193项反馈意见，并组织专业部门研讨、逐项答复，根据采纳的91项反馈意见完善修改方案。三是修编完善业务工作指引及业务指导书，构建推进"四个统一"优化的保障机制，全面支撑业务工作，运转顺畅。

（4）用好法宝，推进改革

用好法宝，坚持推进"四个统一"。"改革只有进行时、没有完成时"，"四个统一"改革要坚持推进。其具体过程主要包括两步：一是用好研究平台，针对业务优化，多次组织各专业线条集中研究讨论，强化专业协同，共同推进"四个统一"。二是"用好深化改革这个法宝"，做好阶段性总结，提炼优化经验并通过基层实践，确立下一阶段优化思路和方法，持续完善管理创新的自我驱动机制，全面深化改革，承前启后、持续奋进，"四个统一"改革迈入新阶段。

（四）实施成效及固化推广

1. 顶层设计、科学策划

落实广东电网公司提出的《广东电网公司进一步深化"四个统一"改革工作方案》的相关要求，树立全局观念，聚焦运转存在的根本问题，坚持"四个统一"优化目标，统一思想，科学策划可实施、可操作的实施优化方案（"1+4+1"优化方案①），优化核心资源调配方式，高效执行2个机构、5个区局、28个供电所的优化调整，全省率先高质量完成"四个统一"深化改革工作。

2. 基层实践、因地制宜

全面深入调研，广泛听取基层意见，尊重基层选择，差异化推进基层改革，不搞"一刀切"。各区局结合实际，统筹资源配置，选择合适的中低压运维模式。禅城、南海、三水、高明局实行"配网专业班组+营销专业班组"模式，顺德局实行"配网中压专业班组+低压营销班组"模式。

3. 基础夯实、严守底线

巩固电网基础，构建坚强网架及利用智能化技术，从规划源头防止及解决电网运行风险，严守电网安全底线。同时，牢固安全生产意识，明确两种中低压运维模式的运维分界点，统一操作管理，细化操作步骤，切实保障生产运行，严守生产安全底线。

---

① 1+4+1优化方案："佛山供电局'四个统一'实施优化总体方案""佛山供电局'统一规划'实施优化方案""佛山供电局'统一建设'实施优化方案""佛山供电局'统一运维'实施优化方案""佛山供电局'统一服务'实施优化方案"和"佛山供电局'四个统一'人力资源配置优化实施方案"。

4. 配套完善、坚强保障

各业务管理部门理清市、区供电所的岗位职责及业务流程,建立完备的制度标准,启动修编《佛山供电局电网规划工作业务指导书(中低压配网分册)》等业务支撑文件共128册,规范业务运转。同时,推广信息应用,搭建系统支撑平台,实现业务数据由"基层填报"到"系统一键导出",大幅减轻了基层工作量。

5. 专业协同、凸显成效

首先是自主规划逐步形成。"四个统一"优化调整后,局正式建立起"以我为主"的自主规划体系,通过计划部统筹、规划中心承接、区局供电所校核的纵向一体化管理模式,切实提升了配电网规划建设运营管理水平和自主规划能力,有效实现规划集约管控、资源高效利用、投资精准有效、需求快速响应,配电网规划质量得到大大提升,在2019年的全省配电网规划评审中佛山局综合评分排名第一,自主规划成效逐渐凸显。同时,树立精准投资意识,自上而下确定项目,科学合理开展投资决策。

其次是项目施工专业化。以项目管理中心、综合业主项目部为工程实施主体,以基建组为属地工程建设执行班组,注重专业协同、业务融合,制定责任矩阵,明确业务流程,落实工程施工专业化管理。充分发挥工程建设团队专业化管理能力,国内首次自主研发的架空输电线路打拉线式临时转供电技术,并率先应用解决了220千伏顺德至大良第二回线路工程施工停电难题;攻克各项技术难点,建成佛山首条电缆顶管过江隧道,有效推进顺德北滘片区电网网架完善工程。

最后是服务好、接电快、停电少、区局充分调动现有的人力资源现状,调整营配综合班为客户服务班和配电运维班,实现中压业务专业化管理,生产、营销分专业负责。调整后,基层班组各项考核指标逐步向好。截至10月,中压客户平均停电时间1.17时/户,同比下降38.39%,低压客户平均停电时间0.58时/户,同比下降50.5%,中压业扩报装平均用时35.52天,同比下降46.71%,95598投诉463宗,同比下降20.99%。

三、案例3:"强化线损管理,实现降损增效"(本课题由佛山供电局市场营销部牵头研究)

(一)研究背景

1. 线损管理的重要性

《南方电网企业文化理念》提出,企业愿景是成为具有全球竞争力的世界一流企业。推动质量变革、效率变革、动力变革,打造安全、可靠、绿色、高效的智能电网。《广东电网公司推进高质量发展创建全国最好世界一流省网企业行动方案》明确降低电网运营损耗为重点任务之一。要求:健全同期线损应采尽采、下算一级的统计工作体系,结合线损动态监控,建立省地管控、分类处置的线损管控模式,促进精准降损。2019年率先在国内实现分区、分线、分台区同期线损准确统计。加强线损精益化管理,推进同期线损管理系统应用,提升线损管理信息化水平,2021年综合线损率4.56%。线损管理水平是电力企业核心竞争能力之一,决定了电网运行是否绿色、高效,线损率的高低直接影响企业营收和利润,是打造世界一流企业的重要内容。

2. 线损管理的必要性

随着国家新一轮电力体制改革持续深入,电力市场化交易、增量配电网、输配电价等业务改革迅猛,电网企业面临经营压力逐年增大。2017年、2018年售电电价均3次下调,分别下降4.12分/度、8.19分/度,减少营收超过10亿元。2019年至今2次下调,累计下降7.31分/度,预计减少营收超过10亿元,进一步降低了企业经营效益,降损增效已成为企业发展的内在需求。

因此,2019年佛山供电局将线损管理提升纳入局"三年三提质"重点工作,以线损管理为抓手,通过课题攻坚,强基础,显成效,促进企业管理和经营效益的同步提升,助力局创建全国最好世界一流省网企业排头兵。

(二)研究范围

1. 现状及分析

佛山供电局总体线损情况仍有较大改善空间,其问题主要包括如下几个方面:

一是线损指标高。2018年全局总供电量647.09亿千瓦时,总售电量630.08亿千瓦时,综合线损率为2.63%,在第一梯队地市局中排名第五。剔除12月居民客户改每月抄表的影响,实际综合线损率为3.35%。相比2017年3.30%,上升了0.05%。

二是线损管理不平衡。在30个供电所及供电服务点中,线损率最低0.53%、最高4.55%,区域不平衡问题突出。

三是线损工作考核机制不完善。综合线损率虽然每年纳入组织绩效考核,但近年来都是采用"靶心法"考核(考核完成值以目标值之间的偏差),由于目标制定及抄表时间波动等各方面因素,指标完成压力不大,以致线损管理工作没有得到足够的重视。

四是基础档案数据"站线变户"关系准确性存在问题。主要体现在信息系统与现场不一致及不同系统之间存在差异。电源点档案是线损统计的重要基础，信息系统档案质量问题往往导致线损异常无法及时发现。

五是线损管理工作体系还不完善。各专业线之间协同作业不够顺畅，未建立完善的联动机制，同时缺乏合理的奖惩考核机制，以致长期以来线损工作质量不高，规划、技术、管理、运行降损均存在一定降损空间。

2. 研究范围

围绕管理降损、运行降损、技术降损、规划降损，制定攻关措施，深入挖掘降损潜力，降低输电、配电、用电各环节电量损失，有效促进企业管理和经营效益的同步提升。发挥线损管理总抓手作用，强基础、显成效，提升全局管理精益化水平，实现降损增效。结合佛山供电局线损实际现状，制定2019年工作目标（表12-1）。

表12-1 佛山供电局2019年线损工作目标

关键指标	2018年现状值	2019年目标
综合线损率	3.35%	3.10%
综合线损率（同期）	3.09%	2.96%

（三）成果内涵和做法

1. 研究思路

面对新形势下国家新一轮电力体制改革的持续深入，应坚守安全生产底线，坚持以问题为导向，审视改革实践中存在的问题，加强线损精益化管理，推进同期线损管理系统应用，提升线损管理信息化水平，切实解决实际问题。

具体研究思路包括：一是开展历史线损指标数据分析，从局层面、区局、供电所层面进行深入分析；二是基于分析成果，识别重点关注环节；三是分析重点关注环节，分析范围线损管理流程，识别要因；四是制定相应对策。

2. 研究方法

（1）数据分析法

数据也称为观测值，是在实验中通过测量、观察和调查等手段获取的结果，分为定量数据和定性数据。其中，定性数据是指不能用数值测度的数据，一方面，定性数据中不区分顺序的叫定类数据，如性别、品牌等；另一方面，定性数据中区分顺序的叫定序数据，如学历、商品质量等级等。对数据进行分析，即是运用恰当的统计和分析方法将数据加以汇总和消化，最大化地发挥数据的作用、开发数据的功能。数据分析法一般包括四个步骤：①需求分析；②概念结构分析；③逻辑结构分析；④物理结构分析。

（2）80/20 法则

80/20 法则又名二八定律、帕累托法则（Paretos Principle）也叫巴莱特定律、朱伦法则（Juran's Principle）、关键少数法则（Vital Few Rule）、不重要多数法则（Trivial Many Rule）、最省力的法则、不平衡原则等，被广泛应用于社会学及企业管理学等。80/20 法则是 19 世纪末 20 世纪初意大利经济学家帕累托发现的。他认为，在任何一组东西中，最重要的只占其中一小部分，约 20%，其余 80% 尽管是多数，却是次要的。

（3）鱼骨图

鱼骨图又叫石川图或因果图，由日本管理大师石川馨先生所创立，用于发现问题的根本原因。鱼骨图顾名思义，看上去像鱼骨，将发现的问题或缺陷标在鱼头处，鱼骨两侧的鱼刺则是产生问题的可能原因。该方法简单实用，深入直观地展现出了各个原因之间是如何相互影响的。现代工商管理教育将鱼骨图划分为问题型、原因型及对策型等几类。

（4）头脑风暴法

头脑风暴法（brain-storming）出自"头脑风暴"一词，最早用于形容精神病患者的精神错乱状态。它由美国 BBDO 广告公司的奥斯本首创，现如今指的是在正常融洽和不受任何限制的气氛中，通过会议形式讨论，允许团队成员打破常规，积极思考，畅所欲言。无限制的自由联想和讨论的目的在于产生新观念或激发创新设想，与群体决策相比具有较大的优越性。在群体决策中，团队成员容易形成"少数服从多数"的看法，大大削弱了群体的批判精神和创造力，不利于提升决策质量。

（四）实施成效

1. 线损率整体趋于下降态势

2019 年 10 月份，全局综合线损率（同期）2.79%，2019 年 1 月—2019 年 10 月累计综合线损率（同期）2.96%，提前完成年度目标。相比上年 3.09%，下降 0.13%，减少线损电量 7415 万千瓦时，增加企业营收 5155 万元。第四季度线损率将进一步下降，预计全年完成值为 2.92%～2.96%。

2. 线损管理体系有效运转

印发局线损管理"1+4"工作体系文件，制定指标考核规则，融入局"四位一体"指标体系；建立"日监控—周发布—月报告"工作机制，每日通过计量系统开展线损监控，每周发布线损异常督办，每月编制印发工作报告。通过努力建立了线损管理工作、考核、管理体系，有效推动体系运转，各级线损管控小组建立例会机制，常态开展工作交流、问题研究，市局管控小组全年累计召开研讨会议 20 次，参与人次 425 人，不断对体系运转过程中发现的问题加以完善。通过全年工作开展，线损管理实现了责任到人、任务到人，跨部门、跨专业线损治理有效开展，线损管理受到前所未有的重视，员工认真分析、解决线损问题的责任心、积极性有所提高。

3. 建立线损技术支撑体系

佛山供电局线损分析及监控系统顺利上线，辅助基层开展计量系统线路和台区线损异常整改和闭环验证。完成《基于同期线损分析的降损措施研究》规划研究项目，开发了 10 千伏线路及台区线损典型值工具。推广应用三水局开发多系统数据差异性自动排查及线损监控工具，基本实现线路、台区、低压用户的拓扑和信息自动化比对。

4. 全方位落实降损措施

一是全年累计查处窃电 92 宗，追补电量 111.2 万千瓦时，累计处理计量故障 624 宗，累计追补电量 946.8 万千瓦时。应用"白猫""电猫"智能管理终端技术开展反窃电检测，目前全局共计安装台区智能管理终端 126 台，监控 120 个台区，累计发现窃电 53 宗、计量故障 123 宗。

二是开展公用台区无功不足问题整改。组织对公用台区无功补偿设备及功率因数核查，共计 1646 个台区纳入整改，其中 276 个纳入基建项目整改，计划 2020 年实施，剩余 1366 个通过修理项目开展照销号式整改，已全部完成整改。

三是开展轻载配变治理工作。我局 2018 年最高负载率低于 30% 的配变共 7790 台，其中大部分为住宅小区公变。今年重点核查新建成的、长期入住率偏低的住宅小区轻载配变是否具备停运可能，并落实停运安排，共计完成停运 331 台。

四是持续开展过载配变的整改，截至 2019 年 11 月底已完成 318 台整改，剩余 86 台，整改完成率 72.4%。

五是梳理全市各供电半径不符合导则且线损同期值异常的线路及台区，采用常态化审查的形式，累计完成 828 项规划库入库；重点关注新建主网项目无功补偿配置审查，已开展新建、扩建变电站工程审查 13 项。

六是对全网 181 个 110 千伏变电站进行了梳理，共筛选出合计 87 个变电站可通过调整 AVC 定值（电容器的投退定值）来降低网损，并已在四月底修改了这些站点的 AVC 定值，也相应地调低了主变档位，以减少线路间无功功率的流动所产生的损耗。

四、案例 4：以我为主，全面提升配电网自主规划能力（本课题由佛山供电局计划发展部牵头研究）

（一）研究背景

1. 电网规划的重要性

习近平总书记在北京市规划展馆考察时曾强调，"考察一个城市首先看规划，规划科学是最大的效益，规划失误是最大的浪费，规划折腾是最大的忌讳"。正所谓"经济建设，电力先行"，电网规划作为城市规划的重要组成部分，直接关系到城市经济建设的发展速度和水平，对国家和企业具有重要意义。一方面，从国家层面看，2019 年 2 月 18 日，中共中央、国务院印发实施了《粤港澳大湾区发展规划纲要》，旨在促进粤港澳的发展与转型，而电网建设作为全方位支撑大湾区建设和服务的重要组成部分，首当其冲，必须做好电网规划，从而提供一流的电力保障和供电服务。另一方面，近年来，南方电网公司一直以"建设具有全球竞争力的世界一流企业"为发展目标，把满足人民对美好生活的电力需求作为公司一切工作的出发点和落脚点。同时，广东电网公司提出了新时代发展的定位是"建设全国最好、世界一流的电网企业"。为了贯彻落实南方电网公司、广东电网公司新时代发展要求，佛山供电局提出了"着力打造世界一流的电网企业"的工作目标。网、省、局"由上至下"各层级的目标，无疑对配网网架结构、智能化水平等配电网规划工作提出了更高的要求。与此同时，电网企业要想高质量发展，必须"严格管理降成本，深挖潜力增效益"，因此必须从规划源头提高业务集中程度和资源统筹力度，建立专业性强、集中度高的自主规划模式。

面对新形势和新要求，佛山供电局必须以问题为导向，以落实精益化管理为抓手，走出了一条具有自身特色的统一规划之路，通过建立"以我为主"的新规划管理体系，切实提升自主规划能力，充分发挥规划引领作用，有效践行"一张蓝图干到底"。

2. 电网规划的必要性

随着规划力度的不断提升，佛山供电局配电网规划工作稳步推进，但是目前仍然存在"两欠缺、一滞后"问题，亟待解决。一是配网规划统筹能力欠缺。佛山供电局缺乏系统性的规划思路及全过程的审核环节，规划执行欠缺刚性，目标网架建设相对滞后。此外，投资分配方式依然以自下而上为主，项目前期及投资计划安排受实施难易因素的影响与规划脱节，无法实现精准有效投资。二是配网规划核心技能欠缺。佛山供电局规划人才较为分散，规划水平参差不齐，缺乏有效合力，部分基层供电所存在配网规划和配网项目可研主要委托外协设计单位开展的问题，不利于增量配网改革的竞争。三是配网规划支撑工具滞后。佛山供电局目前的规划数据由现有的多个信息系统导出或人工填报，存在数据打架情况，数据质量不高，核实修改工作量大，工作效率不高。

为重点解决目前制约配电网规划业务发展的"两欠缺、一滞后"问题，切实提升配电网规划建设运营管理水平和自主规划能力，实现专业集约化管控、资源高效利用、投资精准有效、需求快速响应，特设立本课题进行研究。

（二）研究范围

1. 现状及分析

2018年6月，佛山供电局"四个统一"改革正式实施，虽然完善了"统一规划"领域的相关制度流程、技术标准、组织结构与人力资源配置、技术支持平台等支撑体系，但是在实际业务流转过程中仍存在一些问题，以至尚未形成规范的"以我为主"规划管理体系。一是自主规划职责界面仍不清晰，市、区、供电所层面规划业务职责界面不明确，未全面覆盖纵向业务范围。各个专业之间协同不足，导致规划建设效率低，投资重复。二是统一规划管理思路仍未确立，主要体现在配电网目标网架仍不清晰，规划不精准，难以实现精准投资。三是规划人员能力效率仍需提高。目前的规划人员水平与实现高质量的"自主规划"目标仍有一定差距，工作效率与质量仍需加强，规划收资来源于多个信息系统或依靠人工填报，数据质量难以保证，严重影响工作效率提升。以下是具体问题的分析：

（1）规划职责界面不清，业务运转不畅

"四个统一"调整实施后，佛山供电局各专业横向沟通协调不顺畅，各领域在基层落地的业务协同管理不强，不同业务之间在时间安排、任务落实、紧急程度等方面缺乏深度融合与细致衔接，管理效率不高，导致规划业务在基层无法有效落地。如在"统一规划"领域业务运转上,由于规划中心人员不足、无法全部承接规划业务,同时,基层供电所规划技术力量薄弱,规划业务流转不顺畅、职责界面不明确。2019 年 1 月,佛山供电局计划部组织开展了"统一规划"问卷调查。其中,18 个单位和部门的领导及部分员工共计 1372 人参与了网上调查,200 个一线班组参与了集中讨论调查。经统计分析后发现,大部分区局领导层及专业管理人员对于统一规划后的职责界面及业务流程尚不清晰,且不清晰的节点分布于各个环节(图 12 – 5)。

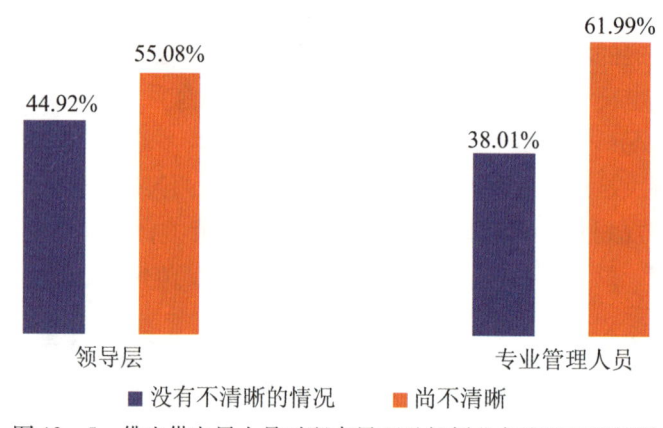

图 12 – 5　佛山供电局人员对职责界面及规划业务流程了解情况

(2)规划成果质量不佳,统筹引领不足

目前,佛山供电局配电网存在着目标网架不清晰、项目投资决策指导性不强,导致规划方向不清晰、规划质量不理想的问题。因规划的体量大、收口时间短,市、区层面的规划人力有限,无法开展全面系统性的规划审查,只能依靠区局和供电所的自觉性,人为影响因素较大,规划质量无法保证,尤其在智能电网建设方面,仍缺乏系统思考与谋划,配网智能化水平仍有较大提升空间。在项目前期和投资计划安排阶段对规划的依从性不足,部分区局过于关注可实施性,以自我意愿代替规划目标来安排项目,投资计划安排依然存在"分蛋糕"和"自下而上"的分配形式,导致规划目标始终无法达到预期,造成配网建设资金的浪费。2018 年 9 月,广东电网公司组织对佛山供电局开展配网规划建设督导,共发现 47 项 66 个具体问题。在广东电网公司配网规划体系评价中,佛山供电局得分率为 91%,距离"全国最好、世界一流"的定位仍有提升空间。通过规划督导发现,佛山供电局在规划原则、规划、前期及投资计划方面存在的主要问题见表 12 – 2 所示。

表 12-2　规划督导中发现的问题

类别	主要改进机会
规划原则	1. 部分规划及项目方案对规划技术细则的依从性不足； 2. 未全面开展投资与供电可靠性效益评估
规划、前期及投资计划	1. 数据质量不高，存在规划收资数据错乱、可研现状和负荷预测数据缺失、数据前后不一、数据审核把关不到位等问题，影响方案制定和落地实施； 2. 网架规划方案不合理，项目必要性和投资经济效益把控不够严格； 3. 对于重过载配变的处理前瞻性不足，成效不明显，影响负荷接入和客户满意度； 4. 项目统筹与整合力度不足、项目群设置不合理； 5. 抽查 2018 年可研项目 430 项，其中中压项目 230 项，低压项目 200 项，发现问题： 　低压项目方面：可研质量和深度不足 44.83%；方案合理性和经济性不足 0.40%；可研与规划不符 0.40% 　中压项目方面：自动化改造不合理 14.5%；网架优化不合理 16%；可研深度不足 14.5% 6. 配电网年度规划修编中未进行经济评价； 7. 业扩配套项目资金管理存在不足； 8. 信息系统投资项目储备库的项目相关信息更新不及时，不满足投资计划编制或调整计划编制时限要求

（3）配网规划基础不实，工作效率不高

配网的规划专业技术性强，涉及专业面广，包含系统一次、土建、二次通信自动化、技术经济等，目前，佛山供电全局规划人员的配置无论是在数量和质量上都达不到规划所需的水平，未满足精益化管理要求，自主规划能力不够。此外，规划收资的质量和效率仍然不高，数据由现有的多个信息系统导出或人工填报，存在着数据打架情况、数据质量不高等问题，且核实修改工作量大，严重影响工作效率。佛山供电局通过"统一规划"问卷调查统计分析得知,影响配网规划质量的主要因素集中在两个方面:一是收资质量、效率不高;二是工作量过大,人力资源不足(图12-6)。

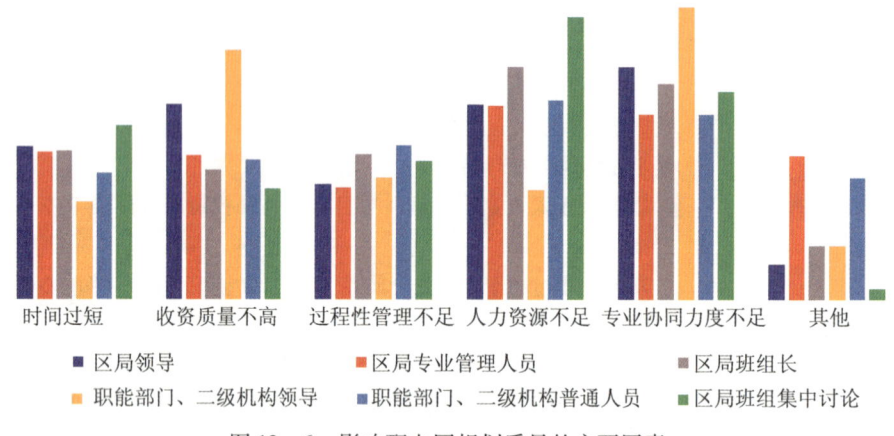

图12-6 影响配电网规划质量的主要因素

2. 研究内容

本课题的研究重点是"配电网自主规划能力提升",研究的核心是建立健全以我为主的自主规划体系,研究的具体内容涵盖了以下四方面:一是如何建立一套适合佛山供电局配电网发展的规划体系运转模式,确保各项规划工作稳中向好;二是如何充分发挥自主规划的引领作用,确保配网规划解决问题、精准有效投资;三是如何通过自主规划,快速正确响应客户需求,从而更好地满足客户用好电;四是如何利用自主规划的契机,提升规划工作效率及规划人员技能水平,确保核心技能业务回归。

3. 研究方法

本课题的研究方法主要有以下五种:

一是调查研究法。通过对区供电局、直属有关机构和部门开展问卷调查及实地调研、现场访谈等形式,了解统一规划后,业务的运转情况及存在问题,并对相关的意见和建议进行收集,深入分析自主规划工作开展过程中的不足及产生原因,为课题研究提供事实依据。

二是对标分析法。选取南方电网公司系统内规划业务领先的供电局,进行对标学习,交流分析佛山供电局在业务开展过程中存在的不足,并充分借鉴和吸收先进标杆的实践经验,为课题研究提供有效的路径和方法。

三是实验研究法。佛山供电局将按照"局部试点、总结经验、推广实施"

的策略，选取其中一个区局进行规划业务试点研究，从规划职责、工作流程、人力需求等方面进行优化探索，打造规划蓝本，为课题研究提供可靠样本。

四是行动研究法。通过总结试点单位的经验做法，并推广至其他四区的规划工作中，形成具有区域特色的配网规划成果，全面推动电网规划业务的集约化管控，实现规划人员技术技能水平的有效提升。

五是经验总结法。佛山供电局将定期组织课题成员、规划业务专家对课题进行阶段性的分析总结，并通过深入探讨，制定切实有效的实施举措及落实方案。

（三）成果内涵和做法

1. "重策划"

"重策划"是指要提前策划顶层设计，全面理顺工作职责和业务流程，积极推动试点先行，逐步实现规划专业集约化管理。一是深入调查、总结分析。组织全局规划业务人员开展现状调研及问卷调查，深刻剖析统一规划当前面临的存在问题及制约自主规划的关键因素。二是理清脉络、流程再造。结合"四个统一"优化，全面理清自主规划各层级岗位职责，理顺业务流程，建立专业横向协同，业务纵向贯通的闭环管理工作机制，进一步优化修编配电网规划业务指导书，有效推进配网规划体系运转。三是试点总结、全面推广。按照"局部试点、总结经验、推广实施"的策略，市局电网规划中心承接试点区局中低压配网规划业务，在规划职责界面、工作流程、人力需求等方面总结经验做法，打造规划蓝本，从而建立承接业务标准，有序依次全面承接全市的中低压配电网规划业务，实现规划集约化管理。

2. "强引领"

"强引领"是指要强化规划引领作用，持续推进智能电网建设，以问题为导向，刚性执行规划标准，实现精准投资。一是确立清晰规划技术路线。结合佛山电网发展情况，明确规划方向，细化不同区域目标网架形式。同时，加强规划前瞻性，定位佛山目标网架远景规划，开展差异化片区规划，打造结构合理、适度超前的配电网一次目标网架，从而不断推进智能配电网的建设，在完善的配电网网架基础上，实现具备自动化遥控功能的高可靠性自愈网络。二是建立统一问题库项目库。以电网规划为龙头，全面集中、认真梳理佛山电网现状，消除专业壁垒，建立统一问题库，确保现状问题全部建档在册，同步做好问题库跟踪；坚持以问题和目标为导向，以自主规划为基础、按照资本性及成本性资源相统筹、一两次专业相协同的原则，整合各业务线需求，建立统一项目库。三是构建规划落地衔接机制。佛山供电局投资计划项目管理采用"自上而下"

与"自下而上"相结合的管理模式，根据规划目标及投资分配模型由市局统筹下达给各单位前期计划和投资计划，确保了项目前期、投资计划与规划有效衔接。此外，还会严格管控项目进度，同时组织开展项目实施效果后评价，对未达到预期效果的项目落实闭环整改，追究相关单位责任。

3. "优服务"

"优服务"是指建立客户服务协同管理机制，实现规划、服务一体化。一方面，快速获取信息，基层充分发挥两个联动（对内三线联动，对外政企联动）机制的作用，每半个月开展用电信息的收集工作、动态了解负荷需求，确保信息快速传递。另一方面，准确响应需求，通过加强客户的服务协同管理，对口供电服务窗口，提前介入电源接入系统、重要用户及政府重点建设项目供电方案的制定；此外，市局集中严查严审各类业扩配套项目方案，以目标网架为指导着力提升项目方案质量，力求最优最快响应客户用电需求。

4. "提效能"

"提效能"是指加强信息化系统支撑及规划队伍人员培训，提高规划工作效率及规划队伍人员技术水平。一方面，建设信息系统，探索开发新系统平台，研发配电网规划基础数据自动收资系统模块及问题诊断分析模块，实现电网设备基础台账的自动收集及问题库的自动输出；建立系统数据维护机制，在试点应用系统过程中，对系统数据的真实性、正确性开展核查整改，形成闭环管理，有效提升规划数据质量。另一方面，提升技能水平，以党建为引领，成立党员攻坚团队，电网规划中心分片区开展配网规划工作，形成互帮互带的氛围，促进各层级规划人员水平提升。精心组织与设计单位的人才双向交流、业务培训、竞赛比武、经验交流等，不断提高规划人员的业务能力，建立一支专业素质全面、规划业务精通的配电网规划团队。

（四）实施成效

1. 提升了规划专业集约管控能力，实现降本增效

一是职责明确。以禅城局为试点单位，佛山供电局电网规划中心理顺了自主规划领域各层级规划岗位职责，编制了统一规划优化实施方案及职责界面矩阵图，实现了规划岗位人员工作量的科学配置，有效提高工作质量。

二是流程清晰。佛山供电局电网规划中心结合统一优化方案，完成了《常态化规划工作指引》《配电网统一规划流程》《客户用电需求收集与响应业务流程》《配网问题库收集、解决业务流程》《客户用电需求收集与响应业务流程》

《配网项目前期工作业务流程》和《在建配网项目进展情况反馈业务流程》，最大程度规范操作行为及流程，提高工作效率。

三是专业集约。禅城试点规划专业集约化工作取得圆满成功，成为全省首个实现自主规划的县区局，目前已将经验做法推广至其他四个区局，佛山供电局规划中心实现了规划人员有效集中，区局及供电所减轻了规划工作压力，盘活区局及供电所的人力资源，集中精力开展运行维护及客户服务工作，从而达到降低成本、高效管理，获得可持续竞争的优势。

2. 提升了电网规划统筹引领能力，实现精准投资

一是实现了规划对目标网架的引领。佛山供电局电网规划中心组织各专业部门本地化修编了局配电网规划技术导则，优化网架组网原则；还制定了全市212个差异化片区的近期过渡及远期目标网架，其中，规划成果采用"两图一表一报告"的形式，简单可视、利于维护更新，应用于规划项目库、可研库及业扩项目的审查，有利于规划成果在网架运行、项目管理、营销服务上的推广应用；完成了《佛山供电局智能电网发展规划2019—2021年实施行动计划》的编制，勾勒局未来一段时期智能电网的发展蓝图，指导智能配电网的建设任务。

二是强化了规划对专业融合的引领。佛山供电局以2019年度规划滚动修编为载体，有效地将规划和生产、营销、二次等相关专业融合，形成了囊括负荷供应能力、网架结构水平、二次自动化通信及装备技术水平的统一问题库及项目库，涉及问题8705个，以及165亿元的规划项目。

三是突出了规划对前期投资的引领。电网规划中心完成了可研报告模板及审查标准的优化编制工作，重点对规划依从性方面进行优化，真正实现项目以目标为网架指导统筹开展建设，加强规划项目技术原则执行刚性，提升可研项目质量及评审效率。2019年前期计划项目共计约38.3亿元，100%来源于统一项目库，并且由市局自上而下依据投资策略选取项目，从而实现精准有效投资。

3. 提升了需求准确快速响应能力，实现精益服务

一是接入标准规范统一。佛山供电局电网规划中心完成"两个模板""一个标准"的编制工作，为客户接入配电网提供统一标准，压缩业扩、光伏项目前期环节用时，提高审查效率。

二是规划响应快速准确。佛山供电局主配网规划专业联动共同完成了顺德机器人谷、三水邦普等大用户的供电方案诊断分析；专人专项跟进政府181个重点项目用电需求工作，无须电网投资48项，目前40项已完成业扩配套建设，46项完成了接入系统方案的编制，其他47项根据客户需求情况密切跟进中。

4. 提升了工作效率及专业化水平，实现技术回归

一是规划收资工作效率大幅提高。基于现状运行的电网经济性运行平台，打通了生产系统、营销系统、EMS、GIS 等系统，多源数据融合，实现了基础数据收资表一键导出；利用配网可视化平台，自动实现电网问题诊断分析及规划指标的统计，解决了配电网问题诊断难、统计难的问题，最大程度上避免了人为诊断统计造成的失误。据统计，信息化系统总体收资率占比 70%。

二是配网规划可研质量大幅提升。做强了规划团队，规划人员有效集中开展全市配电网规划修编业务，自主完成了全局 44.99 亿元可研及 21.5 亿元施工图项目的评审。另外，佛山供电局在 2019 年 110 千伏及以下配电网规划项目库修编成果评审中，综合评价获得全省第一名的好成绩，同时在广东电网公司组织的 2018 年度中低压配网基建项目前期可行性研究报告抽审中，佛山供电局综合评价得分也居全省第一。

五、案例5：夯实基础，提升资产全生命周期管理效益（本课题由佛山供电局财务部牵头研究）

（一）研究背景

资产是电网企业的核心资源、服务的物资基础、输配电价核价的关键，资产管理贯穿了资产的规划建设、生产运维、退役报废全过程，与计划基建、安全生产、客户服务等业务密切相关，对企业提升供电可靠性、夯实安全生产基础、提高客户满意度、推动企业持续发展等具有重要战略意义。

（二）研究范围

1. 现状及分析

在电改和公司改革的背景下，争取投资做大有效资产和严控运维成本是电网企业面临的主要矛盾，而通过延长资产寿命来提高运营效率将是企业提升竞争力的重要手段。但目前佛山供电局在资产管理上存在的诸多"痛点"仍没有解决。因此，为适应改革形势，佛山供电局亟需对资产全生命周期管理流程"把脉"，分析问题的症结，洗髓筑基。

佛山供电局的资产管理主要存在着以下三方面的问题：一是电网发展能力需加强。包括规划的科学性、前瞻性有待加强，即：投资计划与资金协同管理需加强、工程全过程管理需加强等问题。二是资产运营效率不高。包括主配网

设备轻载、重载并存；资产运维费精益管理有待提升等问题。三是资产管理模式粗放。包括资产账卡一致率有待提升、保险理赔管理有待加强、退运物资净值率较高等问题。

2. 研究内容

直面该课题的痛点，佛山供电局组成了以梁敏杰副局长为组长，财务部、生产技术部为牵头部门的项目攻关团队，相关配合部门包括计划部、市场部、系统部、基建部、信息中心、物流中心、企管部、办公室和汇源通集团。严格按照六西格玛改进工具"DMAIC"5步法进行实施，将项目实施过程分为问题界定（define）、数据测量（measure）、原因分析（analyze）、制定措施（improve）、落实管控（control）五大环节。佛山供电局坚持以持续夯实局资产规划设计、生产运维、退役报废三个环节基础管理为切入点，把资产的基础管理、源头管理和综合利用作为提升资产管理的重点，研究如何提升资产全生命周期管理效益。

（三）成果内涵和做法

通过各部门的群策群力，佛山供电局项目攻关团队围绕解决电网发展能力需加强、资产运营效率不高、资产管理模式等粗放问题，出台了4项工作机制、3份业务指导书和7份工作方案。主要做法如下：首先是电网发展能力持续加强：①针对规划的科学性、前瞻性有待加强的问题，一是由张雨副局长牵头，计划部、规划中心、市场部、系统部、财务部等组建的课题攻关团队，开展了全面提升配电网自主规划能力的课题研究；二是固化并推广了业扩工程投资界面延伸执行标准。②针对投资计划与预算资金协同管理和工程全过程管理需加强的问题，佛山供电局出台了投资计划、预算资金、工程建设协同工作机制并予以固化推广。其次是资产运营效率持续提升：①针对主配网设备轻载、重载并存问题，一是印发了佛山电网2018年负荷分析报告，并于2019年立项解决了部分设备重载问题；二是制定了负载率低于30%配变停运计划并予以实施，切实降低运行线损。②针对资产运维费精益管理有待提升问题，一是印发了2019年基建工程"零缺陷"移交工作实施方案并试点应用；二是印发了2019年客户资产接收策略并在全局推广实施。最后是粗放的资产管理模式改善明显：①针对资产账卡一致率有待提升问题，佛山供电局按专业归口分工编制印发了设备台账规范和统一资产目录，并在全局固化推广；②针对保险理赔管理有待加强问题，一是出台了保险投保策略并已落地实施；二是制定并固化了与保险经纪公司、保险公司月度保险理赔对账机制；③针对退运物资净值率较高问题，一是固化并推广了报废净值率可研阶段分级审核管理工作机制，二是出台解决了已退运且净值率较高资产问题的工作建议并予以实施；④针对外委迁改项目管理流程需优化问题，固化并推广了输配电设施迁改管理业务指导书；⑤针对退运物资再利用用途较少问题，印发基建项目保护性拆除业务指导书并试点应用；⑥针对新兴技术应用不足问题，完成了实物编码应用试点工作。

（四）实施成效

随着多项制度和工作标准相继落地，佛山供电局2019年提升资产全生命周期管理效益的案例研究工作已基本实现了既定目标，各项指标均有明显提升，部分资产管理难点已得到彻底解决。

1. 电网发展能力持续加强

在研究指标方面，预计完工项目投资计划节余率4%、同比下降2%，反映出投资计划资源得到了更充分的利用；预计工程项目节余率13%、同比下降3%，项目节余率下降至广东电网工程项目节余率标准区间（10%～15%），表示佛山供电局工程造价管控能力有了较大提升。此外，在案例本年成效业扩工程投资界面延伸方面，一是以合同形式明确了各层级客户用电需求时效性，约束工程成本，预计全年节约工程投资成本4.62亿元；二是用电负荷达到了协议要求的客户平均负载率同比大幅提升。在做好投资计划、预算资金、工程建设协同方面，一是梳理了历年资金缺口产生原因，提出解决资金缺口问题建议；二是有效协同了投资资金与预算，2019年资金预算满足投资需求。

2. 资产运营效率持续提升

在研究指标方面，预计万元资产运维费243.63元，同比减少92.63元，反映佛山供电局的设备健康水平有了较大的提升，设备故障发生的概率明显减少。在案例本年成效落实负荷分析报告、执行负载率低于30%配变停运计划解决设备重载、轻载问题方面，一是根据2018年负荷分析报告结果和建议，佛山供电局在2019年申请36个基建项目1.37亿元的资金解决重载过载问题；二是按计划执行负载率低于30%配变停运计划，2019年计划停运配变数量772台，占全局负载率低于30%配变数量的10%（负载率低于30%的配变数量共有7790台）。在落实基建工程"零缺陷"移交工作实施方案方面，编制了覆盖范围更广的"零缺陷"移交工作标准，并逐步在500千伏顺广甲乙线增容工程等进行试点应用，为全局的推广积累了经验。落实客户资产接收策略方面，从源头严把客户质量关,降低运维成本,优化网架结构,全年接收优质客户资产3.66亿元,成新率从94.81%提升至97.51%。

3. 资产管理模式粗放模式改善明显

在研究指标方面,预计账卡一致率(主网)99.5%、同比提升1.5%,账卡一致率(配网)96%、同比提升1%,以资产卡片为核对基准的卡账一致率81%、同比提升27%,逐步实现了真正意义上的资产账卡物一致;预计保险索赔率31%、同比提升12%,保险理赔效率大幅提升;预计固定资产报废净值率8.3%、同比下降0.38%,从源头提高资产报废净值率管控工作成效显著。在案例本年成效落实设备台账规范和统一资产目录方面,实现了"双率"的提升,一是账卡一致率稳中有升,二是卡账一致率排名从全省第16位跃居第2位。落实保险投保策略、做好理赔管理方面,一是节约保险投保成本514万元;二是充分利用保险拓展条款,提出保险理赔申请约1000万元。在落实报废净值率可研阶段分级审核机制、解决已退运且净值率较高资产问题方面,一是在项目可研阶段加强了报废管控,从源头实现了对资产报废的管控;二是预计清理计划外待退运资产3亿元,其中处理高净值率的东坡输电线路0.78亿元(仍有待处理资产0.21亿元,将在2年内处理完毕);三是预计释放局和第三方仓容1.87万㎡。在落实输配电设施迁改管理业务指导书方面,一是明确迁改补偿方式,其中500千伏、220千伏及110千伏关键重要线路原则上采用资金补偿模式,其他则采用实物补偿模式;二是确保新建固定资产及时完成接收,在合同条款中明确新建资产必须在3个月内完成移交、采取缴纳风险保证金方式确保新建资产评估能及时完成;三是建立迁改项目台账,做好迁改项目实施全过程跟踪。在落实基建项目保护性拆除业务指导书方面,逐步在220千伏丹雷甲、乙线输变电工程等进行试点应用,为全局的推广积累了经验。推广实物编码技术试点应用方面,一是在东华嘉苑智能电房等完成了网公司首批实物编码应用试点工作;二是试点实现账实数据关联;三是试点实现资产远程自动盘点。

六、案例6:夯实配网可持续发展基础,打造智能配电网管理体系(本课题由佛山供电局生产技术部牵头研究)

(一)研究背景

1. 配网管理的重要性

作为地处粤港澳大湾区的央企,佛山供电局认真贯彻习近平总书记"把人民对美好生活的向往作为奋斗目标"指示，配网管理坚持新发展理念，通过改善营商环境，提升供电质量来打造安全、可靠、绿色、高效的智能配电网，从而支撑佛山城市智慧建设，以智能技术支撑和驱动本质安全型企业的精益发展。

2019年初，南方电网公司生技部（生产技术部）钟连宏主任到佛山供电局调研期间，提出了对佛山供电局配电网智能化示范及管理体系建设的要求；国家能源局汪拥军副主任、广东电网公司陈允鹏副总经理和网省公司生技部领导先后到佛山局了解配电网智能化及管理体系建设的情况。为此，佛山供电局罗旭恒总经理在职代会上做出了"打造智能配电网管理体系"的工作部署，同时，佛山供电的局领导班子在办公室会上也多次强调了体系建设的重要性。

2. 配网管理的必要性

佛山配电网基础良好，但未就所取得成果归集整理形成完整的管控体系。创建网级配电网智能示范基地初见成效，但在网架完善、应用规模扩展、实用化、系统整合方面还有进一步提升空间。配电网作为直接面对客户的服务最前沿同时也是能量供应的最后一棒，必须紧跟"云大物移智"技术革新潮流，建立与智能化配电网相适应的管理体系，逐步实现设备智能化、运维智慧化，最终达到提质增效的目标。

（二）研究范围

1. 现状及分析

近年来，南方电网公司、广东电网公司逐步在政策和投资上向配网倾斜，配网发展迎来了前所未有的机遇。配网相关人员需要充分把握机会，扭转长期以来形成的"重主网、轻配网"观念，通过转变管理模式等手段，补强配网短板。伴随自动化、智能化、现代信息通信等先进技术的不断变革，以前配网管理面临的部分难题可以通过新的科技手段解决或缓解。但目前配网管理仍然存在专业壁垒、管理碎片化、投资不精准等问题，且资产管理体系尚不完善，员工技术技能水平与智能电网发展需要尚存较大差距。一是在规划方面，部分区域配网网架仍然薄弱，线路联络点设置不合理，可转供电能力不强；配网规划及评审自主能力、规划落地精准性尚需进一步提升。二是在配网建设方面，配网线路和设备设计选型标准不统一，设备通用性差，设备质量管控机制尚需优化；设计环节未考虑不停电作业等要求；配网工程点多面广，管理难度大，工程验收把关不严。三是在运维方面，配网问题梳理及分析的全面性和深度、配网业务闭环管控尚需进一步提升；配网设备运维不到位、以抢代维的问题仍然存在；配网自动化、检修试验等管理机制尚未完善，缺乏统一的配网运行监控平台。四是在客户服务方面，配网缺乏全面有效的信息支撑手段开展主动服务，客户用电需求响应及时性、终端智能化水平尚需进一步提升。五是在资产管理方面，资产台账、信息支撑等管理尚需优化，缺乏有效的物资再利用机制，配网线损管理提升效果不明显。六是在人力资源方面，配网班组人均素质当量相对偏低，配网班组人员年龄结构老化等问题较为普遍，现有的人员配置和技能水平难以适应新技术应用、新管理手段、服务模式创新的要求。七是在党建工作方面，需在配网领域进一步提升党建引领，充分发挥基层党组织和党员的作用。

2. 研究范围和目标

本课题研究的重点是"智能配电网管理体系"①，针对目前现状及问题，佛山供电局将按照资产全生命周期管理及客户全方位服务理念，聚焦七大领域，建设一套适应新时代发展的"标准化、智能化、精量化、可视化"和以"客户满意的用电感知"为基础的智能配电网管理体系。一是聚焦顶层设计，提高智能配电网规划的科学性；二是聚焦建设标准，提高智能配电网建设的统一性；三是聚焦运维智慧，提高智能配电网运行的高效性；四是聚焦客户体验，提高智能配电网服务的优质性；五是聚焦提质增效，提高智能配电网管理的经济性；六是聚焦人力资源，提高智能配电网支撑的基础性；七是聚焦党建引领，提高智能配电网发展的优越性。此外，佛山供电局还将以党建为引领，做好智能电网发展顶层设计，建设"标准化、高可靠"配电网，应用"云大物移智"先进技术推进配网故障自愈、巡视无人化、检修专业化、预安排停电"零时户"，打造不停电作业体系，提升客户服务体验，构建支撑配网运维、状态感知、辅助决策的监控平台，为配网精准建设、高效运维、精益管理提供支撑，建立智能配网人才培养机制，适应新发展要求。

3. 研究方法

本课题的研究方法主要有以下五种：

一是头脑风暴法。组织本课题成员、技术技能和管理专家，开展开放性、创造性讨论，集思广益，创出新思路，构建新模式。

二是因果分析法。又名鱼骨分析法，是一种发现问题"根本原因"的分析

---

① 智能化指事物在网络、大数据、物联网和人工智能等技术的支持下所具有的能动地满足人的各种需求的属性。体系指一定范围内或同类的事物按照一定的秩序和内部联系组合而成的整体，是不同系统组成的系统。

方法。本课题成员通过对智能体系建设中存在的问题进行深入分析，抓住关键因素。

三是案例分析法。运用案例分析的5S模型（筛选select、扫描scan、分析snatch，总结summary，提升sublimation），选取国外、国家电网公司在智能配电网管理体系建设过程中的优秀案例及典型做法进行梳理，提取成功要素，总结关键做法。

四是调查研究法。对相关部门和单位开展实地调研、现场访谈等，了解业务的运转情况及存在问题。

五是80/20的法则。通过80/20的法则，把问题的重点进行聚焦，首先解决影响面大的问题，保证方案、系统能够实用化，实现初步效果。

（三）成果内涵和做法

本课题研究实施后，佛山智能配网体系构建关键指标得到了显著的提升（图12-7）。2019年，佛山供电局实现客户平均停电时间（低压）低于1.0小时/户，配网可转供电率达到92%，馈线自动化覆盖率达到90%以上。佛山供电局打造了具有南网特色、国际领先的智能配电网管理体系，形成了一套与之相适应的配网规划、设计、施工、运维及信息系统的制度标准文件，建成了安全可靠、友好互动、绿色高效的智能配电网，并进一步强化党建引领，盘活了人力资源，提升了客户服务体验。主要做法如下：一是落实了南方电网公司、广东电网公司智能电网发展规划理念，做好智能电网发展顶层设计，构建了支撑"计划检修完全转供、故障停电秒级自愈"的坚强智能配网网架基础，实现了精准投资；二是通过优化和完善配网标准设计，建设了标准化的配电网，通过完善配网设备质量技术监督体系，提高了设备可靠性；打造了以"配网故障自愈、巡视无人化、检修专业化、预安排停电零时户"为特征的配电网智慧运维，构建了支撑配网运维、状态感知、辅助决策的配网运行监控平台；四是持续优化网格化服务模式，通过深化客户"一次都不跑"工作体系应用，推广了互联网统一服务平台；五是在全局推行了"线损合格一片、电费发行一片"，开展了实时线损统计和监控，通过夯实资产管理基础，以技术变革和管理创新合力推进资产全生命周期管理效益的提升；六是研究更新了智能运维新模式下的组织架构、人员配置的优化调整，以适应智能配电网管理需要，通过优化完善薪酬分配体系，建立了更加科学、合理的激励机制，并通过开展智能配电网人员培训评价体系的研究，提升了智能配电网人员技术技能水平；七是通过党建引领建设，充分发挥了基层党组织和党员的作用，着力发挥"三个作用"，推动了党的建设与生产经营深度融合，为推动智能电网建设提供了保障和动力。

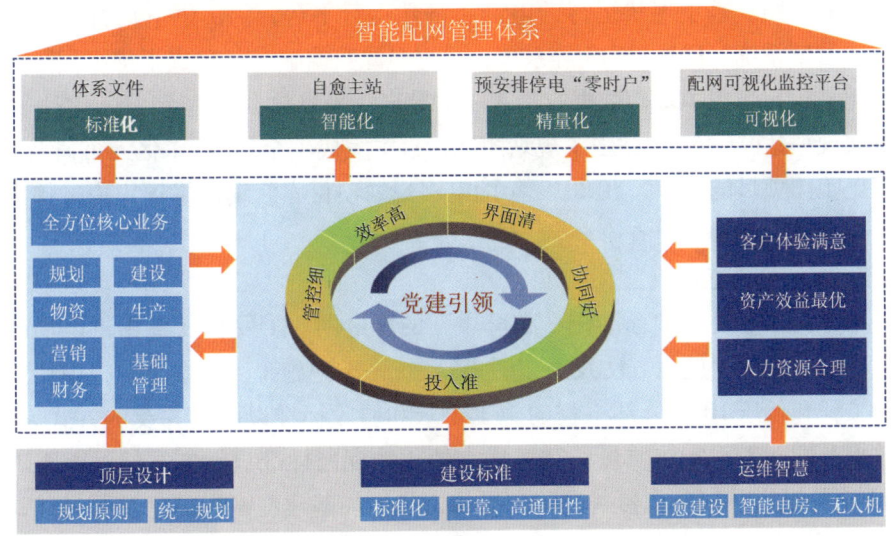

图12-7 佛山智能配网体系构建图

（四）实施成效和固化推广

佛山供电局构建了"智能配电网管理体系"模型，理清了顶层设计、建设标准、运维智慧、客户体验、提质增效、人力资源和党建引领等7个方面在系统中的关系，推进了网架完善，显著降低事故事件等级，降低故障影响；初步实现无人巡视，有效节约人工巡视工时，提升巡视质量；应用靶向检修，成功做到设备未病先治，停电有的放矢；推广故障自愈，真正实现故障自动隔离，网络自主重构；实行智慧抢修，整合展现全息多维数据，指挥一目了然。

1. **聚焦顶层设计**

首先是打造了适度超前、结构标准、网络清晰的中压配电网。通过本地化修编局配电网规划技术导则，优化了网架组网原则；制定了全市212个差异化片区的近期过渡及远期目标网架；规划成果采用"两图一表一报告"的形式，简单可视、利于维护更新，应用于规划项目库、可研库的审查；完成了《佛山供电局智能电网发展规划2019—2021年实施行动计划》的编制，勾勒局未来一段时期智能电网的发展蓝图，指导智能配电网的建设任务。其次是开展了佛山配网网架问题梳理活动，完善自愈网架基础。完成了配网网架三年行动计划，查漏补缺并按照配电网规划建设技术细则要求，落实电力安全事件、联络点不合理、自愈布点和分段不合理、线路分支不合理和超量接入五大类问题的整改，完善自愈网架基础。最后是提升了规划工作效率及专业化水平，实现了规划核心技能的回归。基于现状运行的电网经济性运行平台，佛山供电局打通了生产系统、营销系统、EMS、GIS 等系统，通过多源数据融合，建成了佛山配网智能可视化平台，实现了基础数据收资表一键导出，采集数据量达 54 万余条，总体收资实现率达 97.5%；做强了规划团队，自主完成了全局 30.4 亿元可研及 1.6 元亿施工图项目的评审，在 2019 年配电网规划项目库修编成果评审中，佛山供电局综合评价获得了全省第一名。

2. 聚焦建设标准

一方面，建设了"标准化、高可靠"的配电网。①发布《佛山供电局配网基建工程关键工序施工方法及工艺图集》，统一配网施工工艺要求，把中压五类分项工程和低压 10 个分部工程的施工要求和验收标准以图文并茂的方式展示，有效提升配网工程实体质量；②完成本地化的配网标准设计方案修编，实现配网 11 个标准设计模块全覆盖，印发《佛山供电局基建配网标准建设图集（2019版）》，融入局创新建设成果、预制标准件、新能源等可复制、较高建设标准，同时补充智能配电站相关的标准设计，研究铁塔设置位置以便于带电作业。完成配网主要设备标准配置表编制，推进配网设备标准化；③建成禅城东华嘉苑智能配电站，是全网首个基于南网云平台的智能配电房。佛山局智能配电网的建设标准和技术要求成果纳入网公司配电网标准设计与典型造价 3.0 版（智能配电网），在全网推广。佛山局智能配电房信息系统功能设计界面，成为南网云平台智能配电房信息系统建设蓝本。佛山局代表广东电网公司在网公司生产领域智能技术应用展览会上，展示配网智能技术应用，获得曹志安总经理、刘启宏副总经理认可。另一方面，完成了南方电网公司、广东电网公司配网品类优化，推进了"设备功能模块化、模块标准化"。①配网品类优化试点，将配网物资由 1870 项优化至 405 项；②按照"设备功能模块化、模块标准化"的原则完成了 10 千伏常压密封空气绝缘开关柜和配网直流电源柜技术规范编制和样机制造，并在广东电网公司物资采购标准委员会"第一次会议"上分享经验，获得了高度肯定；③佛山供电局拥有技术专利的配网全绝缘配电台架，纳入了广东电网公司配网标准设计，并在全市进行推广。

3. 聚焦运维智慧

"优体系，强支撑"，构建以"配网故障自愈、巡视无人化、检修专业化、预安排停电零时户"为特征的配电网智慧运维体系。

(1) 优体系

①主要承担网公司配网技术及管理体系建设。承接广东电网公司生技部工作部署，佛山供电局主要负责人亲自挂帅，生技部组织相关部门专家和业务骨干深度参与，编制形成了《南方电网公司配网技术支撑及管理体系建设研究报告》（一份总报告，四份专题报告），并结合《研究报告》的成果，配合完成《南方电网公司配网生产管理与技术提升方案》编制。②打造配网自动化管理标准体系。为有效承接南方电网公司、广东电网公司制度文件要求，确保配网自动化建设稳步推进，运维管理有序运转，进一步提升业务管理的标准化、流程化、精细化水平，佛山供电局结合自身实际和故障自愈建设目标，从规划、设计、施工、运维和信息系统五方面，对配网自动化全业务线条、全业务流程的技术标准、管理标准和作业标准进行了全面收集、梳理和修编，构建了完整的配网自动化管理标准体系。目前已完成《佛山供电局配网自动化管理标准体系》编制，并整理了标准制度59份，为配网自动化实用化奠定了重要基础。③打造配网不停电作业体系。佛山供电局打造了全电压等级、全业务、产学研一体的不停电作业体系。通过建立不停电作业制度体系、指标体系、组织体系和装备体系、考核评价体系，梳理了配网不停电作业相关管理标准（15份）、技术标准（40份）及作业标准（45份），并成立了"广东立胜电力技术有限公司"专业化不停电作业公司，优化配网不停电作业驻点设置。

(2) 强支撑

佛山供电局完成了数字配网功能上线，形成了局数字化企业的雏形。从可靠性、配网自动化、配网运行、电能质量、配网调度和智能电房监控等方面，将配网生产运行的各项核心指标汇总展现，进一步扩展数据分析范围，通过对跨专业线条数据的贯穿式归一化分析，实现了配网大数据链式高级分析应用，为配网管理全面智能化升级夯实了基础。目前，佛山供电局已完成了配网各专业的功能需求收集，其中，供电可靠性、配网自动化、配网运行分析模块已经开发和上线运行，从根本上解决了管理人员报表繁多等难题，落实基层减负，同时聚焦配网主要问题，强化闭环跟踪。

(3) 打造以"配网故障自愈、巡视无人化、检修专业化、预安排停电零时户"为特征的配电网智慧运维

①完成配网自动化主站自愈模块功能建设，并实现全网首次就地主站协同式自愈正确动作。印发配网自动化主站自愈模块投入工作指引，目前已有2627回线路的自动化布点满足自愈投入条件，其中，493个馈线组1119回线路纳入

自愈闭环管控,完成五区故障自愈功能试点全覆盖。就地主站协同式自愈实用化后,实现了配网线路永久故障点的自动隔离和非故障区段自动转供复电。将故障复电时间由传统人工处理的小时级缩短到分钟级,可完全不依赖调度人员进行调控指挥,在急修人员到场前即完成初步处理,有效缩小故障影响范围,减少客户停电时间,降低人力资源需求。2019年9月17日,太平站731嫩茶线42T1开关过流跳闸,主站自愈准确动作,总用时2分58秒,恢复配变数9台、中低压用户363个,挽救负荷约0.5兆瓦,减少约726停电时户,实现全网首次主站自愈功能准确定位故障并全自动转供复电。除此之外,佛山供电局还提出了"馈线理论最小自愈率"评价模型及算法,自主编程,完成基于单线图CIM模型的指标自动计算,实现配网网架合理性、自动化有效覆盖和故障可转供情况的精准量化分析,指导配电自动化布点规划。"馈线理论最小自愈率"评价,已纳入省公司配网自动化实用化评价体系。②打造新建智能配电站和常规配电站智能化改造样板,并率先接入网公司物联网平台。通过加装智能终端和多态传感器,实现配电设备的状态监测和运行环境的多维感知,将智能化技术向低压延伸,完成分支回路的用能采集、电气测量和故障告警,初步实现以机器代人的配网"无人巡视"目标。建成配电站智能管控平台,并成为网公司智能配电网监控平台开发蓝本。应用分布式管理、边缘计算、云平台等技术,具备大数据接入、远程监控和实时告警功能,实现配网多维数据在线监测、设备状态实时评价和隐患缺陷趋势判断,支撑配网"靶向检修"实施。中海万锦豪园智能配电站是全网首个基于南网云平台的智能配电房。推进配网无人机人才、装备和应用提升,共装备多旋翼无人机152架,获得AOPA资质飞手108人,建立故障架空线路常态化机巡机制,累计自主机巡1616次,发现缺陷295项,机巡成效明显。配网多旋翼无人机的全面推广应用,实现了配网架空线路的多角度、双波段可视化巡查,具有巡视速度快、图像分辨率高、缺陷观测准的特点,结合三维建模和无人自动驾驶技术后,可真正实现一键自动巡视、拍照、归档。此外,三水局南山所完成了全部10千伏公用架空线路的无人机自动巡航航线验证,标志着该所成为南网系统内首个实现无人机多传感器自动巡航全覆盖的供电所。③发布《配网设备质量技术监督指引》,建立入网设备品控专家团队,强化"样品确认、质量抽检、到货验收"三个环节的管控。打造"1+5"配网设备技术监督基地,推进检修中心配网设备检测平台建设,区局建成配网工厂化检修车间,组织对配网自动化设备、低压开关柜、中压电缆、电缆附件等设备进行技术监督,累计检出质量问题252个。进一步明确配网综合班职责,专业负责配网状态检测、配网自动化和智能设备调试消缺。全面推广局放带电等检测技术，提升异常诊断能力，实现配网主设备状态检测全覆盖。④打造高明局不停电作业示范区，在规划设计、配网基建、运行维护、客户服务等方面形成可复制、可推广的不停电作业样板。开展年度停电计划专项优化，强化带电作业和保供电落实。按照国家能源局、南方电网公司工作部署，制定《低压供电可靠性采集试点工作方案》，为我国供电可靠性管理延伸至低压用户探索路径、积累经验。承办低压用户可靠性管理探索实践工作推进研讨会，低压可靠性管理试点工作得到国家能源局高度认可。

4. 聚焦客户体验

首先是持续优化网格化服务模式，印发《佛山供电局网格化经理工作到位标准》，明确网格化班组工作职责，在全市推行网格化服务模式，以行政村（居）为单位，科学化划分网格，目前全市共划分638个网格，每个网格配一名网格化客户经理，统一对外，收集、传递和解决客户各类诉求。其次是深化客户"一次都不跑"工作体系应用，印发《佛山供电局供电服务全量业务"一次都不跑"工作指引（2019版）》，互联网业务办理超过90%。以高明为试点推广费控业务，在费控基础上实现进行远程停复电，并成功进行远程停复电测试；已在高明全区范围内推广费控业务；最后是建设网格化服务可视化全景展示平台，实现"我们看得见客户"和"客户看得见服务"，将全市网格在地图上实现可视化展示，包括网格经理、网格客户、网格内设备以及在网格内发生的每一宗客户诉求、业扩报装及停电工单，客户可以通过基于地图的一键报障功能，实时报障并随时了解抢修进度、相关服务人员信息等，目前功能已经完成开发。

5. 聚焦提质增效

首先，成立佛山供电局资产全生命周期管理委员会。建立资产管理三级网络，加强资产业务信息化培训，提升资产人员业务素质，夯实资产管理队伍基础。优化鉴定工作小组，按资产类别分组，改变粗放式分组管理模式。其次，账卡物一致性管理提升。印发设备台账规范与资产目录对应参考表，建立了台账与资产卡片有效关联，支撑账卡物一致性清理工作。承接省公司试点，参与编制及审核自动转资方案，实现由台账电子化移交推送增资的信息化流转，该方案已于2019年9月上线。账卡物一致性清理工作以来，配网设备及线路的账卡物一致率由68.08%提升至96.01%（11月数据），提升了27.93%。再者，承接省公司试点，编制和落实基于实物编码的资产全生命周期数据流转方案，利用物联网等技术实现对电网设备进行标识化、信息化管理，推进资产数据同源管理，完善贯穿资产全生命周期各环节的信息系统功能，该方案已于2019年11月全省上线。最后，强化线损管理。目前，全局累计综合线损率2.96%顺利达到年度目标，相比去年3.09%，下降0.13%，减少线损电量约7195万千瓦时。①印发局线损管理"1+4"工作体系文件，制定指标考核规则，融入局"四位一体"指标体系。建立"日监控—周发布—月报告"工作机制。每日通过计量系统开展线损监控，每周发布线损异常督办，每月编制印发工作报告。②"线损分析及监控系统"顺利上线，辅助基层开展计量系统线路和台区线损异常整改和闭环验证。编制《线损合格一片，电费发行一片作业指导书》《低压客户电源点信息现场核查作业指导书》，制定了"线损合格一片，电费发行一片"的工作流程，共整改18条线路线损异常，76个台区线损异常。截至目前，剔除轻载影响后，计量自动化系统统计线路线损异常率为4.73%，台区线损异常率为5.08%。③完成《基于同期线损分析的降损措施研究》规划研究项目，开发了10千伏线路及台区线损典型值工具。推广应用三水局开发多系统数据差异性自动排查及线损监控工具，基本实现线路、台区、低压用户的拓扑和信息自动化比对。

6. 聚焦人力资源

应用网公司人力资源配置标准，结合经验估工法、同行业比较推定法和统计分析法等开展定员测算，研究适应智能配电网的人员配置建议；编制并印发局工资总额管理实施方案，引导各单位内部挖潜，提高智能配电网人员技术技能水平；将智能配电网管理体系关键考核指标融入各单位内设组织绩效考核，根据绩效考核结果分配内设组织绩效工资；成立广东源博教育科技有限公司，依托大集体智慧教育板块，重构局智能配电网人才培训评价体系。2019年集中开展技经造价（配网）、配网通信、营配综合班岗位胜任能力、配网规划、配网自动化和电缆附件制作等培训班共14期，进一步提升智能配电网人员技术技能水平。

7. 聚焦党建引领

首先，发挥党组织战斗堡垒作用，组织建设更有合力。党的组织和工作覆盖面进一步扩大，党的建设与生产经营进一步融合，各级党组织聚焦生产经营重点、难点问题，引导党员和群众心往一处想、智往一处谋、劲往一处使，党组织的组织力和战斗力显著增强。其中在全局各级党组织实施167项书记项目，其中有23项书记项目聚集推动智能配电网建设，通过发挥党建引领作用，凝聚党员力量着力攻坚智能电网建设中的重点、难点任务。其次，发挥党员干部示范表率作用，队伍建设更有活力。注重在推动深度融合中加强党员队伍建设，截至目前，全局3380名在岗党员中，本科及以上学历占比77%，中级及以上技术职称占比56%，高级技能人才占比60%，建设了一支高素质党员队伍。同时，加强党员党性锤炼，强化党员干部担当有为，深化"三同五包"工作机制，切实为基层办实事、解难事。目前累计开展"三同五包"工作606人次，发现问题、收集意见建议415条次，其中有针对性地解决了智能电网建设中的各种"疑难杂症"，有效指导基层推动智能电网建设。最后，发挥广大党员先锋模范作用，服务群众更有张力。大力践行为民服务宗旨，将党员服务队建设纳入局优化营商环境十大电力服务新举措重要内容。全局各共产党员服务队共开展各类服务76 800余次，服务困难群众2850余户，用实际行动为群众办实事、解难题、做好事，服务队有关事迹先后被人民网、《南方》杂志、信息时报、佛山日报、佛山电视台等多家主流媒体进行深度宣传报道，赢得了良好的社会口碑。

七、案例7：大力推进科技创新，加快"机器代人"应用（本课题由佛山供电局生产技术部牵头研究）

（一）研究背景

1. 社会背景

伴随着人工智能技术、先进制造技术和移动互联网技术的融合发展，人类社会生产、生活方式发生了深刻的变革。尤其是随着感知、计算、控制等技术的迭代升级和图像识别、自然语音处理、深度认知学习等人工智能技术的更新迭代，智能技术的应用与服务已经渗透到社会生产生活的每一个角落。比如智能制造领域、智慧城市建设、智能物流领域等已经成熟应用智能技术，实现了管理水平的提升和成本的降低。而以云计算、大数据、人工智能为基础，以语音识别、图像识别等技术为手段，智能机器人、智能安防、智能驾驶、智能人居、智能电网等方面形成了较为完整的社会产业应用层。

2. 行业背景

聚焦电力行业，在装备设施、现场作业、状态监测、评价与智慧等方面，中国国家电网公司、南方电网公司都开展了不同程度的研究和应用。中国国家电网公司于2017年底制定了《智能运检体系建设方案》，明确了到2021年要全面建成智能运检体系的目标，并通过突破传统运检模式在信息获取、状态感知及人力为主作业方式等方面的困局，全面提升设备状态感知能力、主动预测预警能力、辅助诊断决策及集约运检管控能力，全面提高运检效率和效益。随后，中国国家电网公司于 2018 年初提出了打造全业务泛在电力物联网的目标，泛在电力物联网是围绕电力系统各环节，充分应用移动互联、人工智能等现代信息技术、先进通信技术，实现电力系统各环节万物互联、人机交互，具有状态全面感知、信息高效处理、应用便捷灵活特征的智慧服务系统。

近年来，南方电网公司提出了发展"两精两优、国际一流"电网企业，实现电网提质增效的目标，印发了智能技术在生产领域应用路线方案，明确了实现智能装备、智能运行的具体目标，应用云计算、大数据、物联网、移动互联网、人工智能技术在智能装备、现场作业、状态监测、态势感知、智慧运行方向进行重点建设和布局，提出具体的行动计划。此外，南方电网公司还于 2019 年工作会议上提出"五者三商"战略，5 月发布了《数字化转型和数字南网建设行动方案（2019 年版）》，提出数字化转型是实现"数字南网"的必由之路，明确了"数字南网"发展目标及其工作思路和转型路径。

（二）研究范围

1. 现状及分析

当前中国经济发展正处在转变发展方式、优化经济结构、转换增长动力的关键期，国家正大力实施供给侧结构性改革、国资国企改革和电力体制改革，佛山供电局要想当好南网新时代基层供电局排头兵，实现"三年三提质"，最终建成世界一流电网企业，就要顺应发展趋势，坚持质量第一、效率优先，实现高效率、高效益、高质量的投入产出模式，全面提升劳动生产效率已成为企业持续高质量发展的必经之路。

作为南方电网公司基层单位排头兵，佛山供电局各部门在信息化、大数据、人工智能等技术研究和应用方面开展了大量提升生产效率的工作，形成了一定的成果并推广应用，但也存在工作路径不清晰、预期目标不明确、先进技术和管理方法与业务融合程度不高等问题，亟须探索、优化推进科技创新，加快"机器代人"应用的有效路径探索和机制完善。

2. 研究内容

本章研究以提升劳动生产效率为目的，通过在生产、基建、物流、信息、行政办公、财务、市场营销、人工智能和新技术应用、人资等领域各个环节引入"机器代人"，制定并推进子项目实施、总结、回顾各项"机器代人"工作成效，持续改进提升。同时，根据"机器代人"相关技术的研究和应用，进一步优化人力资源配置，引导各单位积极探索推广"机器代人"，实现减员增效。如图12-8所示。

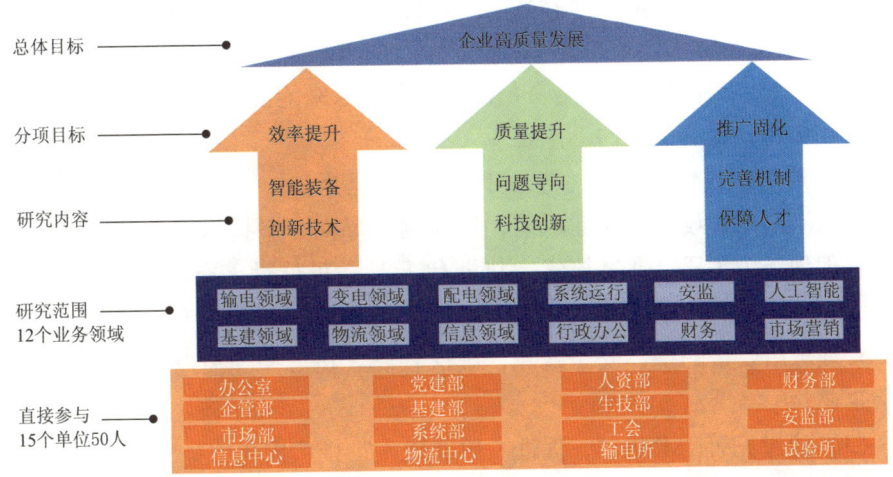

图12-8 研究范围及目标

一是在输变配生产领域，加快推进智能化建设，在装备设施、现场作业、状态监测、态势感知、智慧运行等领域深入开展智能技术研究和应用，通过"机器代人"实现减员增效、减危增质目标。

二是在系统运行领域，通过部署光缆实时在线监测系统，开发主站系统自动化巡视等模块，提升二次设备智能运维水平和效率。

三是在人工智能和新技术应用领域，开展带电更换悬垂绝缘子串等电位作业机器人、110千伏输电线路绝缘子带电清扫机器人、10千伏高压断路器智能化多参数一键式电气试验装置等应用研究。

四是在基建领域，深入开展标准化设计建设，建设智慧工地管理平台、结算过程管理平台、结算资料编制系统，实现基建工程各环节标准化、信息化、高效化。

五是在物流、信息、行政办公、财务、市场营销等领域，以减负为目标，研究各类智能化技术、信息技术应用场景，开展智能绿色仓库、抄核收自动化作业、财务单据自动审核、证件自助服务等"机器人"研究和应用，提高各环节工作效率。

六是根据"机器代人"相关技术的研究和应用，进一步优化人力资源配置，引导各单位积极探索推广"机器代人"，实现提制增效。

3. 研究意义及目标

（1）通过引进智能装备和创新技术，提质增效

通过在各领域内开展"机器代人"的应用和推广，广泛开展智能电网建设、大数据分析及应用、作业机器人研制及应用、软件机器人应用等工作，应用"云大物移智"技术推进传统业务的改造，适应未来能源转型目标，为基层员工减轻工作负担，提高人员的工作效率。

（2）通过深耕创新科技，持续打造本质安全企业

着眼于电网、设备、作业风险，以问题为导向，坚持以设备升级、技术改进、管理创新为手段，通过探索"机器代人"的可能性，充分发挥"机器人"高强度、高智能、持续工作等特性，弥补人工作业短板，提升电网、设备、人员、管理等诸要素的整体安全效用，确保各要素在可控受控范围内，打造本质安全企业。

（3）通过完善配套机制，促进"机器代人"推广固化

对近年新形成的"机器代人"技术和业务进行深入探索，修编完善相应技术标准、管理制度等配套机制，促进"机器代人"技术深层次应用和业务推广，保障"机器代人"创新技术的落地实施和效益发挥。

（4）通过推行"机器代人"，助力企业高质量发展

通过在各领域开展"机器代人"的研究和应用，持续开展技术和管理创新，推动电网向智能灵活、低碳可靠的智能电网升级，推动营销服务向主动、精细的数字化营销服务模式转型，提升各领域劳动生产效率，推动生产组织形式变革，进一步优化人力资源配置，实现企业高效率、高效益、高质量发展，创建世界一流电网企业。

（三）成果内涵和做法

1. 通过课题化管理，高质量完成各子任务实施计划

按照佛山供电局企管部统一组织部署，生技部牵头"机器代人"研究课题，在牵头局领导的指导下，从组织保障、课题方法、协调推进、成果总结等方面组织推进课题实施（图12-9）。

召开课题开题会议组织成立本课题，在生产、行政办公等各领域从"效率""质量""可推广"等方面开展"机器代人"技术路径分析探讨，按照逻辑树、优选矩阵等科学的分析方法，确定"机器代人"研究路径，编制完成《机器代人课题实施行动计划任务》清单，进一步明确了"机器代人"课题各子项目成

果的形式和要求,引导各子项目成果从现场实物向应用成效分析、业务指导书、工作流程改进等方面转变。

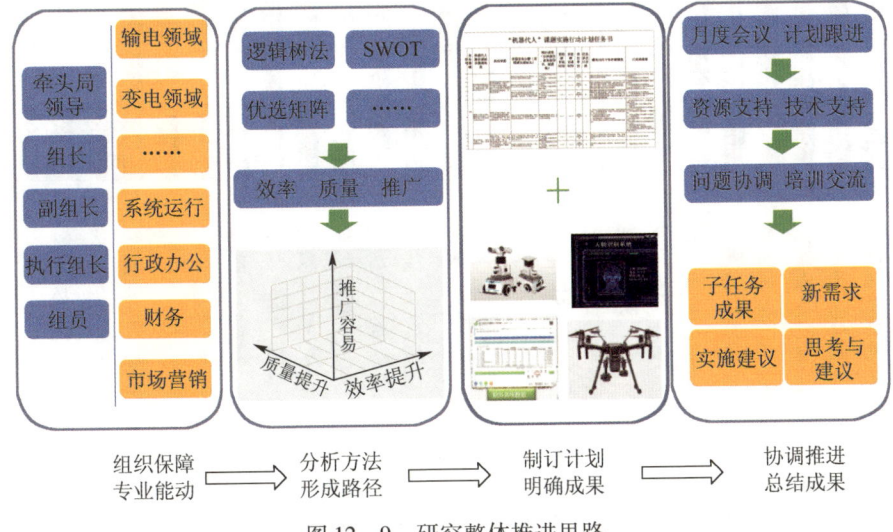

图 12-9 研究整体推进思路

2. 通过课题研究,形成"机器代人"实施建议

①各子任务技术路径探索总结。针对"机器代人"项目 30 条路径,通过应用效果分析或可行性研究,15 项"机器代人"路径能够为单项作业任务带来大幅效率提升,8 项为"以质量提升为主",6 项为开发或可研阶段无法进行效率统计或估算,1 项(配网"一机多站"巡检模式)经评估先进性和效率不佳,已取消试点应用项目(图 12-10)。

②对各技术路径从效率提升、质量提升及推广的难易程度三个维度进行综合评估,项目 9、13、14 对工作质量改善效果明显,项目 5 和项目 30 对工作效率提升作用显著,软件类项目 25、27、29 则推广相对容易且见效快(图 12-11)。

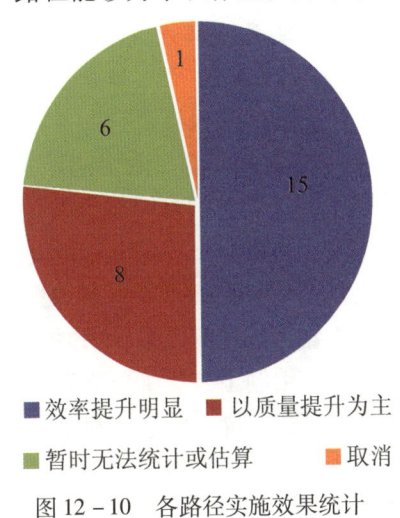

图 12-10 各路径实施效果统计

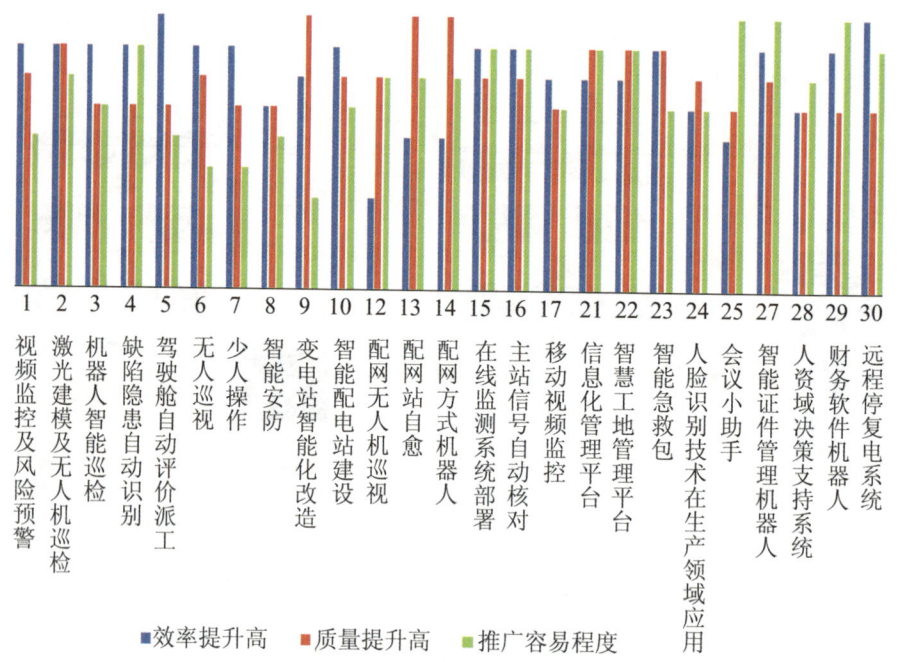

图 12-11　成果效益综合评估

3. 通过课题实施，完善了配套机制

佛山供电局通过"机器代人"一批子项目的实施和推进，在打造智能电网、推进智能运维、数字办公工作过程中，编制印发业务指导书和工作指引超过 18 份，完善了新技术应用和新业务推广的配套机制。如配电专业编制印发了《佛山供电局配网无人机巡检业务指导书》《配电无人机巡视作业管理解决方案》，推进"机巡+人巡"的协同巡检工作方式；变电专业为推进智能变电站建设，编制了《人脸识别终端技术条件书》等 6 份技术规范，参与《新一代智能变电站推广应用手册——变电运行支持系统分册》《广东电网有限责任公司变电站巡检机器人系统管理业务指导书》等制度修编；财务部编制印发了《佛山供电局财务机器人管理业务指导书》，加强软件机器人在财务领域应用的管理与指导；物流中心编制了《无人值守智能仓库操作指南》。佛山供电局通过完善配套的业务指导书或制度，对于"机器代人"场景应用起到了规范和引导作用，为电网智能化建设和各"机器代人"技术推广奠定了基础。制度成果统计如图 12-12 所示。

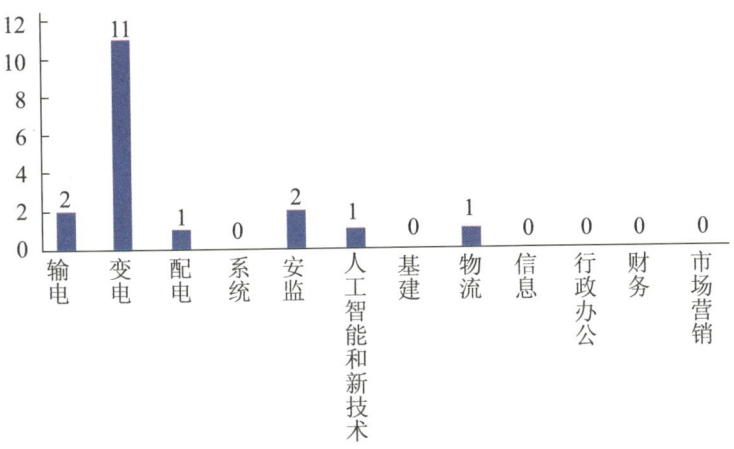

图 12-12 制度成果统计

4. 通过培训和宣传,形成"机器代人"氛围

为了更好地开展全局"机器代人"课题研究,高质量地稳步推进各路径实施,佛山供电局组织开展了"软件机器人""人工智能"等多场培训(图 12-13),邀请了人工智能领域厂商和研究机构开展新技术及相关行业应用案例交流,增强了项目人员对"软件机器人""人工智能"的认识,引发大家对本专业领域内大数据、人工智能等技术应用的思考,形成了"机器代人"文化氛围,有效促进各项目路径实施与可持续发展。

本研究内容涉及子任务,从立项之初的 14 项"机器代人"路径、50 项工作计划,在不断的分析、回顾、交流过程中产生了新的应用需求和研究课题,逐步完善丰富至 30 项路径和 64 项计划。通过"机器代人"项目的持续深入探索,各参与单位通过分析、收集基层部门需求,梳理"三同五包"发现的问题,提

图 12-13 培训及交流现场照片

出了"AI+智慧财务领域的横向突破和纵向深化"等新的研究课题,"智慧财务+财务共享研究与应用"等信息化建设需求超过4项,"多路光路自动跳接切换装置的应用""基于AI视觉的变电站智能带电水冲洗机器人研制""新一代语音识别系统关键技术研究与应用"等技改、科技项目;立项需求超过20项。项目研究内容和新需求统计如图12-14所示。

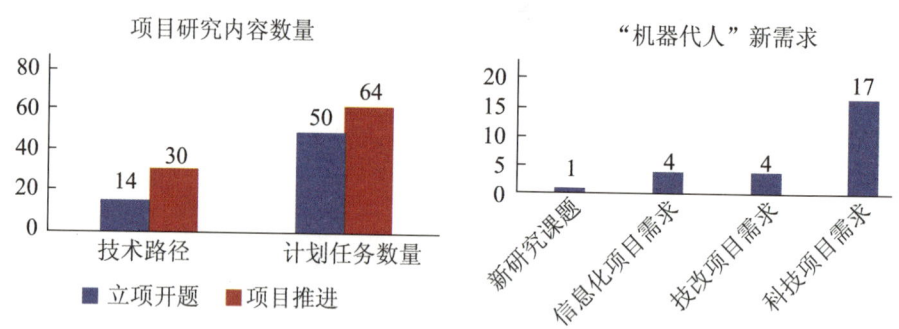

图12-14 项目研究内容和新需求统计

(四) 实施成效

1. 各领域机器代人创新成效

(1) 输电领域

①关键技术①:无人机、自动驾驶、机器人、三维建模、图像识别。

②实施建议:视频监控及风险预警、输电线路激光建模和无人机自动巡检、机器人智能巡检效率提升比例分别为55.2%、60.2%、72%,建议视频监控和激光建模技术全局推广,建议隧道机器人扩大应用范围。

一是在输电智能驾驶舱建设方面,实现特殊区段智能统计,设备状态自动评价,评价结果按策略自动生成计划工单,并自动在6+1生产系统派工。与以往人工查询、生成计划相比,效率提升超过80%,全年节约超过3000个工时。

二是在缺陷隐患自动识别方面,已实现基于视频监控图像的线行通道内大型施工机械风险预警和基于无人机巡检图像的零部件、缺陷智能识别,完成地线金具螺栓插销缺失和玻璃绝缘子自爆缺陷识别模型训练,自动分析3万张照片,检出率达到80.9%和86.5%,发现问题187处。

三是在视频监控及风险预警方面,已完成6处500千伏线线交叉跨越、199

---

① 本文"关键技术"是指课题研究过程中调研过的,近年对本专业影响较大、能有效提升工作效率和安全性新技术。

处施工黑点及110千伏雷平联甲乙线视频监控及风险预警，并已将监控图片实时接入输电智能驾驶舱。将线行通道（施工黑点、重要交叉跨越）巡视周期从1天1巡降低为3天1巡，节约人工作业量820工时；将线行通道（交叉跨越、施工黑点）巡视次数从3天/次提高至1小时/次，完成线行通道内大型施工机械风险预警9536次。

四是在输电线路高精度激光建模方面，已完成1022公里输电线路高精度激光建模，基于高精度激光点云，完成杆塔倾斜度测量系统及软件1套，并完成1022公里输电线路树障危险点检测、交叉跨越距离测量，生成巡检报告46份，完成561公里输电线路杆塔倾斜度测量，生成测量数据27份，共发现树木、房屋、路灯等隐患261项、倾斜杆塔38基，节约人工612工时。

五是在无人机自动巡检方面，基于高精度激光点云，规划无人机自动巡检航线592公里，开展自动巡检483.5公里，并自主研发输电线路零部件、缺陷图像识别系统，实现20046张照片复合绝缘子、玻璃绝缘子单双串、单双挂点、地线线夹、地线线夹单双挂点自动识别、62回输电线路反措实施情况自动统计，并发现输电线路R销丢失、绝缘子自爆、防震锤腐蚀锈蚀、导地线腐蚀锈蚀、基础水浸等缺陷共103项，节约人工716工时。

六是在电缆隧道智能巡视方面，完成三山电缆隧道2台智能巡检机器人和3台消防灭火机器人系统升级改造，并为狮山电缆隧道配备1套机器人系统，目前正处于试运行阶段。实现佛山范围内2公里及以上电缆隧道机器人全覆盖，代替人工开展电缆隧道日常巡视46次、红外测温40次、防风防汛特巡12次、火灾识别46次、消防灭火应急演练1次，并结合机器人应用情况，调整已安装机器人的电缆隧道运维策略，将电缆隧道巡视周期从15天1巡降低为1月1巡，节约人工作业量20工时。

（2）变电领域

①关键技术：巡视机器人、智能视觉分析技术、动力环境控制系统、无人操作、无人巡视。

②实施建议：无人巡视、少人操作效率提升比例分别为36%、20%，智能安防、智能运维集成平台2项暂时无法统计或估计效益。建议以上4项技术扩大应用或加快研发力度。

一是在无人化巡视方面，以室内（外）巡检机器人、各类摄像头组合而成的智能视觉系统、温湿度传感器、在线监测系统等多种智能设备及技术组合，从高空到地面，从户外到室内，从设备外部运行状态到内部构造，实现巡视位置全覆盖。从设备外观、温度、仪表读数到设备位置、压板状态识别，实现巡视功能的全覆盖。运用智能巡视，频率更高、覆盖面更广、准确度更精、数据分析及传送更快，有效降低人力资源成本及时间成本。

二是在无人化操作方面，在调度自动化及智能设备远控操作的基础上，松厦站已全面实现线路及主变等主要设备转为冷备用的程序化操作。在此基础上，将开关刀闸等智能视觉位置判据通过网页实时传送至调度端，为程序操作提供双重判据。

三是在智能安防方面，运用智能视觉分析深度学习技术和定位技术，对进站人员资质、安全行为（如安全着装等）、安全活动范围（越界）进行识别和分析，形成电子围栏，并将作业行为告警信号采用现场广播告警系统，对现场工作人员进行实时警醒告诫。同时采取三维设备拆解、现场作业预演等方式，为现场施工方案勘察制定提供辅助判据，以智能安全工器具房进行安全工器具的规范管理，有效实现远程安全监控。

四是在数据集成应用方面，以三维模型为基础集成各智能技术形成三维实景远程可视化智能管控平台，采用激光云技术的三维模型真实还原了整个松厦站的所有设备分布及站内环境等实景。三维模型与多维数据的融合对接，集成SCADA系统遥信遥测数据、在线监测系统主变油色谱、视频监控系统图像视频数据、机器人巡检系统、智能视觉系统红外测温数据、6+1系统台账等各类数据的实时可视化三维呈现、告警、分析，实现数据一体化、可视化、分析结果明朗化，一站式展示设备360度状况，并提供各类报表的生成、各类数据的初始分析，为智能运维、设备智能集约监控管理提供了基础平台，并准备试点开发应用智能网关等先进技术，进一步提升智能数据的集约化和物联化。

五是在制度建设方面，在松厦站智能建设的基础上，生技部组织编制印发了《人脸识别终端技术条件书》等六份智能视觉终端技术条件书。同时，积极参与南方电网公司、广东电网公司智能化建设的各类规范编写，参与编制南方电网公司《智能变电站验收规范》《新一代智能变电站推广应用手册——变电运行支持系统分册》，以及广东电网公司《变电站智能视频监控装置采购技术规范书》等三份技术条件书，《广东电网有限责任公司变电站巡检机器人系统管理业务指导书》等三份业务指导书。

（3）配电领域

①关键技术：智能配电站、智能网关、物联网、智能传感器、无人机、自动驾驶、主站自愈。

②实施建议：智能配电站建设暂时无法统计或估计效益，待进一步开展研究和试点；配网无人机巡视以提升工作质量为主，便携式配电巡检机器人取消试点项目。

一是在智能配电站建设方面，完成编制智能配电站建设技术条件及配置标准。各区已建成智能配电站 31 间。智能配电站数据已接入配电站智能管控系统，初步实现智能配电站的无人巡视。

二是在无人机网格化巡视方面，各区局持续对新增故障架空线路进行机巡，年累计开展无人机自主巡视 1616 次，发现缺陷 295 项。在顺德、南海组织开展两期配网无人机自动驾驶专项理论及实操培训，为各区下阶段初步实现线路"无人巡视"做好人才和技能储备，三水局试点线路实现无人机一键自动巡视。无人机巡视对架空线路故障后的故障点查找和故障原因辅助判断效果突出，能有效解决传统巡视只能依靠人工地面观察，视角固定，距离远观察拍摄不清的难题。

三是在便携式配电巡检机器人应用方面，经进一步调查研究，市场上暂无成熟可用产品，且预计"一机多站"巡检模式先进性和效率不佳。已取消试点应用项目，转为科技立项需求。

四是在主站自愈功能开发方面，成功研发主站自愈功能模块，实现中压线路"故障区段自动隔离非故障区段自动转供自愈"。目前已有 2627 回线路的自动化布点满足自愈投入条件，其中，437 个馈线组 989 回线路纳入自愈管控。2019 年 9 月 17 日，太平站 731 嫩茶线 42T1 开关过流跳闸，主站自愈准确动作，总用时 2 分 58 秒，恢复配变数 9 台、中低压用户 363 个，挽救负荷约 0.5 兆瓦，减少约 726 停电时户，实现全网首次主站自愈功能准确定位故障并全自动转供复电。

（4）系统运行领域

①关键技术：程序化操作、数字变电站、压板远方投退、定值远方修改、远程维护、智能动运机、一体化配置、大数据分析、智能运维。

②实施建议：在线监测系统部署、主站信号自动核对效率提升分别为 91.7%、60%，建议全局推广。

一是在线监测系统方面，制定光缆在线监测系统建设方案、系统架构和技术方案，并完成相应技改项目的现场施工，进入调试应用阶段。通过在佛山供电局部署光缆在线监测系统主站、在关键变电站节点部署子站的方式，建立起光缆"健康档案"并可开展远程实时测试，实现保底通信网光纤纤芯质量、光缆承受外力等要素的在线监测与比对分析，为光缆这类"哑资源"提供了事前预防、极速定位的新手段。目前，佛山供电局已在 500 千伏罗洞站、500 千伏顺德站等 8 个站点完成光缆在线监测设备部署，实现 75 条约 748.82 公里保底光缆全覆盖。开发自动化主站系统自动巡视功能模块，可实现对主站系统中主要服务器运行状态（CPU 使用率、内存使用率、网络状态及磁盘分区使用率）进行监视、一三区参数同步监视、关键数据监视等功能。

二是在自动化业务智能化方面，已完成调度自动化主站信号自动核对功能模块开发，能够实现遥测、遥信信息的自动核对，并已经开展了试点应用，在 220 千伏竹园站、110 千伏秀丽站等 14 个变电站完成自动调试工单 37 张，后续将全面应用在基建及技改工程调试工作中。

三是在已开发部署二次数据分析模块，实现对变电站自动化系统从系统性能、遥测准确率、遥信准确率、系统缺陷 4 个方面分 24 个指标进行分析。制定了佛山供电局存量配电终端定值远程维护的技术方案，组织试点终端厂家完成了程序接口开发，完成了主站侧设备安装和程序部署。目前处于接口调试阶段。通过配电终端定值远程维护系统，可对试点厂家的配电终端保护定值进行远程的读取和修改，并在单线图系统上统一展示。大幅提升终端运维人员的工作效率，并解决目前配电终端定值管理缺乏有效工具的问题。

完善配网智能方式机器人，对资产系统、营销系统、配电 GIS、配网主站及主网 SCADA 等多系统数据进行集成，利用大数据应用技术进行数据深度挖掘，实现电网运行数据自动统计、电网风险自动评估、安全事件等级智能评估及电网供电能力智能分析等功能的应用。成果集成配网负荷、用户数及环网台账等多系统数据信息，自动分析区域内配网线路转供电能力，并形成转电预案，克服了人工编制预案的耗时长、准确性难以保障等缺点，大幅提高工作效率。同时，还可以通过数据深入挖掘应用分析，自动揭示配电网结构薄弱环节，为电网规划、建设提供基础数据支撑。

（5）安监领域

①关键技术：图像识别、行动分析、云平台。

②实施建议：移动摄像头安全监控效率提升比例为 7.5%，建议全局推广。

在现场作业可视化方面，一是持续应用移动摄像头、变电站视频监控系统对变电站作业开展现场督查，推进作业现场智慧安全监督管理系统应用，根据每日施工作业信息，督促汇源通各下属施工单位根据当天的施工作业，合理调配摄像头以便更多摄像头应用于施工作业现场，开展视频监控，并通过微信群通报各单位视频摄像头的使用情况。二是建设安全监控中心平台,将生产管理、营销及现场视频信息均接入平台,便于开展信息化、视频督查,实现对施工作业综合监督。2019 年度,佛山供电局共发现违章及未遂 25 起,节约人力成本的同时,实现了全过程、不间断的对施工作业进行远程安全监管,震慑了现场作业违章,有效提升安全督查效果,进一步督促员工及施工单位刚性执行南方电网公司《中国南方电网有限责任公司电力安全工作规程》。

(6) 人工智能和新技术应用领域

①关键技术:人工智能、图像识别、大数据分析、云平台、物联网、云诊断、信息融合。

②实施建议:作业机器人、智能诊断模块及生产监控指挥平台尚在研发开发阶段,暂时无法统计或估计效益,需要加快研发进度和局内试点。

一是在作业机器人、智能作业装备研究方面,推进"自动仓储及全自动传送系统设备加装"。针对项目所需的智能运输设备、智能调配信息系统、仓储单元硬件三个模块开展技术调研,对国内规模较大及技术领先的 AGV 小车生产厂家实地考察,掌握技术指标及国家标准,编制出技术实施方案,形成技术条件书,开展物资申购。根据项目实施场地的实际情况合理调整施工布局,形成设计方案,完成施工图设计,预计 2020 年 6 月 30 日前完成项目竣工。其中,"带电更换悬垂绝缘子串等电位关键技术研究"项目通过结题验收,项目首次将绝缘框架式爬行移动机构应用于带电更换悬垂绝缘子串作业,解决了双驱动同步控制技术难题,实现了机器人平稳运动;研制了一种适合于带电更换悬垂绝缘子串作业的双作业手臂配合环形抱夹机构,并基于仿生机理来完成悬垂绝缘子串销钉的拔插和碗头的脱装作业;提出了基于视觉定位的带电更换悬垂绝缘子串的力阻抗控制技术,实现了双作业臂准确定位,提高了机器人作业效率;研制了一套新型带电更换悬垂绝缘子串机器人样机系统,可代替等电位电工完成更换悬垂绝缘子串作业,提高作业安全;研制的机器人样机系统在现场进行了模拟应用,情况良好。

二是在设备状态监控和智能诊断方面,"主变油温负荷在线监测"和"断路器机械特性在线监测"功能模块算法模型和软件开发需求均已完成。完成 GIS 和 AIS 刀闸分合状态辅助判断装置样机制作及现场功能验证。"10 千伏高压断路器智能化多参数一键式电气试验装置""基于物联网的设备状态快速采集及云诊断系统"等项目完成总体方案设计。各项研究、设计、试制、验证等工作有序推进。

三是在生产监控指挥平台建设方面，完成安全生产管理系统数据、输变电在线监测数据、调度 EMS 系统、变电站监控视频系统、输电智能运维系统、变电站三维系统接入集成，上线输变电在线监测管理、生产数据监测预警、基准状态评价、气象灾害和环境预警、事故事件信息抓取、设备智能诊断等功能模块，初步实现生产监控功能。

（7）基建领域

①关键技术：智慧工地、BIM、信息化、数字化、三维建模。

②实施建议：项目管理平台、智慧工地管理平台均以质量提升为主，建议全局推广应用。

一是在信息化管理平台建设方面，已完成了"配网设计与造价一体化平台""结算资料编制系统"的开发及应用工作，通过利用信息化工具进行项目辅助管理，极大提高工作效率，为项目管理人员减负。

二是在智慧工地管理平台方面，已完成主配网基建工程智慧工地可视化监控系统的开发及应用工作，实现了对工程建设进度、安全、质量等进行智能化有效管控。

（8）物流领域

①关键技术：智能仓库、立体仓、AVG 小车、RFID 标签。

②实施建议：智能急救包效率提升比例为 30%，建议扩大试点范围。

在绿色智能仓库建设方面，在全局推广建设 13 个无人值守智能急救包，实现自动开门、自助出入库、自动盘点、自动查询功能，实现了急救包无人值守、机器代人自助领料，目前完成项目施工合同签订。完成南庄智能立体仓库可行性研究和施工图设计，目标是建设结合自动化仓库管理软件、图形监控及调度软件、条形码识别跟踪系统、搬运机器人、叉车、货物分拣系统等构成一套完整的现代化立体化仓储管理系统。

（9）信息领域

①关键技术：图像识别、大数据分析、云平台、物联网、5G、多站融合、软件机器人 RPA、深度学习。

②实施建议：人脸识别技术在生产领域应用以提升质量为主，建议进一步适配应用场景、扩大应用范围。

一是在人脸识别技术方面，佛山供电局作为广东电网公司人工智能平台人脸识别组件的试点开发和首批应用单位，目前已完成变电站刷脸出入调试，争取在奎福变电站开展第一个试点应用。预期利用人脸识别技术，实现电网各种场景的快速、精准、质量一致的人员身份识别，提高电网业务运转效率和安全管控自动化、智慧化水平。

二是在软件机器人方面，在客户服务、运监管理、财务管理、人力资源、生产管理等领域推广软件机器人应用，共开发上线财务增值税申报底稿自动生成及校验、客户报障工单催办、客服工单信息发布和自动转办等 62 个场景。以客服调度的"工单信息发布和自动转办"和"客户保障工单催办"两个场景为例，每天可以为供电服务中心减少 1 人的工作量，且部分场景可以替代人员实现 24 小时运转。

（10）行政办公领域（办公室、党建部、工会、人资部）

①关键技术：语音识别、人脸识别、语义分析、智能办公、软件机器人。

②实施建议：会议小助手、智能证件管理机器人效率提升比例分别为 92%、66%，工会经费管理智能助手、人资域决策支持系统以质量提升为目的。前 3 者建议全局推广。

一是在办公室完成会议小助手的开发及试应用，能够辅助会务人员方便完成会议报名、请假、变更会场、会议签到等工作。

二是在党建部完成智能管理机器人可行性研究（尚未正式立项），预期通过建设智慧党建智能机器人，可确保数据采集各环节的信息安全，高效准确的提供证件管理服务，告别传统通过纸张文件采集而导致大量纸质档案下发、收回带来的不便。

三是在工会联合信息中心，完成《工会经费管理词典智能应用助手可行性研究》编制工作，根据最新的法律法规和制度完成咨询资料的滚动修编，待确定技术路径后实施软件开发。

四是人资部完成了人资领域决策支持系统开发，并应用 RPA 机器人实现业务数据的系统间传输，集成人力资源数据实现对全局人力资源管理状况的可视化监控，实现在选、用、育、留各人资管理领域的可视化多维度分析等功能，为人力资源日常工作与管理决策提供数字化支撑。完成了部分人资管理 RPA 机器人应用场景开发，实现了对员工绩效考核结果汇总、考勤记录汇总等系列常规性、重复性人资业务工作的自动化处理与审核，提升工作效率与工作质量。完成智能管理机器人可行性研究，通过建设智慧人事智能机器人软件开发，确保了数据采集各环节的信息安全，高效准确地提供证件管理服务，实现干部领取证件"一站式"自助服务，并实现干部证件信息等台账一键生成，告别传统通过纸张文件采集而导致大量纸质档案下发、收回带来的不便，提升工作效率。

（11）财务领域

①关键技术：大数据、软件机器人、信息融合、智慧财务。

②实施建议：财务机器人效率提升比例为50%，建议向南方电网公司、广东电网公司申请推广。

在财务软件机器人方面，总体研发14个财务机器人，分3期开展，1期项目完成了营销对账、银企对账、通行费发票勾选认证、发票认证核对、电费收入凭证录入、光伏购电成本通知单、光伏购电成本挂账等7个软件机器人的开发和测试，前5个财务软件机器人已在本部应用，后2个即光伏业务的机器人现在顺德局及其下属供电所试用，总体应用效果良好。2期项目包括往来款对、内部管理报表、报账自动审核、工程财务管理等4个财务机器人已完成程序开发，正在测试和优化中。3期项目包括物资对账、固定资产报废审核、固定资产报表等3个机器人正在开发程序中。通过一系列的财务智能化软件的应用将大大提升财务人员、部分基层单位的工作效率，例如，银企对账机器人比手工操作节省80%的时间，通行费发票勾选认证和发票认证核对机器人比手工操作节省99.8%的时间，基层单位使用光伏购电成本通知单和光伏购电成本挂账机器人后分别比手工操作节省85%和65%。另一方面，财务机器人的应用提高了财务信息质量，降低了财务风险，从而释放财务劳动力，不断向业务财务和战略财务的职能转变，加速财务管理转型。

（12）市场营销领域

①关键技术：营配一体化、远程停复电、四表合一、大数据。

②实施建议：远程停复电系统对停、得电操作效率提升比例为95%，推广意义重大。

一是在抄核收自动化方面，目前远程停复电系统功能已完成开发、测试，正式上线，并在高明进行试点运行，佛山供电局通过业务探索，打造了欠费用户从停电预警到远程停电再到远程充值复电的新型电费催收模式，将复电时间由10小时左右大幅减少到10分钟。2019年全市已完成了6万只费控开关的安装、调试工作。下一步将制订全市远程停复电推广计划，逐步提升支持远程停复电设备的覆盖率，缩短欠费复电时间，减轻基层业务人员电费催收工作强度。

二是在信息化管理平台建设方面，已完成用户档案、电费数据自动筛查程序开发，提高疑似异常数据检索效率。主动开展针对市场化交易、大工业等17个类别约3万户电价电费执行专项检查，完成第一阶段2.3万户检查工作，2019年10月底完成第二阶段约7000户检查工作；开发了服务调度机器人，实现客户报障单到达现场时间催办、客服工单信息发布、应急数据统计、故障停电全过程节点监控等场景的应用；开发了现货工单督办软件机器人，实现光伏结算"四表合一"，全网首创联合政府、银行代开光伏结算发票业务。

综上所述，佛山供电局各专业领域"机器代人"课题研究子任务按计划开展，稳步推进，各子任务均取得了丰富成果，主要成果类别及数量统计见表12-2。

表12-2 项目成果分布一览表

成果类别	成果数量
分析报告	31
业务指导书或制度	18
论文	19
专利	32
软件	34

2. 机器代人创新总体成效

（1）通过机器代人，部分业务工作效率大幅提升

通过"机器代人"各子任务实施和总结，15项"机器代人"路径能够为单项作业任务带来大幅效率提升，平均值超过55%。例如系统运行领域通过开发应用通信网光缆和自动化机房在线监测系统，每次作业时间从2小时缩短至10分钟，效率提升超过90%；市场部远程停复电由每次10小时缩短到10分钟，效率提升达到95%以上。各技术路径及该路径对本专业效率提升的影响情况，对比统计如图12-15所示。

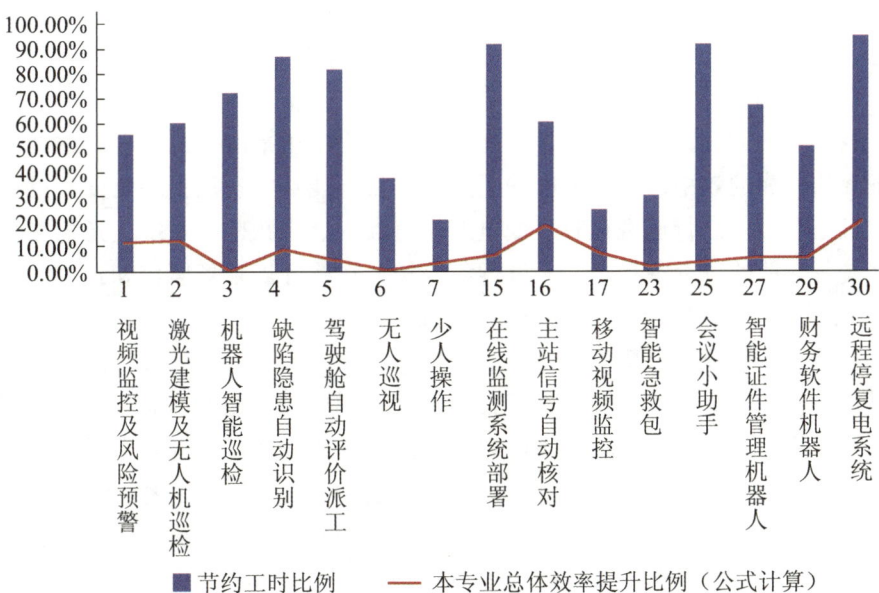

图12-15 各项技术路径效率提升情况统计

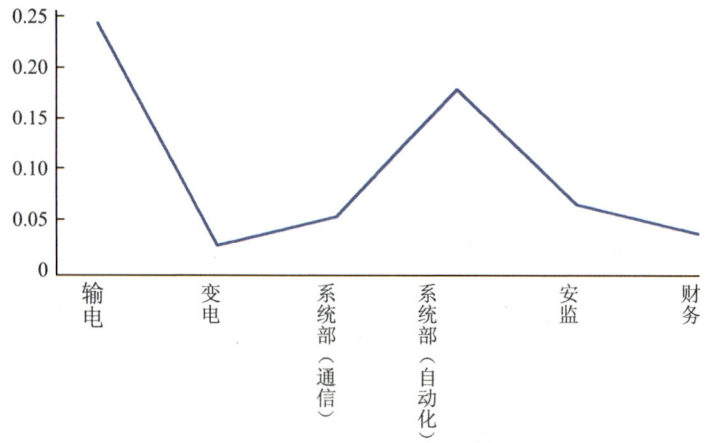

图 12-16　各领域效率提升情况统计

从图 12-15、图 12-16 可以看出，部分专业通过推行"机器代人"，能够大幅提高本专业整体工作效率。输电专业通过对"视频监控及风险预警""输电线路激光建模""无人机自动巡检""缺陷隐患自动识别"等多项技术的应用和推广，最终能够提高班组大约 20% 的工作效率；系统部自动化专业针对本领域占比大的信息核对业务开发应用"主站信号自动核对系统"，自动化班组工作效率整体提升超过 18%。而变电专业因为目前巡检机器人、智能视觉分析技术应用范围有限，安监专业"机器代人"手段相对单一，财务专业软件机器人替代业务占全部工作量比例较低，因此对专业整体效率提升相对低。

（2）通过机器代人，部分工作质量显著提升

通过对无人机、图像识别等新技术与现场应用场景的有机结合，达到人工作业无法完成的效果，例如输电的无人机巡视，能够实现从更多角度、更近距离对杆塔和附件进行巡视检查；变电巡视机器人、视频监控系统、光缆在线监测系统等，能够对设备状态、人员行为等长期在线开展现场监控和预警，实现 24 小时无间断多角度监督，有效提高了工作的质量。

通过项目管理信息系统、智慧工地管理平台、工会经费管理智能助手、人资域决策支持系统等"机器代人"技术的探索和应用，能够为业务提供数据支撑，有效规范作业过程，固化作业成果，提升各业务精益化管理水平。例如物流的绿色智能仓库对货物进出数据进行智能监控，实现自助化存取物资数量"零差错"；信息的人脸识别技术，能更有效地识别和记录人员信息；智慧人事智能机器人，能够实现证件信息等台账一键生成和数字化管理。

(3) 通过机器代人，控制作业风险

通过应用新型装备，开发新型专用作业机器人，代替或辅助作业人员开展工作，有效保障了人员安全，保证了企业本质安全的持续达标，提高企业的竞争力。如巡视用无人机能够替代人员登高作业，"带电更换绝缘子作业机器人"有望替代人员开展绝缘子带电更换作业，均能够有效转移或替代部分作业风险；通过现场作业可视化管理，持续应用移动摄像头、变电站视频监控系统对变电站作业开展现场督查，全过程、不间断地对施工作业进行远程安全监管，有效控制作业风险。

(4) 通过机器代人，促使企业高质量发展

通过"机器代人"项目实施，"机器代人"的思路和理念传播广泛，得到广大员工的普通关注和积极参与，形成了向技术要效率，向创新要效率的良好氛围，促进了人员、设备、管理和企业的高质量发展。

一是人员高质量发展。"机器代人"提升工作效率的同时，激活了员工的工作热情以及创新热情，引导人员向高质量发展；引进"机器代人"，对无人机应用、大数据分析、物联网、人工智能等技术的研究和应用，推动了人员技术技能的高素质发展。

二是设备高质量发展。通过探索机器人在各领域运用的可能性，推动智能电网建设进程，加快了作业机器人的研究应用、设备智能诊断模型的开发，将"云大物移智"技术落地到"数字电网"建设实处，促进设备和装备的高质量发展。

三是管理高质量发展。通过"机器代人"项目实施，将原本手抄手写、机械重复的劳动运用机器人代替，实现业务数字化、流程化、精益化，专业人员将更多时间用在统筹、策划环节，实现管理精益化。

八、案例8：党建引领、文化驱动，全面提升基层班组组织力和战斗力（本课题由佛山供电局党建工作部牵头研究）

2019年是"基层减负年"，也是局推动高质量发展的关键之年。佛山供电局通过深入细致的问卷调研和现场访谈，查找基层班组最关心的实际问题，以问题和目标为导向，探索建立了"1234"工作模型并制定针对性工作措施，以党建引领，文化驱动，全面提升班组的组织力和战斗力。

（一）研究背景

1. 提升班组组织力和战斗力是新时期的迫切要求

要深入贯彻落实习近平新时代中国特色社会主义思想和党的十九大精神，全面加强党的建设质量，必须在基层切实发挥党建引领作用；推动《南方电网企业文化理念》在基层有效落地，深化"同心同行 Do Best"行为准则建设，必须进一步增强员工的文化认同，激发班组活力；2019 年佛山供电局以"强基础、显成效"为工作基调，做实做强党建基础工作，强化基层班组文化建设，切实为基层班组减负。

2. 提升班组组织力和战斗力是战略落地的重要支撑

班组是企业组织管理的细胞，企业战略要落地，只有调动每位员工以企业战略目标为导向开展工作，才能在全局上下形成强大合力。党建工作和企业文化工作必须与生产经营深度融合，不断增强党员的党性意识和身份意识，充分发挥基层班站所的党组织战斗堡垒作用和党员先锋作用，充分焕发基层活力，带动全员统一认识，聚焦目标，凝心聚力，才能有效推进局"三年三提质"，实现以一流党建引领和保障一流企业建设要求。

3. 党建引领和文化驱动在基层班组仍存在不足

近年来，佛山供电局大力推进党建和企业文化工作，取得了一定成效，但仍存在一些不足。如，党建与业务工作深度融合不够、党建引领作用未能充分发挥、基层党支部和党员的能量有待进一步释放、基层班组违法违纪相对较多的现象未得到有效改善；文化阵地管理不足，上墙要求出口多、统筹少，上墙规范明确，下墙规范模糊等；班组员工感到压力较大，企业对员工压力来源掌握不清晰，心理疏导不足。要解决这些问题，佛山供电局需要开展系统研究。

（二）研究范围

1. 现状及分析

（1）现状调研

采用问卷与访谈相结合的方式开展现状调研。发放班组压力水平问卷、压力应对方式问卷、压力源问卷各 310 份，开展班组压力源访谈调研和班组文化访谈共计 115 人，调研对象包含局领导、职能部门负责人、主管，基层单位负责人、部门主管，供电所长、站长、班组长，班组员工。

（2）现状分析

①绘制班组员工整体压力状态、压力源画像如图12－17所示。

佛山局员工压力感知画像

压力状况　① 整体压力高于电力行业，峰值29人，60%以上人员表现出抱怨、指责行为、易怒情绪；
② 70%员工不会合理应对压力。

1 整体负荷过重
- 加班多；
- 人员配置数量相对不足；
- 专业融合能力不匹配；
- 各部门下达任务不统筹、不明晰；
- 专业融合流程未能快速配套；
- 系统不适宜，未打通；
- 现场痕迹管理过重。

2 感受批评压力大
- 指标考核传递压力大；
- 班组长管理风格批评为主、辅导少、情绪管理较弱。

3 对激励规则认可出现偏差
- 发展靠机遇，管理、技术、技能通道均受限；
- 绩效结果干多干少、干好干坏差别不大。

4 组织对员工关注局部不足
- 管理者对员工成长、发展关注度不足；
- 新制度上传下达不足。

5 工作与家庭不好平衡，焦虑
- 加班较多、家属不理解；
- 不同年龄段员工，作为家庭人的客观规律。

6 工作获得感不强
- 横向对比，认为工资收入不高；
- 爬岗时间长；
- 企业文化引领不足（价值观引领、班组团建活动）；
- 员工关爱活动针对性可以再提升。

7 团队进取心不强
- 工作获得感不强与对激励规则认可出现偏差是主因

图12－17　班组压力感知画像

②班组需重点关注的问题

工作任务统筹不够，各专业重复性工作较多，痕迹管理过重且指导不足，新制度宣贯不到位；班组相关的部分制度、流程不完善，个别专业融合后流程、职责未快速配套；班组组织架构、人员配备方面需优化；班组员工的上升通道仍需完善；部分班组长的管理能力、工作方式方法需要提升；班组及班组员工绩效管理、指标考核设定、激励机制需要优化；信息系统存在不足影响工作效率，亟需改进。

③班组文化墙存在的问题

统一性不足，部分班组暂时没制作班组文化墙，更新频率低，员工对文化墙关注不高，班组文化墙作用发挥不充分，互动性普遍不高。

（3）原因分析

一是党建引领作用在基层不够充分。在班组层面，基层党组织优势没有全面发挥，党建引领作用不明显，党员先锋模范作用还需进一步突显。二是企业文化软实力仍显不足。对基层员工的价值观引领不够，班组文化融入班组管理的实效不充分，部分班组员工压力大、欠缺科学应对压力的方法，企业归属感需进一步增强。三是班组管理的流畅性和支撑性不足。管理制度、工作流程、信息系统等直接关系员工工作效率,也是其感受压力的重要影响因素。

2. 研究范围

本课题研究将"深度融合"作为研究着力点,以"党建引领、文化驱动"为路径,探索提升班组组织力和战斗力的班组管理有效方法,全力打造"爱岗敬业、精益求精、协作共进、创业创效、廉洁从业"的员工队伍,整个研究覆盖局班、站、所,为佛山供电局全面推进"三年三提质"提供坚实保障。

3. 研究方法

员工的压力状况是班组精神动力、活力状态的内在呈现,而班组文化墙是班组团队文化、班务管理的直观外在呈现,两者均是班组组织力和战斗力的重要影响要因。课题研究组以班组员工压力和班组文化墙作为切入点,在员工心理压力调研、班组文化墙调研分析中应用了问卷法、心理测验法、访谈调查法、矩阵图分析法。

(三) 成果内涵和做法

1. 总体思路

以习近平新时代中国特色社会主义思想为指导,以社会主义核心价值观为引领,以深植南方电网公司价值观为主线,以党建引领、文化驱动的班组管理"1234"工作模式为路径,探索提升班组组织力和战斗力的有效方法,全力打造"爱岗敬业、精益求精、协作共进、创业创效、廉洁从业"的员工队伍,为佛山供电局全面推进"三年三提质"提供坚实保障。

2. 工作模式

采用班组管理"1234"工作模式,以问题和目标为导向建立工作模型并制定针对性措施,坚定"1个目标"——全面提升班组组织力和战斗力;坚持"2个路径"——党建引领、文化驱动;实施"3大工程"——三基工程、领航工程、塑形工程;开展"4项建设"——文化阵地建设、专业文化建设、绩效文化建设、幸福e家建设;落实"30项行动计划";全面提升基层班组组织力和战斗力(图12-18)。

3. 行动计划

(1) 党建引领——抓好"三基工程"

①基本组织建设

一是优化班组组织设置及人员配置。开展"四个统一"和供电所建设深度调研，调查供电所班组和岗位业务情况。编制《"四个统一"人力资源优化实施方案》，明确了"四个统一"业务职责调整、机构和岗位设置优化、编制调整及人员配置等，优化班组组织设置、职责界面和资源配置，为班组员工减负。

二是以规范有力的党支部带动班组建设。推进党支部标准化、规范化建设，带动班组强化基础管理。探索建立标杆党支部评价体系，选树一批标杆党支部，排查整顿后进党支部，发挥党支部战斗堡垒作用，促进班组建设全面进步、全面过硬。高质量组织好"六个一"组织生活①，将"六个一"作为支部党的建设与生产经营深度融合的有力抓手，促进基层党小组活动融入班组建设。

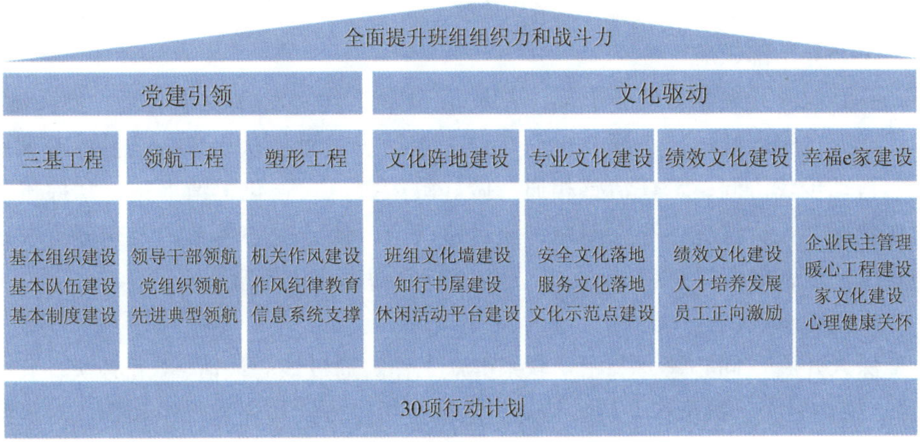

全面提升班组组织力和战斗力							
党建引领			文化驱动				
三基工程	领航工程	塑形工程	文化阵地建设	专业文化建设	绩效文化建设	幸福e家建设	
基本组织建设 基本队伍建设 基本制度建设	领导干部领航 党组织领航 先进典型领航	机关作风建设 作风纪律教育 信息系统支撑	班组文化墙建设 知行书屋建设 休闲活动平台建设	安全文化落地 服务文化落地 文化示范点建设	绩效文化建设 人才培养发展 员工正向激励	企业民主管理 暖心工程建设 家文化建设 心理健康关怀	
30项行动计划							

图 12-18　工作模式模型图

②基本队伍建设

一是发挥基层党组织负责人攻坚克难带头示范作用。完善党支部书记述职评议考核模式，激发调动党支部书记主观能动性。开展党支部书记轮训，提升基层党组织负责人业务水平和带队伍能力。抓好书记项目实施，增强基层党组织负责人影响人、熏陶人、带动人的能力，凝聚班组党员力量集中解决生产经营重点难点问题。

二是发挥班组党员建功立业先锋模范作用。持续加强班组党员学习教育，强化党性锤炼。注重把班组骨干发展为党员，把班组党员培养为班组骨干。聚焦班组业务重点难点工作，推进"向我看、跟我干、让我来"行动，在班组开

---

① "六个一"组织生活：每月一次党小组会、每月一次支部委员会、每季一次支部党员大会、每年一次党课、每年一次组织生活会、每年一次民主评议党员。

展党员责任区、党员示范岗建设,用好党员先锋工作室、党员突击队等载体,推动班组党员走在前列、创先争优,发挥示范作用。深化共产党员服务队建设,着重在供电所开展好"四个服务"① 工作,增强班组党员身份意识和服务能力。

③基本制度建设

一是建立班组委员制管理新模式。根据班组日常管理需要,规范班组兼职岗位设置,明确安全、培训、信息、工器具管理等班务管理工作职责和人员安排,根据工作量评估情况进行工分标准包干核定,根据工作完成数量与质量给予绩效工资分配,鼓励全员参与班组管理,提升员工归属感和积极性。

(2)党建引领——实施"领航工程"

①领导干部领航

一是深入开展党员领导干部"三同五包"工作。发挥领导干部"领头雁"作用,通过深入推进"三同五包"工作,带动班组思想认识统一、目标追求一致、行动步伐协调、责任情感相通。做好政策宣贯,强化上情下达,掌握班组工作状况、人员状况、存在问题,通过座谈会、谈心交心等形式,充分听取班组意见建议,做好思想引导,提升关键指标,提高班组管理水平。

②党组织领航

深入开展"同心聚力"密切联系群众工作。通过谈心谈话、"五必谈、五必访"、探访慰问、跟班作业、参加支部组织生活等方式传递党组织和企业对班组党员和群众的关心、爱护和帮助,传递社会主义核心价值观和南方电网企业文化理念,宣贯方针政策、统一思想行动,切实发挥党组织凝聚人心的优势,增强党组织在班组生产经营管理中的引领力、推动力。

③先进典型领航

深入开展先进典型选树宣传工作。做好班组先进典型人物、班组故事宣传,健全先进典型库,打造并宣传推广一批有影响力的先进典型和模范榜样,在班组弘扬爱岗敬业的职业精神和匠人匠心等专业精神。

(3)党建引领——实施"塑形工程"

①机关作风建设

抓实45条刚性执行。抓实《佛山供电局承接落实网、省公司加强机关作风建设要求工作措施表》的刚性执行。进一步清理、压缩各类报表,减少人工填报和痕迹管理,严格控制督查、检查、考核的总量和规模,切实减轻班组负担,

---

① "四个服务":政治服务、营销服务、急修服务、志愿服务。

提升工作效率。

②作风纪律教育

开展纪律法律教育宣传。深化基层廉洁教育，组建宣讲团深入班站所开展作风与纪律教育系列宣讲活动，深入剖析近年违法违纪案件，以案明纪让基层员工知敬畏、存戒惧、守底线。创新廉洁教育载体，创新表现形式载体，创作小品、微电影、微视频等一批纪律教育作品，多种渠道进行宣传，让纪律教育深入人心。打造党廉宣传阵地。进一步深化"同心同行 永葆清廉"行为准则建设，巩固拓展廉洁文化建设成果，打造党廉展厅，发挥廉洁文化治本功效，营造浓厚的崇廉尚廉氛围。

③信息系统支撑

一是深化软件机器人全业务域推广。发布软件机器人上线运行业务指导书，规范软件机器人设计、开发及运行维护管理。深入供电所等基层单位，通过软件机器人帮助基层员工解决重复性、繁杂性的工作，力求使软件机器人的作用最大化。

二是持续加强信息与业务资源融合。进一步整合信息资源与业务资源，加强数字化人才的培养和团队建设，提升信息系统核心开发能力，快速提升信息化成果交付和变现能力，为基层班组工作提供更好更便捷的信息系统支撑，提升基层工作效率。

（4）文化驱动——做实文化阵地建设

一是进一步规范班组文化墙建设。结合班站所星级标杆评价、规范化管理评审、7S 管理等要求，立足管理视角、人文视角，对局班组文化墙作进一步统筹规范建设，以简洁便捷的形式，推动班组文化墙和班务管理的深度融合，让班组文化墙真正成为班组员工参与度、关注度较高的团队精神风貌展示窗口。

二是建设知行（党建、职工）书屋。结合党员活动阵地建设，把知行（党建、职工）书屋建设成为思想政治教育阵地、增长知识课堂、学习交流平台。制定局党建书屋（书架）建设规范指引，全面推进党建书屋（书架）标准化、规范化建设；建立集体学习和个人自学机制，各基层党组织把书屋作为党建活动阵地，经常性开展主题党日、"三会一课"等党内活动，营造浓厚学习教育氛围。

三是探索搭建班组休闲活动平台。充分利用文体协会、员工俱乐部、员工活动中心等资源，搭建让班组放松休闲的活动平台，增强班组员工文化活动的参与感，营造和谐、健康、舒适、融洽的职工小家文化氛围。

（5）文化驱动——做实班组专业文化建设

一是推进安全文化落地。持续开展"安全生产月""安全文化进家庭""安全生产大讨论"等安全生产主题特色活动，把关注点放在班组一线，以讲故事、图片展、短视频、情景剧等多种载体展现"一切事故可以预防"的安全理念。打造安全文化示范班组和班组安全文化阵地，承接编制省公司平安示范班组评价标准，讲好班组安全故事。多形式推广作业现场安全纪律管理"六条铁律"及作业现场"十项平安温馨提示"，力求达到入心入脑。倡导"三不一鼓励"，引导班组员工养成刚性执行制度、自主管理、自我纠正的安全意识。

二是推进服务文化落地。践行"为客户创造价值"的服务理念，持续优化精简报装流程，提高办电接电效率，提高服务质量，规范服务行为，提升客户服务水平，持续开展安全用电进万家、客户大走访、供电优质服务现场活动，深入推进"同心同行 度度精彩"行为准则建设。

三是深化班组文化示范点建设。围绕管理机制、团队建设、工作成效、文化特色、形象展示等方面持续深入开展班组文化示范点创建工作，以点带面助力班组凝聚力、执行力和战斗力提升。

（6）文化驱动——健全班组绩效文化建设

①绩效文化建设

一是推进班组考核管理优化与考核标准建设。总结班组绩效考核典型案例，进一步提供差异化的班组绩效考核方法与标准库建设指引，指导班组灵活组合应用工分考核、指标考核、任务考核、绩效包干、关键事件考核等考核方式，提升考核针对性。推进差异化的班组考核模式，开展班组绩效考核标准库优化完善工作，让班组指标考核设定更具操作性，工分考核标准更合理。

二是完善以业绩和效率为导向的分配机制。完善以业绩和效率为导向的薪酬分配体系，实现业绩导向层层传导。优化工资分配结构，提高绩效工资占比，强化组织绩效过程考核激励，加大组织绩效考核激励力度，鼓励将绩效工资总额划小分配至班组，赋予班组分配自主权，用活用好绩效工资。

三是推进班组绩效系统2.0版本建设。完善班组绩效系统自动获取业务系统数据功能，优化考核流程，强化考核结果反馈，让班组绩效考核更有依据，减轻班组考核工作量，倡导公平、公正、公开的班组绩效文化。

②人才培养发展

一是培训提升班组员工岗位胜任能力。以岗位胜任能力为核心，搭建技能班组岗位胜任能力课程体系。开发技能班组成套培训课程体系，形成适用于各岗位班组人员的培训大纲和课程课件。完成初级作业员至班长全岗评要素课程，技能班组初级作业员岗评要素课程，提升班组员工的岗位胜任能力。完成班组岗位胜任课程体系全覆盖。举办班组岗位胜任能力提升培训班，持续提升人均素质当量、抽考比武合格率和岗评通过率。

二是培训提升班组长沟通管理能力。开展班组长培训，从巩固管理基础到管理能力突破，逐步提升班组长思维意识和管理能力。加强班组长选聘，优化岗级设置，增加班组长岗位吸引力；完善班组长岗位任职资格条件，突出带领队伍和沟通协调能力；研究操作性更强的班组长任期管理办法，定期开展竞聘，激发班组长队伍活力和战斗力。开展心理健康辅导沙龙，提升班组长的情绪管理及带领团队的柔性管理艺术。

三是建立完善班组管理后备人才培养机制。制订有效的班组长后备人才选拔计划，使绩优员工经过系列培训后能胜任班组长职务，储备"后备梯队人才"。畅通职业发展通道，提供职业发展辅助指引。制定以履职能力与业绩提升为基础的人才市场综合测评实施工作规范，打通班组人员的职业发展通道。开发完成基于职业发展、能力素质与业绩提升的数字化员工职业生涯辅助规划功能，协助员工了解职业晋升通道与任职条件、能力素质与业绩提升方向，辅助指导员工确定个人发展目标。

③员工正向激励

实施"入职礼""拜师礼""凯旋礼""退休礼""颁奖礼"等文化仪式。按照广东电网公司实施指引，进一步贴近实际举办"入职礼""拜师礼""凯旋礼""退休礼"等文化仪式。举办年度致敬榜样颁奖礼，提升文化感召力，增强员工荣誉感、归属感。

（7）文化驱动——开展幸福e家建设

①企业民主管理。

一是搭建"思享汇"问题收集和反馈平台。运用四级巡视工作方法开展职工代表巡视工作，切实保障班组员工的知情权、参与权、表达权、监督权。搭建"思享汇"问题收集和反馈平台，鼓励班组自主参与问题提出和评价，拓宽职工建言献策和参政议政渠道，倾听和传达班组呼声，关注并解决班组职工最关心的热点、难点问题，以点带面推动孵化工作。充分利用平台服务中心，服务班组职工。

二是深化创新孵化平台应用。首先，深化"思享汇"平台深化应用，以闭环管理驱动问题收集与处理机制高效运转。借助平台实现问题的"收集、展示、分类、答复、处理、评价"闭环管理,将对企业发展有价值的问题进行创新孵化,以表彰通报等形式对积极提问的单位和个人进行奖励,切实解决一线诉求,激发广大职工建功立业激情。其次是以问题"关注度"准确把握职工核心诉求。由职工在平台上以"点赞"形式赋予问题"关注度",以月度为单位整理"关注度"排名前十问题报局党委审议;以季度为单位票选职工"十大关注问题"并公布处理情况;以年度为单位结合问题"关注度"开展合理化建议、优秀提案等评选活动,盘活队伍创造性、积极性和主动性。最后是以智能化建设推动平台可持续运作。响应"数字南网"号召,同步开发"思享汇"平台固定端与移动端,数据实现信息互联互通。阶段性实现问题智能分类、智能答复功能,逐步建立问题大数据库,提升职工使用平台的体验感和便捷度,提高平台使用程度和年限。

②暖心工程建设。

优化提升班组办公及生活环境。调研班组休息室、值班室、淋浴间、办公设备及家具等配置情况,建立班组暖心工程项目库及常态工作机制,定期评价、回顾,分批有序开展提升改造。重点提升变电巡维中心及供电所供餐水平,提高班组员工对餐饮服务满意度。开展通勤车调研,重新调整通勤车线路,方便班组员工上下班。开展班组生产车辆及兼职驾驶员状况调研,研究有效措施确保行车安全。面向不同群体开展送温暖慰问工作,梳理形成班组送温暖清单。

③家文化建设。

探索职工小家家文化的活动载体和形式。促进基层工会分会家文化落地,营造"平安、成长、和谐"的小家文化氛围,提升班组的凝聚力和向心力。倡导基层班组利用健康一小时减压,充分发挥文体活动室的功能,提供舒缓、发泄压力的空间。

④心理健康关怀。

开展心理咨询与辅导。关心员工身心健康,开展心理健康主题讲座、沙龙、团体健康心理建设辅导工作。基于问题导向,及时开展一对一心理辅导或干预工作,做好基层员工压力疏导工作。配置专业心理咨询室,为班组员工提供心理咨询。

(四)实施成效

1. 党建引领作用进一步彰显

党建与业务进一步融合,佛山供电局全局共实施167项书记项目,充分发挥了党组织书记带动作用，有效解决班组工作热点难点问题。重点推动583个党员责任区、266个党员示范岗建设，在重大工程、重要项目等业务前沿成立党员突击队，班组实现"重要岗位有党员、关键时刻见党员"。深入开展党员领导干部"三同五包"工作和党组织"同心聚力"密切联系群众工作，进一步提升了基层单位党建引领意识与遵章守纪意识。2019年前三季度，佛山供电局全局155个党（总）支部、563名党务干部开展了31 126人次密切联系群众工作，共解决员工思想问题及诉求1138项。党员领导干部深入17个供电所、30个班组基层联系点，切实为基层办实事、解难事。全局31支党员服务队共1826名队员累计开展"四个服务"82 000余次，党员先锋模范作用突出，有效打通服务群众最后一百米。

2. 班组活力、战斗力得到激发

（1）班组文化墙建设进一步规范统一

对局班组文化墙作了进一步统筹规范设计，与班组日常管理深度融合，强化班组目标与绩效管理，助力班组员工形成自我超越、追求卓越的行为自觉。立足人文视角，设置幸福e家模块，根植企业文化理念，营造爱岗敬业、团结奋进、快乐工作、幸福生活氛围。已完成陈村供电所，项目中心第一、三、四业主项目部以及输电所的班组文化墙规范改造工作，根据工作性质、功能等进行整合，减少上墙内容6项。

（2）班组文化融入业务成效显著

努力打造营商环境"五精五新"[①] 供电服务品牌，2019年全市低压居民客户、低压非居民客户、高压单电源客户、高压双电源客户办电平均用时均优于国家和省的要求。结合党员服务队主动走进村委、居委开展集中办理等方式提供上门服务，截至2019年10月底累计为8397户办理免费电，执行比例较1月份提升29%，达到79.5%，增加了困难群众的获得感，助力扶贫攻坚行动。提炼班组安全文化成果，积极推广佛山经验。总结提升星级班组建设经验，编制安全文化示范班组评选标准，从理念、教育、氛围、保障、绩效和创新6个方面入手，制定贴合班组实际的评价标准59项，注重过程管理和结果管理并重，强调班组建设的持续性与系统性。通过评价标准的有效运作，佛山供电局班组安全文化水平持续提升，安全故事、安全歌曲等多项文创作品在省公司安全文化节展示，安全文化示范班组评选标准得到省公司高度肯定，并结合安全生产

---

① 五精："精简报装流程、精减报装资料、精减接电时限、停电管理精细化、供电方案精益化"；
五新："业扩投资新界面、一次不跑新体验、工商电价新标准、不停电作业新常态、客户经理新服务"。

月组织全省推广应用。通过创建星级班站所标杆,切实提升了班组基础管理水平,激发了员工追求卓越的热情。2019年获评四星班站所25个,占全省新增四星班站所的13.5%,新增数量和总数均居全省地市局首位。

(3) 班组绩效文化建设扎实开展

班组绩效系统2.0版本建成并全面投入应用,优化了班组绩效考核流程,达到了为班组人员减负目的,让绩效考核更有依据。配合系统应用开展了优化完善班组绩效考核方法与标准库培训,指导基层班组进一步优化班组绩效考核方式方法。依托班组绩效系统开展的班组绩效精益化项目课题研究于2019年获南方电网公司精益项目成果三等奖、广东电网公司精益项目成果一等奖,并纳入广东电网公司管理创新成果全省推广计划。完善以业绩和效率为导向的薪酬分配体系,提升月度绩效工资分配比例,鼓励将绩效工资总额分配至班组,充分发挥了工资分配的杠杆作用和绩效考核的指挥棒作用,实现"业绩升、工资升,效率高、工资高",提高绩效工资分配的针对性和实效性,强化班组团队协作作用,进一步激活班组内生动力,提升了班组员工的获得感。

(4) 基层员工纪律意识得到强化

深入班站所开展"同心同行 永葆清廉"作风与纪律教育宣讲活动77场,以法纪考学、专题辅导、酒精测试、主题分享等多种形式,深入分析近年来系统内外典型案例,教育引导广大员工充分认识违法违纪行为的危害,筑牢防腐拒变思想防线。基层单位涌现微电影《扫雷人生》《抉择》及小品《七天》《清廉如许》等一批优秀的廉洁教育作品,班组的廉洁氛围日趋浓厚、员工纪律规矩意识得到巩固,作风建设的治本功效初现。

(5) 员工关怀温暖人心

佛山供电局组织完成班组员工压力调研,全面了解基层压力状态,对症下药实施管理改进。成立员工心理协会,在"四统一"等专项重点工作推进阶段,密切做好员工心理疏导。持续抓实职工小家建设,推进建家提星工作,2019年新建成网公司五星职工之家(小家)5个,局本部、高明局杨和所"爱心妈咪小屋"成为全省首批联合国儿童基金会"母爱10平方"认证小屋。持续做好普惠性人文关怀,为一线员工"送能量",为困难员工"送关爱",为员工生活"送温暖",为员工心灵"送阳光"。向抢修复电员工提供应急响应安心短信、子女托管等暖心服务。深入推进"减压机制"工作,排解压力化解矛盾。

3. 管理持续改进有序进行

佛山供电局大力加强机关作风建设,印发了《佛山供电局承接落实网、省公司加强机关作风建设要求工作措施表》,通过明确对发文处理、会议管理、调研工作等方面具体要求，推动班组聚焦本职业务，将精力集中在关键业务上。优化班组职能管理阶段成果。全面开展了"四个统一"业务运作调研和问卷调查，在广泛听取基层意见基础上编制了《"四个统一"实施优化方案》，进一步优化基层设置，理顺业务流程。印发《佛山供电局局工资总额分配方案》，优化了工资分配结构，让班组员工及时感受到奖励力度。通过班站所标杆星级创建，进一步提升了班组工作质量。

4. 信息化技术为基层减负

按计划、分步骤在2021年前开展信息平台支撑保障建设，已发布软件机器人线上运行业务指导书，规范软件机器人设计、开发及运行维护管理、优化完善已完成的软件机器人脚本，该项工作将深入供电所等基层单位，通过软件机器人班组基层员工解决重复性、繁杂性工作，提高基层工作效率。

5. 人才队伍建设稳步推进

落实人才市场实施方案，率先在全省通过公开竞聘方式开展23个岗位选聘，对156名竞聘人员开展综合测评，为基层人员畅通了晋升通道。开发完成的佛山供电局"数字人资"信息化平台具备了数字化员工职业生涯辅助规划功能，协助班组员工确定个人职业发展目标。以岗位胜任能力为核心，搭建技能班组岗位胜任能力课程体系，落实了153门核心技术技能课程开发，完成3085名技能人员岗位胜任能力评价，切实提升员工技术技能水平。开展3期群英续航班组长培训班，帮助班组长扩大视野，提升管理水平。2019年局班组技能类岗位胜任能力评价合格率全省排名第一，班组员工岗位履职能力显著提升。

参考文献

[1] Lazarus H. American business dictionary [J]. 1957.

[2] 李红娟. 进一步推动混合所有制改革要重点解决七个问题 [N]. 经济参考报, 2019-06-24 (007).

[3] 白万纲. 打造世界一流企业是中国复兴的关键一跳 [J]. 企业文明, 2019 (07): 19-21.

[4] 记者观察. 流企业应该有一流的追求 [J]. 可持续发展经济导刊, 2019 (11): 26-27.

[5] 彭华岗. 推动做强做优 迈向世界一流 [J]. 企业管理, 2019 (10): 12.

[6] 邢宏利. 基于SWOT分析的电网企业战略管理研究 [J]. 价值工程, 2019, 38 (25): 109-110.

[7] 李永莱. 聚焦"三型两网、世界一流"推动省级电网企业高质量发展 [J]. 国家电网, 2019 (04): 36-37.

[8] 杨铮, 张松. 定标比超法及其在提升企业竞争力中的应用探讨 [J]. 南京理工大学学报 (社会科学版), 2003 (02): 55-57.

[9] 董福贵, 吴南南, 杨尚东, 等. 具有全球竞争力的世界一流企业的特征及培育路径——以电网企业为例 [J]. 现代经济探讨, 2018 (03): 97-104.

[10] 张全, 齐红涛, 刘鲲鹏, 等. 国外电力企业大数据需求侧应用分析 [J]. 电力大数据, 2018, 21 (12): 26-31.

[11] 丁珩, 张维, 李斯吾, 等. 我国售电主体分类SWOT分析 [J]. 中国电力企业管理, 2017 (34): 15-17.

[12] 陈红兵. 新一轮电力体制改革背景下的电网企业发展分析 [J]. 中国市场, 2017 (10): 176-177.

[13] 袁东明. 把一批国有大企业培育成为具有全球竞争力的世界一流企业 [N]. 中国经济时报, 2017-12-04 (001).

[14] 陈滢. SWOT分析法及其在企业战略管理中的应用 [J]. 企业改革与管理, 2016 (21): 18-19.

[15] 徐科, 庄剑, 张军, 等. 以打造世界一流城市供电网为目标的柔性OESP战略管理模式研究与应用 [J]. 管理观察, 2016 (06): 71-74.

[16] 罗世刚,杨鹏飞,寿杰,等. 国内外智能抄表核算及营销业务模式创新实践及启示 [J]. 通讯世界,2016 (12):138-140.

[17] 代红才. 世界一流电网评价指标体系及定量测评研究 [J]. 经济研究参考,2015 (64):84-88.

[18] 徐科,刘明志,张军,等. 世界一流城市电网评价指标体系 [J]. 电力建设,2015,36 (11):51-57.

[19] 杨学成,陈章旺. 网络营销 [M]. 北京:高等教育出版社,2014.

[20] 陆雄文. 管理学大辞典 [M]. 上海:上海辞书出版社,2013.

[21] 毋涛,白云生,朱博. 对标世界一流企业提升集团竞争力 [J]. 中国核工业,2013 (11):40-43.

[22] 周原冰. 怎样才算"国际一流企业" [J]. 企业文明,2012 (03):101-102.

[23] 王跃敏. 中小企业人才问题的原因与对策 [J]. 洛阳大学学报(4):78-80.

[24] 于灏,姜雨佳,陈睿欣. 生态系统理念在电网企业战略中的应用 [J]. 中国电力企业管理,2019,552 (03):42-43.

[25] 关伟. 企业技术创新研究 [D]. 大连:东北财经大学,2006.

[26] 崔和瑞,葛静. 基于SWOT-PEST分析范式的新疆电力公司发展战略研究 [J]. 电力学报,2013,28 (03):203-210.

[27] 祝勇刚. 基于SWOT分析的企业战略选择 [J]. 湖北电业,2010 (05):57-60.

[28] 法国电力集团:基于大数据的运营分析 [DB/OL]. http://www.360doc.com/content/15/0320/13/2795334_456673731.shtml,2015.

[29] 如何用正确的姿势拥抱大数据? [DB/OL]. http://www.360doc.com/content/15/0516/00/20625683_470797303.shtml,2015.

[30] 井志忠. 探究韩国电力市场化改革 [J]. 大众用电,2007 (05):3-4.

[31] 张奎,赵九斤. 韩国电力公司(KEPCO)的战略转变及对我国电网企业的启示 [J]. 国际电力,2004 (02):9-11.

[32] 陆海应,袁皓. 韩国电力企业应对风险策略启示 [J]. 中国电力企业管理,2019 (22).

[33] 吴昊. 利益平衡视角下城郊村违章建筑管理的问题与对策研究 [D]. 湘

潭：湘潭大学，2018.

[34] 王瑜. 纳什均衡理论在商务谈判策略制定中的应用案例分析［D］. 咸阳：西北农林科技大学，2019.

[35] 谢秉正. 绿色建筑节能智能化技术的应用与发展［J］. 智能建筑与城市信息，2014（2）：57-64.

[36] 康伟. 智能电网下电力网络营销模式研究［D］. 青岛：青岛大学，2016.

[37] 刘萌萌. 中国电力工业管理模式变革研究［D］. 武汉：武汉大学，2004.

[38] 陈飞. 本质安全型企业的四要素建设［J］. 中国三峡，2010（05）：12-16.

[39] 王少富. 本质安全型企业建设四要素探索［J］. 中小企业管理与科技（下旬刊），2013（01）：5-6.

[40] 罗宾斯，德森佐. 管理学原理［M］. 第6版. 北京：中国人民大学出版社，2010.

[41] 汪泓，邱羚. 企业战略管理［M］. 北京：清华大学出版社，2015.

[42] 刘汉民，崔娜. 企业组织结构进化的影响因素分析［J］. 现代管理科学，2013（06）：27-29.

[43] 李海舰，李燕. 企业组织形态演进研究——从工业经济时代到智能经济时代［J］. 经济管理，2019，41（10）：22-36.

[44] 孙令君. 新时代国有企业采用扁平化管理的必需性和可能性［J］. 商场现代化，2019（09）：107-108.

[45] 陈代荣. 基于扁平化管理的精益烟叶生产模式的实践应用［J］. 商场现代化，2016（26）：109-110.

[46] 朱文海. 扁平化的企业管理组织架构建设分析［J］. 环渤海经济瞭望，2018（08）：100-101.

[47] 方莉. 扁平化管理在国有企业的应用分析［J］. 中小企业管理与科技（下旬刊），2018（03）：25-26.

[48] 于亚卓. 实现中国企业梦想要有新举措新作为［J］. 现代国企研究，2018，No. 135（09）：39-43.

[49] 陈岱钿. 电力设备资产全生命周期管理的探究［J］. 现代经济信息，2019（19）：363.

[50] 刘海涛. 设备全生命周期管理方案研究［J］. 中国设备工程，2019（15）：40-42.

[51] 王川川. 真抓实干夯基础 精益求精创一流——广东电网有限责任公司标杆供电所星级建设纪实 [J]. 农电管理, 2018 (12): 66-67.

[52] 秦冲. 广东省营商环境评价研究 [D]. 广州: 华南理工大学, 2018.

[53] 陈强. 持续优化电力营商环境 全面提升服务水平 [N]. 国家电网报, 2019-12-19 (003).

[54] 杨天拓. 大连市沙河口区营商环境优化对策研究 [D]. 大连: 大连理工大学, 2018.

[55] 宁静. "获得电力"是营商环境再升级的关键指标 [N]. 湖南日报, 2019-05-22 (007).

[56] 高怡冰. 打造一流营商环境 为佛山高质量发展注入新动力 [N]. 佛山日报, 2018-07-04 (F02).

[57] 钱成刚. 主动与"获得电力""对表" [J]. 农村电工, 2019, 27 (01): 63.

[58] 刘城. 粤港澳大湾区优化营商环境的对策建议 [J]. 新经济 (12): 53-56.

[59] 张国梁. 企业文化管理 [M]. 北京: 清华大学出版社, 2010.

[60] 郭静芳. 基于电力改革背景下的电力公司企业文化构建路径探索 [D]. 天津: 天津大学, 2017.

[61] 程月明. 企业持续发展视角的企业伦理研究 [D]. 南昌: 江西财经大学, 2012.

[62] 熊伟. 国企改革视角下企业文化的建设研究 [J]. 中国商论, 2019 (23): 217-218.

[63] 田志红. 探析企业文化建设在企业管理中的重要性 [J]. 智库时代, 2019 (50): 42-43.

[64] 刘津海. 以企业文化为核心 提升企业竞争力 [J]. 办公室业务, 2019 (13): 32.

[65] 曾鸿钧, 陈沐垚, 刘娟, 等. 坚强党建为发展领航——南方电网广东佛山供电局创新党建工作调查 [J]. 当代电力文化, 2019 (09): 15-19.

[66] 张立荣. 基于过程管理的党建考核体系研究 [J]. 石油化工管理干部学院学报, 2015, 17 (02): 56-59.

[67] 任腾飞. 南方电网: 以一流服务"电靓"粤港澳大湾区 [J]. 国资报告,

2019（06）：63-66.

［68］王秀强. 国网转型：掘金泛在电力物联网［J］. 能源，2019（04）：28-30.

［69］本刊编辑部. 国家电网公司全面部署泛在电力物联网建设［J］. 农村电气化，2019（04）：1.

［70］刘益军，吴江一. 佛山供电局：大力推进科技创新，加快"机器代人"应用［J］. 广东科技，2019，28（09）：48-50.